E-Book inside

Mit dem Kauf dieses Buchs erhalten Sie das zugehörige E-Book gratis. Sie können dabei aus drei Dateiformaten wählen: EPUB (gängiges Format für E-Reader und Tablets), PDF (für PC und Laptop) oder MOBI (für den Amazon Kindle). So kommen Sie an Ihr kostenloses E-Book:

Rufen Sie im Internet diese Website auf:
↗ http://www.junfermann.de/ebook-inside

Geben Sie den unten stehenden Code in das dafür vorgesehene Feld ein und klicken Sie → Code einlösen. Nach Eingabe Ihrer E-Mail-Adresse und Auswahl des E-Book-Formats erhalten Sie sofort einen Download-Link für das gewünschte E-Book an Ihre E-Mail-Adresse.

Bitte beachten Sie, dass der Code für Sie personalisiert wird und nur einmal gültig ist. Die Datei müssen Sie zunächst auf Ihrem Computer speichern, bevor Sie sie auf ein mobiles Endgerät überspielen können.

X7HJQYQZ

Cora Besser-Siegmund, Harry Siegmund, Lola Siegmund & Mario Landgraf
Praxisbuch Online-Coaching

www.junfermann.de

blogweise.junfermann.de

www.facebook.com/junfermann

twitter.com/junfermann

www.youtube.com/user/Junfermann

www.instagram.com/junfermannverlag

CORA BESSER-SIEGMUND, HARRY SIEGMUND,
LOLA SIEGMUND & MARIO LANDGRAF

PRAXISBUCH ONLINE-COACHING

VERBINDUNG HERSTELLEN MIT NEURORESSOURCEN

Junfermann Verlag
Paderborn
2021

Copyright	© Junfermann Verlag, Paderborn 2021
Coverfoto	© Deagreez – istockphoto.com
Covergestaltung / Reihenentwurf	JUNFERMANN Druck & Service GmbH & Co. KG, Paderborn
Satz & Layout	JUNFERMANN Druck & Service GmbH & Co. KG, Paderborn
	Alle Rechte vorbehalten. Das Werk einschließlich aller seiner Teile ist urheberrechtlich geschützt. Jede Verwendung außerhalb der engen Grenzen des Urheberrechtsgesetzes ist ohne Zustimmung des Verlages unzulässig und strafbar. Dies gilt insbesondere für Vervielfältigungen, Übersetzungen, Mikroverfilmungen und die Einspeicherung und Verarbeitung in elektronischen Systemen.
Bibliografische Information der Deutschen Nationalbibliothek	Die Deutsche Nationalbibliothek verzeichnet diese Publikation in der Deutschen Nationalbibliografie; detaillierte bibliografische Daten sind im Internet über http://dnb.d-nb.de abrufbar.

ISBN 978-3-7495-0185-4
Dieses Buch erscheint parallel als E-Book.
ISBN 978-3-7495-0196-0 (EPUB), 978-3-7495-0198-4 (PDF), 978-3-7495-0197-7 (EPUB für Kindle).

Inhalt

1. Einleitung: „Being in Touch" mit Online-Coaching 9

2. Wahrnehmungsfilter und neurobiologische Aspekte:
   Zu den Unterschieden von Präsenz- und Online-Coaching 13
   2.1 Being in Touch – der Mensch als Wirkfaktor im Coaching 14
   2.2 Emotionen und Muskulatur, unser „Erfolgsorgan" 17
   2.3 Räumliches Erleben und die Bedeutung des peripheren Gesichtsfeldes 20
   2.4 Die weltweite Zunahme von Kurzsichtigkeit –
       und die Gegenmaßnahmen 25
   2.5 Räumliches Erleben beim Online-Coaching: Open Mind Helper 26
   2.6 „Smooth Pursuit Eye Movements (SPEM)" – Ziele im Blick behalten 27

3. Born to feel good: Was sind NeuroRessourcen? 31
   3.1 SC – der „Sitz des Selbst?" Die NeuroRessource „Colliculus superior" 33
   3.2 NeuroRessource „Tastsinn" – online den Körper berühren 42
   3.3 „Ich könnte die ganze Welt umarmen!" Gesten als NeuroRessourcen 48
   3.4 Eine zuverlässige Resilienz-Quelle: Der „Nervus Vagus" 50
   3.5 Neurolinguistik – Sprache wirkt Wunder 55
   3.6 Best Practice: Besonders wirksame multisensorische Verfahren 60
   3.7 Vive la Trance! 66
   3.8 NeuroRessource Bewegung 70
   3.9 NeuroRessource im „Freien" sein 71
   3.10 NeuroRessourcen: Was sagt die Forschung? 72
   3.11 NeuroRessource: Gut informiert sein und der „Placeboeffekt" 74
   3.12 Checkliste NeuroRessourcen im Online-Coaching 75

4. HumanOnline – Coaching-Ziele und die menschliche Verbindung 77
   4.1 Ziele setzen: Wie definieren wir einen Coaching-Erfolg? 82
   4.2 Die Skala des subjektiven Erlebens 84
   4.3 Das Coaching-Ziel in Worte fassen – die SMART-Kriterien 86
   4.4 Coaching-Kontingent und Terminpositionierung 87
   4.5 Verändern durch Verstehen – Carl Rogers ist nach wie vor aktuell ... 87
   4.6 Materialien für das Online-Coaching 89
   4.7 „Magic Talk" plus „Magic Walk" für die Verankerung
       von Coaching-Ergebnissen 91

5.	Technische Grundlagen und Tipps für das Online-Coaching	93
5.1	Grundlagen	94
5.2	Aufbau einer Videokonferenz	96
5.3	Tools für eine Videokonferenz	99
5.4	Online-Seminarbetrieb	102
5.5	Best of IT-Probleme und Lösungen	105
5.6	Datenschutz im Online-Coaching	111
5.7	Fernabsatz-Gesetz im Online-Coaching	113
6.	Marketing: Kommunikation und Positionierung von Online-Coachings im Internet	115
6.1	Machen Sie sich sichtbar – im wahrsten Sinne des Wortes	116
6.2	Marketing-Mix	117
6.3	Die „Landing-Page" – ein Zuhause für Ihre Online-Kunden	119
6.4	Google Adwords und Ranking in Suchmaschinen	121
6.5	Social Media: Ein Grashalm wächst nicht schneller, wenn man daran zieht – bleiben Sie authentisch!	122
6.6	Newsletter und Blogs	125
7.	Online-Coaching in der Praxis: Arbeit mit NeuroRessourcen in unterschiedlichen Methoden	127
7.1	Das Zürcher Ressourcen-Modell (ZRM)	129
7.2	wingwave-Coaching	130
7.3	Hypnose	137
7.4	Perfect Online Talk – für Einzel- und Gruppencoachings	140
7.5	Virtual Reality Light – Submodalitäten-Arbeit aus dem NLP (Neurolinguistisches Programmieren)	141
7.6	Kognitive Ansätze mit „Humanonline"-Stimmen	145
7.7	Magic Words – aus Stress-Wörtern werden Agil-Wörter	149
7.8	Haptische Aufstellungsarbeit online mit dem CoBo (Constellation Board)	154
7.9	Systemisches Coaching mit Spotting-Interventionen	156
7.10	Resilienz-Interventionen	159
7.11	Story-Telling und Metaphern-Coaching	164
7.12	Klopftechniken	167
7.13	Vagus-Coaching	167

| 8. | Systemisches Coaching online: Teams, Paare, Familien | 169 |

9.	Drei Coachingformen: Emotionscoaching, Wissenscoaching und Fähigkeiten-Coaching	171
9.1	Emotionscoaching	171
9.2	Wissenscoaching	171
9.3	Fähigkeiten-Coaching	172

10.	Online-Coaching, Selbstcoaching-Prozesse und „Blended Learning"	175
10.1	Anker-Interventionen	175
10.2	Selbstcoaching mit der wingwave-App	175
10.3	Magic Talk für Beliefs, Affirmationen und Coaching-Metaphern	176

Anhang		177
11.	Literatur	181
12.	Abbildungsverzeichnis	187
13.	Alle Informationen über die wingwave-Coaching-Methode – präsent und online	189

1. Einleitung: „Being in Touch" mit Online-Coaching

Schon seit vielen Jahren gibt es als Alternative zum Präsenz-Coaching die Möglichkeit des Online-Coachings, bei dem sich Coach und Kunde trotz geografischer Distanz persönlich live treffen, um über die individuellen Themen des Coachees zu kommunizieren. Obwohl Online-Coaching viele Vorteile bietet und die Coaching-Kunden laut Coaching-Forschung sogar recht zufrieden mit den Effekten sind (Möller, Greif, & Scholl, 2018), bevorzugen nach wie vor die meisten Menschen Präsenz-Coaching – wir Autoren sprechen hier auch vom 37-Grad-Effekt –, denn nur bei der Präsenzbegegnung kommen Menschen sich so nah, dass sie die Wärme des Mitmenschen spüren können oder könnten.

Auch wenn es nur der Handschlag ist – die Haptik-Forschung zeigt mit beeindruckenden Ergebnissen die positive psychische Wirkung von gegenseitigen „Hautverformungen" in der Kommunikation, wie es der Haptik-Forscher Martin Grundwald humorvoll beschreibt. Auch nur flüchtige zwischenmenschliche Berührungen bringen in der Neurobiologie unter anderem das „Sozial-Hormon" Oxytocin zum Sprudeln, was das allgemeine Wohlgefühl des Menschen unterstützt. Es hemmt die Ausschüttung des Hormons Cortisol und wirkt daher unter anderem stressreduzierend. Kein Wunder also, dass viele Coaching-Kunden – wenn sie die Wahl haben – intuitiv lieber anreisen als den Monitor einzuschalten, wenn sie mit dem Coach ihres Vertrauens persönliche Themen bearbeiten möchten!

Doch das Auftauchen des Corona-Virus blockierte in 2020 schlagartig und nachhaltig den Zugang zu den „Oxytocin-Duschen" und weiteren wohltuenden Nebenwirkungen der Präsenz-Begegnung in Coaching, Therapie, Ausbildung und im Privatleben. Von heute auf morgen erforderte „Social Distancing" Online-Treffen für fast alle Kontakte – was viele Menschen zunächst auch mit den technischen und psychologischen Grenzen des Internets konfrontierte. Mal ist es nur ein subjektives „Fremdeln" mit der Digitalisierung des Alltags, dann sind Verbindungen überlastet oder die Begegnungsplattformen zeigen technische Defizite, wie beispielsweise eine unzulängliche Datensicherheit oder Probleme bei den Zahlungsmodalitäten.

Wir Autoren arbeiten seit vielen Jahren mit der Kurzzeit-Methode wingwave-Coaching. Es gibt heute mehrere Tausend wingwave-Coaches in über vierzig Ländern – von daher waren wir schon zur Überbrückung der geografischen Entfernungen mit Online-Coachings und Online-Supervisionen vertraut und hatten im Lauf der Jahre eine Reihe von Online-Coaching-Interventionen entwickelt und erprobt. So konnten wir unsere Coaching-Methoden zunehmend als ressourcenstärkende Online-Events oder auch mit App-gestützten Coachings nach und nach digitalisieren. Auf dieser Grundlage war es uns möglich, im Frühjahr 2020 gleich zu Beginn der Corona-Krise in kurzer Zeit mehrere Hundert wingwave-Coaches in verschiedenen Ländern mit unserem Know-how über unsere Form des Online-Coachings auszubilden. Da der Coach beim wingwave vor allem Emotionscoaching einsetzt, um Erfolge bei dem Coachee zu erzielen, ist es uns ein besonderes Anliegen, auch beim Online-Kontakt die multimodale Veränderungskraft der Emotionen eines Menschen zu nutzen – auch in Verbindung mit kognitiven Prozessen auf dem Weg zum Ziel.

Denn auch online gilt: „Der Flügelschlag eines Schmetterlings kann das Klima auf dem anderen Kontinent ändern." Dafür steht das „wing". Diese minimalen, aber punktgenauen „Flügelschläge" sind im Coaching vor allem emotionale Ressourcen, die kreative „Brainwaves" bei den Klienten auslösen. Dieser Begriff heißt auf Deutsch „Geistesblitz", „tolle Idee". Dafür steht das „wave" im Methodennamen. Der Untertitel der wingwave-Methode lautet im ersten Basisbuch von 2001 „EMDR im Coaching", daher kommt in diesem Buch auch viel Know-how aus dem EMDR *(Eye Movement Desensitization and Reprocessing)* – wie beispielsweise die NeuroRessource „Augenbewegungen" zum Tragen.

Vor allem zeigen wir in diesem Buch die Möglichkeiten, wie wir den „37-Grad-Effekt" auch in die zweidimensionale Online-Begegnung einfließen lassen können, so dass der Coaching-Kunde auch online nicht nur kognitive, sondern auch körperliche, neurologisch ganzheitlich spürbare Impulse für die Vertiefung der Coaching-Erfahrung erlebt. Dabei helfen uns Erkenntnisse aus der Gehirnforschung über Lernprozesse, bei denen alle fünf Sinne mit einem Lern- oder Veränderungsprozess „online" geschaltet werden können. Da beim Online-Coaching zunächst nur die Sinnesmodalitäten „Sehen" und „Hören" aktiv sind, benötigen wir für die Verankerung von Coaching-Effekten im neurobiologischen Gesamterleben auch Formate, die aus dem zweidimensionalen Bildschirmerleben eine dreidimensionale Erlebnisqualität für den Coaching-Kunden „zaubern" können. Vor allem diese dreidimensionale Wirkung einer Coaching-Intervention und damit die Resonanz im Körpererleben ermöglicht dem Coaching Kunden eine agile Umsetzung der Coaching-Impulse. So entsteht das Erlebnis des ganzheitlichen „Berührt-Seins" aus dem körperlichen Ressourcen-Erleben des Coachee heraus: „Being in Touch".

Jedes Coaching kann enorm von dem Wissen profitieren, dass das menschliche Gehirn über den Tastsinn beständig weitaus mehr Reize geschickt bekommt als über das Sehen, Hören, Riechen und Schmecken. Der Haptik-Forscher Martin Grunwald geht laut seinen Forschungen und Recherchen von nahezu 900 Millionen Rezeptoren des Tastsinns aus. Hingegen werden die visuellen Rezeptoren pro Auge von ihm auf 130 Millionen reizleitende Zellen geschätzt, das auditive System enthält pro Ohr 20.000 Rezeptoren und die Zunge habe ca. 2.000 Geschmacksknospen mit jeweils zehn bis 50 Rezeptorzellen (Grunwald, 2017).

Die Einbeziehung der körperlichen Ressourcen geschieht dann auch beim Online-Coaching nicht nur über die Ansprache des Großhirns als „Sitz des Verstandes", sondern beispielsweise über eine gezielte Einbeziehung eines Bereichs im Mittelhirn, der als entscheidender Koordinator der Sinne für ein ganzheitliches Reaktionsvermögen unserer Neurobiologie verantwortlich ist: Es handelt sich um den paarig angelegten „Colliculus superior", der hereinkommende Einzelreize in komplexe Handlungsimpulse verwandelt. Nicht umsonst ist der Colliculus superior für IT-Forscher auch das entscheidende vorbildhafte Modell für die Robotertechnik und die Entwicklung von intelligenten technischen Assistenzsystemen, die rasant auf hereinkommende Reize reagieren (Bauer, 2015). Und entsprechend wichtig ist bei allen Coachings nicht nur der „Empfang" eines Coachings, sondern die zielführenden Denk- und Handlungsfähigkeiten des Coachee aus seinen inneren Impulsen heraus als Ergebnis von gelungenen Interventionen. Die NeuroRessource „Colliculus superior" ist nur ein Beispiel für die Online-Schaltung von neuronalen Möglichkeiten durch ein Online-Coaching. In diesem Buch zeigen wir noch viele weitere solcher Beispiele.

Weiterhin stellen wir für den 37-Grad-Effekt des „Berührt-Werdens" auch die Möglichkeiten von online-basierten Resilienz-Coachings vor: Dazu gehören die Vagus-Stimulation für eine emotionale Balance, pulssenkende Musikkompositionen, die gezielte Nutzung von ressourcen-aktivierenden Augenbewegungen sowie die App-gestützte Überleitung des Online-Coachings in ein wirkungsvolles Selbstcoaching. Und wir vermitteln, wie der Coach die positiven Effekte von bewährten Verfahren wie Hypnose, kognitiver Verhaltensmodifikation und systemischen Ansätzen im Online-Coaching für alle Sinne des Coachingkunden und damit für „every little cell" aktivieren kann. So wird eine optimale Neuro-Agilität des Coachee angesprochen, damit er oder sie auch in überraschenden Lebens- und Leistungsmomenten flexibel und kreativ reagieren kann.

Ab und zu geben wir im Buch Tipps zum Thema „Humanonline", die das Online-Setting mit dem Fokus auf die Kapazitäten des Menschen über die der involvierten Geräte hinaus ergänzen: mit Motorik, Einbeziehung der Umgebung über den Monitorrand hinaus, der Initiierung von Körpererlebnissen. Mancher Leser könnte denken: Muss man denn wirklich so viel „Schnickschnack" in eine vernünftige Unterhaltung einweben – ist das nicht vielleicht auch übertrieben spielerisch? Die Antwort: Gerade wenn es spielerisch zugeht, fühlen sich die meisten Menschen am wohlsten, sie können besser lernen und sowohl im privaten Kontext als auch im Berufsleben besser mit schwierigen Situationen umgehen. Das fanden der Psychologie-

Professor René Proyer und sein Team in einer Untersuchung über das Persönlichkeitsmerkmal „Playfulness" – Verspieltheit – heraus (Proyer, 2020). Playfulness kann laut Proyer auch trainiert werden und steigert das subjektive positive Erleben, daher ist es sehr sinnvoll, dieses Element generell in zielführende Coachingprozesse mit einzubeziehen.

Last but not least: Das Buch beschäftigt sich auch mit allen wesentlichen technischen Aspekten des Online-Coachings, zu denen wir viele Tipps und Erfahrungswerte vorstellen. Da geht es um die Auswahl des geeigneten Online-Tools, technische Themen während der Übertragung, Rechts- und Vertragsfragen, Fragen der Datensicherheit, Möglichkeiten der Bezahlung, Aufzeichnungen von Online-Sitzungen, das Angebot von Kursen, Seminaren oder Ausbildungen für größere Gruppen und um Qualitätsmanagement und Möglichkeiten des Internetmarketings.

2. Wahrnehmungsfilter und neurobiologische Aspekte: Zu den Unterschieden von Präsenz- und Online-Coaching

Wir zeigen in diesem Buch eine Reihe von Coaching-Prozessen mit verschiedenen Methoden, die online sehr gut durchzuführen sind. Die Präsentation der verschiedenen Interventionsmöglichkeiten bei unterschiedlichen Coaching-Themen erfolgt dann in der Mitte des Buchs, ebenso wie die Beschreibungen relevanter Coaching-Phasen wie Zieldefinition, Ablauf, Integration in den Alltag.

Zuvor werden wir noch beschreiben, wie wir eine Reihe von „NeuroRessourcen" in das Online-Coaching einweben, damit auch ein Online-Coaching keinesfalls nur ein Monitor-Erlebnis, sondern – wie schon gesagt – eine optimale ganzheitliche Erfahrung für alle Sinnesqualitäten des Coaching-Kunden bieten kann. Mit dem Wort „NeuroRessourcen" meinen wir, dass jeder Mensch per se bereits angeborene neurobiologische Möglichkeiten als Ressourcen mit ins Coaching bringt – die Coaching-Kunst besteht darin, sie auch in der Online-Begegnung von „offline" in „online" umzuschalten. Das sind übrigens nicht nur IT-Vokabeln, sondern auch gängige Begriffe im Rahmen der Gehirnforschung.

Wir arbeiten beim Thema „Wahrnehmungsfilter" mit dem Qualitätsbegriff „Humanonline-Faktor", denn ein wichtiges Wirkelement bei Coaching und Therapie ist und bleibt die persönliche Wellenlänge zwischen zwei Menschen, um damit die „Einschaltung" von NeuroRessourcen überhaupt zu ermöglichen. In der Therapie nennt man diesen Wirkfaktor die „Therapeutische Allianz" (Grawe, 2004) und im Coaching spricht man vom „Arbeitsbündnis" (Roth & Ryba, 2017) oder von der „Coaching-Allianz" (Möller, Greif, & Scholl, 2018). Auch ein Gespräch in der Präsenzsituation muss idealerweise „Humanonline" verlaufen, damit es zu einer realen Umsetzung der Themen im Denken und Handeln des Coachee kommen kann. Man denke als Negativbeispiel nur an den Schüler, der eine ganze Stunde seinem Lehrer zugehört hat – ohne ein Wort zu behalten. Da gab es zwar eine Informationsdarbietung, aber keinen wirksamen Humanonline-Faktor, der den „Datenfluss zwischen den Gehirnen" erst möglich gemacht hätte. „Die Reaktion des Gesprächspartners ist der Sinn der Kommunikation", sagt der NLP-Mitbegründer John Grinder – und weiter sinngemäß: „Ich habe noch lange nicht kommuniziert, wenn ich etwas gesagt oder geschrieben habe, die Kommunikation hat erst stattgefunden, wenn mein

Kommunikationspartner meine Botschaft verstanden hat und sie im Denken und Handeln umsetzt" (Grinder & Bandler, 2010). Die Lehrer-Schüler-Kommunikation ist also erst gelungen, wenn die Schüler die Informationen nicht nur gelernt haben, sondern auch aktiv in ihrem Handlungsrepertoire ausleben.

Zwar haben sich erwachsene Coaching-Kunden aus eigener Motivation zum Coaching entschlossen und sind von daher schon motiviert, die Anregungen aus dem Coaching aufzunehmen. Aber auch hier hängt der Coaching-Erfolg davon ab, dass die menschliche Ebene online schaltet. „Humanonline" gilt also als wichtiger Erfolgsfaktor für die Umsetzung von Coaching-Impulsen sowohl für Präsenz- als auch für Online-Coachings. „Plötzlich blieb ich nicht mehr stumm, als es wieder zu Spannungen kam, sondern ich konnte beim Meeting schlagfertig mitdiskutieren – die passenden Worte kamen mir einfach so über die Lippen!" Dieses Feedback eines Coaching-Kunden beschreibt das gelungene Ergebnis eines „Humanonline"-Coachings, hier transportiert der Coachee das Coaching-Ergebnis in das konkrete Denken und Handeln seines Wirkungsfeldes. Was dieser Coachee beschreibt, ist eine aktive „Neuro-Agilität": Im entscheidenden Moment fielen diesem Coachee plötzlich die passenden Worte ein, er blieb flexibel und kreativ. Diesen optimalen Realisierungseffekt im „echten Leben" sollten Online- und Präsenz-Coaching gleichermaßen auslösen können.

2.1 Being in Touch – der Mensch als Wirkfaktor im Coaching

Der wichtigste Unterschied zwischen Präsenz- und Online-Coaching ist offensichtlich: Die beteiligten Menschen können sich physisch gegenseitig nicht berühren. Nicht mit den Händen, nicht mit dem „Ellenbogen-Corona-Gruß", man kann sich gegenseitig kein Taschentuch reichen, dem Gegenüber kein Glas Wasser einschenken oder ein Papier zur Unterschrift herüberreichen. Es fällt also nicht nur die Berührung, sondern auch ein Stück weit die zwischenmenschlich mögliche Motorik aus, was einen wichtigen Bereich unseres Reaktionsvermögens hemmt: die Muskulatur. Schon kleine Kinder verstehen intuitiv, dass sie mit den Kindern im Monitor nicht herumtoben können, sie bleiben automatisch „vor der Glotze" still sitzen. Obwohl sie menschliche „Action" beobachten, ist die Muskelresonanz des Kindes „offline". Deswegen ist auch die Versuchung so groß, lebhafte Kinder vor den Fernseher zu setzen, damit sie mal für eine halbe Stunde ruhig sind.

Auch eine weitere NeuroRessource kann durch eine Monitor-Begegnung leiden: der angeborene Impuls, Mitmenschen als vorbildhaftes Lernmodell zu erleben, was ebenfalls ein sehr nützlicher Coaching-Faktor sein kann. Viele Menschen suchen sich ein Coaching oder einen Coach aus, weil sie die Person inspirierend finden: Vielleicht strahlt der Coach Gelassenheit, Humor oder Entschlossenheit aus und wird so zum geeigneten Lernmodell für das Gegenüber. Die meisten Coaching-Kunden sind schon lange keine Babys mehr, aber dennoch machen wissenschaftliche Erkenntnisse über „Baby-TV" nachdenklich: Eine Reihe von Studien zeigt, dass Kinder Sprache weitaus besser lernen und in Intelligenztests besser abschneiden, wenn sie Sprache durch ihre Mitmenschen und nicht über den Bildschirm erleben (Müller & Schwarz, 2019). „Vorlesen hilft beim Erkennen von Lauten und Wörtern", heißt es auch in einem Artikel der Ärztezeitung zu diesem Thema (Müller, 2007). Und es wird ein Vortrag des Gehirnforschers Manfred Spitzer wiedergegeben: „Die Kinder waren neun bis zwölf Monate alt – eine Zeit, in der sie lernen, Wörter und Laute zu unterscheiden. Die Kinder bekamen mehrmals pro Woche Geschichten auf Chinesisch vorgelesen. Nach zwei Monaten konnten die Kinder in speziellen Tests chinesische Laute ähnlich gut unterscheiden wie Kinder, die bei chinesischen Eltern aufwachsen. In zwei anderen Gruppen wurden den Kindern dagegen Videos gezeigt, wie jemand die chinesischen Geschichten vorlas, oder es wurden Audiokassetten vorgespielt. Das Ergebnis: In beiden Gruppen hatten die Kinder nach zwei Monaten nichts gelernt. Sie konnten chinesische Laute genauso wenig erkennen wie Kinder, die nie ein Wort chinesisch gehört hatten."

Spitzers Fazit: Für diesen sprachlichen Lerneffekt benötigen die Babys die reale Präsenz des anderen Menschen. Anscheinend ist der Lernreiz, also das Bedürfnis, mit dem Gegenüber „mitzuschwingen" im dreidimensionalen Erleben intensiver als die Impulse, die von einer eingegrenzten „sprechenden" Bildfläche oder Tonquelle kommen. Wie schon erwähnt: Erwachsene sind von ihren kognitiven Möglichkeiten her viel differenzierter als Kleinkinder. Gerade in der Corona-Zeit gelang es vielen Studenten und Schülern, per Online-Kommunikation zu lernen und sogar gute Schul- und Prüfungsnoten zu erzielen. Aber viele dieser jungen Menschen waren dann doch erleichtert, als sie sich wieder in der Schule, in Ausbildung oder Studium mit ihren Mitmenschen treffen und von präsenten Dozenten und Lehrern unterrichtet werden konnten.

> **HUMANONLINE-TIPP**
>
> ### Austausch von Vertrauenszeichen
>
> Auf der ganzen Welt begrüßen sich die Menschen nicht nur mit Worten, sondern vor allem mit Berührungen und/oder mit gleichgeschalteter Motorik: Verneigung, Kopfnicken, Händeschütteln, Küsschen, sogar Nasenberührung. Diese Rituale sind sehr wichtig, um auf der unbewussten Ebene ein Vertrauen zum Gegenüber aufzubauen, denn „von Natur aus" ist der Mensch ein ängstliches Fluchtwesen und eher ambivalent, wenn ein Mitmensch auftaucht – das könnte ja auch schief gehen. Zumindest in der Steinzeit war es so.
>
> Für das Gefühl von sozialer Sicherheit benötigen wir daher ein kleines Vertrauenszeichen, um in Verbindung gehen zu können und dabei wirken Signale über den Tastsinn besonders gut. Bleibt dieses „Humanonline-Manöver" aus, verstehen Menschen zwar, was das Gegenüber sagt, aber sie verspüren kaum Impulse, dem Inhalt zu trauen, ihn ernst zu nehmen oder gar umzusetzen – vor allem, wenn Mimik und Gestik, also der motorische Ausdruck, inkongruent herüberkommen (Merhabian, 2007). Gerade auch Begrüßungsrituale, die über eine gleichgeschaltete Motorik und Hautkontakt laufen, können eine erstaunliche zwischenmenschliche Wirkung haben. So berichtet Martin Grunwald in seinem Buch *Homo hapticus,* dass wir auch beim Körperkontakt hoch sensibel auf die gefühlte Temperatur reagieren und es daher zu Redewendungen kommt wie jemand habe ein „warmes Herz" oder zeige die „kalte Schulter" (Grunwald, 2017). Das „Hinfühlen" beim ersten Kontakt entspringt offensichtlich dem Bedürfnis der Mitmenschen, auch haptische Informationen von seinem Gegenüber aufzunehmen, um ihn mit allen Sinnen „erfassen" zu können.

Abbildung 1: „Wärmeaustausch"

„Berührungen regulieren Beziehungen, sie sind biochemischer Klebstoff", sagt Grunwald dazu in einem Interview in der Zeitschrift *Spiegel* (Grunwald & Maeck, 2020) . Daher ist es sinnvoll, auch online eine „Wärmeschwingung" mit „motorischer Gleichschaltung" vorzunehmen. Wir sagen einfach zu unseren Coaching-Kunden: „Lassen Sie uns kurz die Hände am Monitor aneinander halten, um zur Begrüßung ein bisschen Wärme auszutauschen." Das kommt in der Regel sehr gut an – und sei es nur deshalb, weil beide Gesprächspartner kurz gemeinsam über das Ritual lachen können. Der Effekt erfolgt über ein einfaches Prinzip: Wörter lösen Körperreaktionen aus. Denken Sie nur an das Wort „Wurzelspitzenresektion", schon ziehen sich ein paar Muskeln zusammen. Umgekehrt funktioniert dies auch im Positiven: Allein schon das Wort „Wärme" löst den Muskeltonus, vertieft den Atem, die Gefäße öffnen sich – und einem wird vielleicht wirklich ein kleines bisschen wärmer.

Weiterhin sprechen wir beim Online-Coaching die Situation auch einfach immer an: „Wie geht es Ihnen mit dem Kontakt? Ist alles ok, auch wenn wir uns jetzt über die Monitore treffen? Vielleicht beginnen wir unser Treffen mit einem kleinen ‚Wärmeaustausch' …" usw. Das hat schon die Mini-Wirkung eines Autogenen Trainings – AT –, bei dem ja die Körpertemperatur messbar ansteigt (Schulz, 2020).

2.2 Emotionen und Muskulatur, unser „Erfolgsorgan"

Vor allem im Ausbildungskontext zeigen sich schnell die Grenzen der Online-Inspiration: Es gibt einfach Tätigkeiten wie in der Heilkunde oder Handwerkskunst, die Auszubildende oder Studenten lieber mit einem präsenten Menschen an ihrer Seite erlernen: operieren, das Erlernen eines Musikinstruments, einen Stuhl tischlern – einfach, weil dann die motorische Umsetzung leichter fällt. Was haben diese Beispiele mit Coaching zu tun? Coaching bedeutet nicht in erster Linie ein gemeinsames Gespräch, sondern hat als Event zum Ziel, dass die Coachees nach dem Coaching ihre Potenziale im Denken und Handeln und vor allem im richtigen Moment punktgenau und reaktionsfreudig umsetzen können – ganz im Sinne der Aussage von Grinder, dass die *Reaktion* auf ein Gespräch den eigentlichen Sinn der Kommunikation ausmacht.

Die meisten Coachingziele benötigen für eine erfolgreiche Umsetzung motorische Komponenten: Kommunizieren, Präsentieren, Schreiben, sportliche Performance, sogar Lernen fällt in Kombination mit Motorik und auch in präsenter Gegenwart eines „motorischen" Menschen leichter. Man denke nur an das Beispiel mit den vorgelesenen chinesischen Geschichten.

So reicht es nicht aus, dass wir im Coaching theoretisch erörtern, wie ein Redner auf kritische Fragen des Publikums reagieren könnte. Wichtig ist, dass der Coaching-Kunde dann auch während der Rede „im echten Leben" schlagfertig, geistesgegenwärtig, entschlossen oder gar humorvoll auf kritische Fragen reagieren kann – vor allem auch mit nonverbalen Ausdrucksmöglichkeiten wie Mimik, Gestik und Tonfall. Es geht dabei um die emotionale Stabilität, die es dem Gehirn des Coachee erlaubt, im entscheidenden Moment mit den Kapazitäten des präfrontalen Cortex und mit möglichst wenig blockierenden Emotionen agil zu arbeiten. Emotionen werden vom limbischen System organisiert. Sie können leistungsfördernd wirken oder das Großhirn, also den präfrontalen Cortex, durch „limbischen Nebel" ungünstig beeinträchtigen. Deswegen heißt es ja beispielsweise im Volksmund auch: „Die Wut ist verraucht." Der präfrontale Cortex – abgekürzt PFC – erlaubt unter günstigen emotionalen Bedingungen die Bereitstellung unserer kognitiven Potenziale und vor allem den optimalen „Flow" unserer Feinmotorik – das ist besonders wichtig für alle Sportarten und auch für das Sprechen, den berühmten „Wortfluss". Denn Sprechen ist das komplizierteste Muskel-Programm, welches das Gehirn organisiert – keinesfalls Golfen, Samba-Tanzen oder Stricken.

Deshalb werden erfolgreiche Gespräche auch gern beim Gehen geführt – man denke da an wichtige Begegnungen zwischen Politikern. Nicht umsonst fragen sich Menschen gegenseitig: „Geht's gut?" Ist die Muskulatur mobil, kommen auch die Worte leichter über die Zunge, fällt auch der Golfschlag präziser aus. Daher nennt man die Muskulatur auch „Erfolgsorgan". Es gibt eine Fülle von Studien, die auf einen engen Zusammenhang zwischen kognitiven Leistungen und physischer Bewegung bei Menschen jeden Alters hinweisen. Der Gehirnforscher Gerd Kempermann widmet sich seit Jahren diesem Thema und sagt u. a. in einem Interview in der Zeitschrift *Wirtschaftswoche*: „Dass der Zusammenhang von Denken und Motorik fundamental wichtig ist für unser Leben ist, wissen wir schon aus dem Alltag: Dass wir uns geistig und körperlich erfrischt fühlen durch eine Wanderung, dass Schüler im Gehen Vokabeln lernen, dass Schauspieler ihre Texte hin und her laufend memorieren – das spricht für sich." (Kempermann & Schwarz, 2018)

HUMANONLINE-TIPP

Ein optimales Online-Setting bezieht motorische Ausdrucksmöglichkeiten und somit motorisches Raumerleben im Coaching mit ein. So bitten wir unsere Coaching-Kunden, vor der Online-Session die Webcam so auszurichten, dass Coach und Coachee auch zusammen aufstehen können – beispielsweise, wenn es darum geht, eine Rede, eine Präsentation oder gar eine sportliche Bewegung vorzubereiten, bei der der Coachee später im Performance-Kontext tatsächlich stehen und/oder sich bewegen wird. Auch im Sitzen ist es wichtig, dass die Coaching-Partner nicht nur ihre Gesichter, sondern auch die Motorik von Schultern, Armen und Händen sehen können. Bestimmte Armbewegungen gehen beispielsweise mit Emotionsresonanzen einher. So konnte der Psychologe Johannes Michalak in einer Bewegungsstudie zeigen, dass motorische Muster – auch in den Armen – die Wahrnehmungsfilter eines Menschen beeinflussen. Beim „Happy Walking" schwingen die Arme ganz deutlich viel weiter hin und zurück, beim „depressiven Gehen" hängen die Arme und schwingen kaum. Die schwingenden Arme gehen signifikant mit einer deutliche Steigerung der selektiven Wahrnehmung und auch der Merkfähigkeit für Positives einher (Michalak, 2014). Es wurde zwar insgesamt „fröhliches Gehen" untersucht, aber dazu gehört dann – wie gesagt – auch eindeutig die Schulter- und Armmotorik eines Menschen.

Aus diesem Grund verstärken wir beim Online-Coaching immer wieder spontan gezeigte Bewegungen, die in die ressourcevolle Richtung gehen. Sagt beispielsweise ein Coachee: „Das ist eine gute Idee!" und bewegt dazu die Arme, bitten wir ihn oder sie, diese Armbewegung im Zusammenhang mit dem Satz zu wiederholen. Als nächsten Schritt denkt der Coachee dann an eine zukünftige Situation, in der er oder sie die Idee umsetzen wird und wiederholt dabei den Satz, kombiniert mit der Armmotorik. So wird der Satz mit dem Muskelgedächtnis und damit mit einer Körperaktivität verknüpft. Auf diese Weise verstärken wir den gesamten positiven Sinneseindruck mit einem Maximum an Sinnesreizen – zumindest im Online-Kontext.

Abbildung 2: Humanonline – die Motorik mit einbeziehen

2.3 Räumliches Erleben und die Bedeutung des peripheren Gesichtsfeldes

Augenbewegungen im wachen Zustand organisieren permanent unser Raumerleben – auch über weite Distanzen hinweg. Man spricht hier vom „Gesichtsfeld" oder auch vom peripheren Erleben, wenn wir an den Seitenrändern des Gesichtsfeldes Bewegungen orten. So kann horizontal ein Blickfeld von bis zu 270 Grad (!) abgedeckt werden (Spomedial, Gesichtsfeld und peripheres Sehen, 2009). Auf jeden Fall umfasst das Gesichtsfeld bei jedem Menschen mindestens einen Radius von über 180 Grad. Wir können demnach sogar noch visuell wahrnehmen, was hinter unsere Ohren passiert. Diese Wahrnehmungskapazität weit in die Peripherie hinein ist natürlich eine wichtige Wahrnehmungsressource für Leistungssportler, denn die müssen sich ständig vergegenwärtigen, wo auf dem Spielfeld gerade die Spieler sowohl der eigenen als auch der Gegenmannschaft herumlaufen und -gleiten.

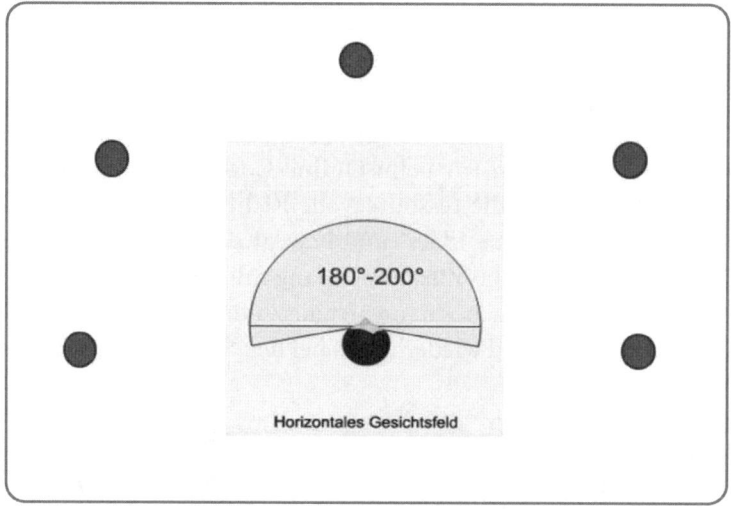

Abbildung 3: Gesichtsfeld und peripheres Sehen (Spomedial, Ruhr-Uni Bochum)

Die Augenmotorik – wir sprechen auch von „Okulomotorik" – macht es grundsätzlich möglich, dass wir uns möglichst sicher und reaktionsfähig durch unsere Umwelt bewegen können – das war für unsere Vorfahren für das Überleben in der Natur sehr wichtig. Ein Monitor bietet kein optimales Raumerleben, die „Action" spielt sich auf einem viel zu kleinen, durch den Monitor-Rahmen begrenzten Raum ab und reicht möglicherweise als visueller Anreiz für das Starten sinnvoller Veränderungsprozesse nicht aus. In EEG-Untersuchungen konnte beispielsweise gezeigt werden, dass wache Augenbewegungen günstige Wahrnehmungsaktivitäten im präfrontalen Cortex auslösen – anders als beim fixierten Blick (Heger, 2017). Dazu passt der Ausspruch des bekannten, 2005 verstorbenen Psychotherapieforschers Klaus Grawe im Zusammenhang mit seinem Begriff „Neuropsychotherapie": „Psychotherapie wirkt, wenn sie wirkt, darüber, dass sie das Gehirn verändert" (Grawe, 2004). Dieser Ausspruch gilt mit Sicherheit auch für Coachings oder Lernen allgemein. Und beim Online-Coaching verführt ein Monitor vielleicht dazu, dass die Augen sich viel zu lange in der Mitte des Gesichtsfeldes aufhalten und so die präfrontalen Kapazitäten gehemmt werden könnten.

Seit 2001 gibt es die Methode wingwave-Coaching. Diverse Studien an Hochschulen und Universitäten konnten die stressreduzierende und leistungsfördernde Wirkung von wingwave belegen. Hier arbeiten Coach und Coachee mit so genannten „wachen REM-Phasen", also mit gezielt eingesetzten Augenbewegungen. Man kennt dieses Vorgehen schon seit Jahrzehnten im klinischen Bereich unter dem Methodennamen „EMDR – Eye Movement Desensitization and Reprocessing". Wegen der sehr guten, vielfach bewiesenen Wirkung vor allem bei der Behandlung von posttraumatischen Belastungsstörungen genießt EMDR weltweit wissenschaftliches Ansehen und ist im deutschsprachigen Raum von den Kostenträgern als psychotherapeutisches Regelverfahren anerkannt. Man spricht beim EMDR vom „adaptiven Informationsserarbeitungssystem" – auf Englisch: adaptive information processing – AIP. AIP beschreibt, dass die Neurobiologie eines Menschen ein gut funktionierendes System für die Informationsverarbeitung der täglichen Erlebnisse betreibt, AIP ist also auch eine NeuroRessource. Unter anderem sind die nächtlichen Traumphasen, in denen sich die Augen des Schläfers schnell hin und her bewegen, ein Bestandteil des AIP.

Abbildung 4: „Wach" durchgeführte Augenbewegungen – der Coach führt mit winkenden Bewegungen den Blick der Klienten hin und her.

Die in der Abbildung gezeigten schnellen Augenbewegungen sorgen laut neuester Gehirnforschung für eine erhöhte „Konnektivität" zwischen verschiedenen Gehirnbereichen. Sie regen also eine gute Zusammenarbeit zwischen den neuronalen Netzwerken im Gehirn an und sorgen auch für eine bessere neuronale Schaltung zwischen den Gehirnhälften, wie uns die Psychologin und Gehirnforscherin Rebekka Schröder im Gespräch erläuterte. Bei langsamen Augenbewegungen, welche Rebekka Schröder gezielt beforschte, gibt es den gleichen Effekt (Schröder & et al., 2020).

Weil die Augenbewegungen eines Menschen eine entscheidende Rolle bei der Informationsverarbeitung und der Ausrichtung unserer Wahrnehmungsfilter auf die uns umgebende Welt spielen, können wir dieses Know-how auch sinnvoll beim Online-Coaching nutzen.

Sekundenschnelle Sakkaden für den „Open Mind"-Effekt

Wie gesagt: Grundsätzlich haben wache Augenbewegungen mit unserer Orientierung im dreidimensionalen Raum zu tun. Sie scannen in der Regel unser Gesichtsfeld ab und ermöglichen so unsere Orientierung sowie zielgerichtete Handlungsmöglichkeiten in Resonanz mit der Außenwelt. Dabei dienen sehr kurze schnelle Augenbewegungen, die man auch Sakkaden nennt, im Wachzustand auch der *Neuorientierung,* also der Suche nach neuen Wahrnehmungspunkten, auf die sich die Aufmerksamkeit konzentrieren kann (Zimmermann, 2014). Das bedeutet aber auch, dass sich die Fixation von der vorherigen Orientierung löst. Das gelingt besonders gut, wenn sich die Augen möglichst weit nach links und rechts bewegen, denn die weit außen im Gesichtsfeld registrierten Reize erwecken unsere maximale Aufmerksamkeit: „Die Peripherie wird gegenüber dem Netzhautzentrum bei der Informationsverarbeitung bevorzugt behandelt. Taucht z. B. in der Peripherie plötzlich ein Objekt oder eine Bewegung auf, wird die zentrale Wahrnehmung zugunsten der Informationen aus der Peripherie unterdrückt, und die Aufmerksamkeit wird auf das neue Detail gelenkt" (Spomedial, Zusammenspiel zwischen fovealer und peripherer Wahrnehmung, 2009).

Und das ist natürlich der große Nutzen, wenn man beim wingwave-Coaching oder beim EMDR einen Klienten bittet, an eine Stress-Erinnerung zu denken und dann schnelle Sakkaden mit möglichst weit ausgerichteten Augenbewegungen einsetzt – die sinnliche Fixierung auf einen problematischen Inhalt wird so schneller aufgelöst und es steigt die Wahrscheinlichkeit, dass der Coachee Neues entdeckt, was z. B. auch ein weiterführender Gedanke sein kann. Während der schnellen Augenbewegungen im Wachzustand ist der Mensch, physiologisch betrachtet, eigentlich blind, es werden keine visuellen Eindrücke gespeichert. Man nennt dieses Phänomen auch „Change Blindness".

Auch beim Lesen setzt das Gehirn schnelle, kurze Augenbewegungen ein. Das Auge des Lesers springt von Buchstabe zu Buchstabe, wobei es einige Buchstaben einfach ausblendet. Nur ein paar Buchstaben reichen aus, damit das Gehirn ein Wort intuitiv erfassen kann. Deshalb fallen den meisten Menschen beim Lesen auch keine Rechtschreibfehler auf, es geht ja mehr um das Textverständnis. Die Fähigkeit des Gehirns, mit der Wahrnehmung vereinzelter Buchstaben ein Wort auf Basis der Sakkaden-Leistung unserer Augen sofort zu erkennen, geht so weit, dass wir sogar diesen Text verstehen:

„Gmäeß eneir Sutide eneir elgnihcesn Uvinisterät ist es nchit witihcg, in wlecehr Rneflogheie die Bstachuebn in eneim Wrot snid, das eznige was wcthiig ist, ist, dass der estre und der lzette Bstabchue an der ritihcegn Pstoiion snid. Der Rset knan ein ttoaelr Bsinöldn sien, tedztorm knan man ihn onhe Pemoblre lseen. Das ist so, wiel wir nciht jeedn Bstachuebn enzelin leesn, snderon das Wrot als gseatems." (Schneider, 2014)

Dieser Text kursiert in verschiedenen Varianten seit vielen Jahren im Internet und ist ein faszinierendes Beispiel über die Leistungsfähigkeit unserer Wahrnehmungskapazitäten. Interessant ist auch, dass der Autor der Internet-Seite „Fehler-Haft" – er ist professioneller Lektor – hier noch ergänzt: „Deshalb sind Tippfehler übrigens auch kein Zeichen für mangelnde Rechtschreibkenntnisse: Je geübter ein Schreiber im Lesen ist, desto häufiger wird er eigene Tippfehler übersehen." (Schneider, 2014)

Beim Online-Coaching setzen wir die Sakkaden keinesfalls zeitlich derartig intensiv wie beim Präsenz-Coaching ein und der Coach „winkt" dabei auch nicht, wie in der Abbildung gezeigt. Wir nutzen die Sakkaden so, wie sie ohnehin unzählige Male am Tag stattfinden. Wir bitten also nur darum, dass der Coachee die Augen so schnell wie möglich drei bis fünf Sekunden hin und her bewegt, das triggert bei jedem Menschen einen plötzlich einsetzenden tiefen Atemzug, wenn sich die Fixierung dann löst. Diesen Effekt der Sekunden-Sakkaden nennen wir „Open Mind", denn nach dieser Fixierungslösung und dem Aktivieren des präfrontalen Cortex kann der Coaching-Kunde seine Wahrnehmung besonders aufmerksam auf neue Erlebnisse lenken – seien es Gesprächsthemen, Lerninhalte oder Körperwahrnehmungen. Und die Gehirnforschung hat gezeigt, dass schon die kurzen Mini-Sakkaden ebenfalls die Gehirn-Konnektivität, also die gute neuronale Zusammenarbeit verschiedener Gehirnbereiche, deutlich intensivieren (Koba & al., 2021).

Diese kurze „Open Mind"-Intervention ist beim Online-Coaching besonders sinnvoll, weil das Monitor-Setting ja den lebhaften, nach allen Seiten schweifenden Blick eher blockiert. Beim Lesen ist diese optische Begrenzung auch ein Thema, deshalb gilt auch schon seit Jahren der empirisch belegte Zusammenhang zwischen vielem Lesen und Kurzsichtigkeit bei jungen Menschen wissenschaftlich als belegt. Das erläutern wir später noch näher.

Man kann die Sekunden-Sakkaden auch sehr gut als „Separator" nutzen, um einen Menschen inhaltlich und psychophysiologisch aus einem Thema „herauszuholen", bevor man mit ihm einem neuen Coaching-Step beginnt, beispielsweise mit einer Intervention.

> **HUMANONLINE-TIPP**
>
> **Sekunden-Sakkaden als „Open Mind Helper"**
>
> Eine Coaching-Sitzung verläuft häufig in mehreren Phasen. Beispielsweise besprechen Coach und Coachee eingangs die in der Session anstehenden Themen, dann geht die Sitzung vielleicht in eine Interventionsphase über: Timeline-Arbeit, Aufstellung des inneren Teams, Screen-Techniken, Video-Feedback, um nur einige Beispiele zu nennen. Hier kann man die sekundenschnellen „Open Mind"-Sakkaden folgendermaßen einsetzen:
> - Coach und Coachee besprechen ein Thema und das damit verbundene Coaching-Ziel
> - Sekunden-Sakkaden als „Separator" bzw. „Open Mind Helper"
> - Beginn einer Intervention
>
> Wenn es einem Coaching-Kunden schwer fällt, sich von einem Gedanken oder einer inneren Vorstellung zu lösen, bieten die Sekunden-Sakkaden ebenfalls eine gute Unterstützung im Prozess. Nach spätestens zehn Sekunden reagiert der Coachee auf die Sekunden-Sakkaden mit einem tiefen Atemzug – dann kann die Coachin oder der Coach schnell intervenieren und fragen: „Wo im Körper nehmen Sie wahr, dass Ihnen dieser Atemzug gut tut?" Das ist eine Implizit-Frage aus dem Hypno-Coaching, welche die Wahrnehmung dann schnell auf Ressourcen lenken kann. Wir stellen später noch Hypno-Interventionen für Coaching-Themen vor, aber an dieser Stelle beschreiben wir schon kurz den Effekt der impliziten Fragetechnik. Wenn gefragt wird: „Tut Ihnen der Atemzug gut?", provozieren wir, dass der Coaching-Kunde entweder mit „Ja" oder leider auch mit „Nein" antwortet. Unterstellen wir aber schon mit der Frage, dass der Atemzug „sowieso" gut tut, entsteht beim Coachee eine ausschließlich „positive Wahlfreiheit": Er oder sie kann jetzt nur noch entscheiden, wo im Körper die „little cell" ist, die jetzt gute Energien verbreitet, aber *dass* es diese Resonanzzelle gibt, wird vorausgesetzt.

Später erklären wir noch im Kapitel „Vagus-Coaching", warum wache Augenbewegungen so schnell und zuverlässig einen Resilienz-Effekt – also einen tiefen Atemzug – beim Coaching-Kunden bewirken können.

2.4 Die weltweite Zunahme von Kurzsichtigkeit – und die Gegenmaßnahmen

Interessant ist bei diesem Thema ein Exkurs zum Phänomen der Kurzsichtigkeit bei jungen Menschen, das weltweit in den letzten Jahren zugenommen hat. Das medizinische Fachwort heißt „Myopie" und Frank Schaeffel, Professor im Bereich der Augenheilkunde für die „Neurobiologie des Auges", verweist in einem seiner Artikel auf den vielzitierten Begriff „myopia boom" (Schaeffel, 2019). Es gibt einen weltweit mehrfach bewiesenen Zusammenhang zwischen „Länge der Ausbildung" und Kurzsichtigkeit, wobei sowohl jahrelanges Lesen als auch die Rolle von Smartphones als Auslöser von Kurzsichtigkeit genannt werden. In vielen asiatischen Ländern haben die Bildungsbehörden bereits Gegenmaßnahmen in die Schulen und die Familien gebracht, mit deutlichem Erfolg: Die Kurzsichtigkeit von Kindern und Jugendlichen ging dadurch in einigen asiatischen Ländern – wie beispielsweise Taiwan – in den letzten Jahren messbar zurück.

In zahlreichen Studien wurde weltweit nachgewiesen, dass vor allem durch kürzeren Aufenthalt im Freien und Mangel an Tageslichtexposition die Entwicklung von Myopie ansteigt. Daher sind dies die wichtigsten Gegenmaßnahmen:

- Täglich mindestens zwei Stunden Aufenthalt im Freien, um den Augen räumliches Wahrnehmen im gesamten Gesichtsfeld bei natürlichem Tageslicht zu ermöglichen.
- Möglichst alle 30 Minuten eine Unterbrechung des „fovealen", in die Mitte gerichteten Blicks beim Lesen und bei der Beschäftigung mit Inhalten an Monitoren, wozu natürlich auch Fernseher und Smartphone gehören. Hier gilt weltweit die 30:10 Regel: Nach dreißig Minuten fokussierter Blickwahrnehmung sollten die Augen für zehn Minuten „schweifen", optimal wäre, dass der Mensch sich zur Abwechslung im Freien bewegt. Das kann man in einer Coaching-Session, die ja mindestens 50 Minuten dauert, so konkret nicht umsetzen, dennoch ist nach 30 Minuten Kontakt ein Open Mind Helper wie Sekunden-Sakkaden oder einfach nur gemeinsames Aufstehen vor der Kamera unter Einbeziehung der Peripherie des Gesichtsfelds sinnvoll.
- Genügend Abstand zum Lesestoff und zu den Monitoren
- Ausreichend umgebendes Licht vor allem beim Lesen – Monitore sind ja meistens beleuchtet. Aber auch das Monitorlicht leistet nicht die Effekte, die vom Tageslicht ausgehen. Tageslicht sorgt nachweislich für einen Dopamin-Kick auf der Netzhaut und beugt interessanterweise der Kurzsichtigkeit vor. Die Kurzsichtigkeit beruht nämlich auf einem unnatürlich verlängerten Längenwachstum des Augapfels – und Dopamin wirkt sich hemmend auf dieses Längenwachstum aus.

Es wurden sogar für die Prävention schon Brillengestelle mit Sensoren für die Messung von Leseabstand, Helligkeit und Lesedauer entwickelt, um Kinder beim Erlernen „gesunder Augenbenutzung" zu unterstützen.

An dieser Stelle sei noch die Beobachtung von Lehrern erwähnt, die darüber berichten, dass Kinder im Sportunterricht immer weniger rückwärts laufen können. Zum Rückwärtslaufen gehört auch die Orientierung des Körpererlebens im Raum und es wird diskutiert, ob zu wenig körperliche Bewegung im Freien und zu viel „Starren" auf viereckige Informationsträger, die viel kleiner als unser angeborenes Gesichtsfeld sind, hierfür die Ursache sein könnten.

2.5 Räumliches Erleben beim Online-Coaching: Open Mind Helper

Wenn man um die Bedeutung des Gesichtsfelds und der Augenbewegungen weiß, ist es relativ einfach, dieses Know-how im Online-Coaching einzusetzen. Vor allem informieren wir unsere Coaching-Kunden darüber und beschreiben, warum wir bei der Online-Begegnung auch gezielt „dreidimensionale" Erlebnisse wie Bewegung und die Einbeziehung eines möglichst großen Gesichtsfelds einsetzen. Weiterhin erwähnen wir auch kurz die Erkenntnisse über den „myopia boom" und begründen auch damit den wiederholten Einsatz von Phasen bewusstem Raumerlebens.

Generell regen wir dazu an, dass die Coaching-Kunden sich ihre Monitor-Umgebung bewusst gestalten. Auch in einem Raum kann man an der Peripherie – also an den Wänden – optische „Open Mind Helper" anbringen oder vorhandene Gegenstände dazu nutzen: Fenster, Pflanzen, Bilder oder gar gezielt angebrachte Punkte und visuelle Anker im Raum. Das können simple Klebepunkte, aber auch Abziehbilder mit Ressourcen-Motiven sein: Emojis, Motive wie Herzchen, Schmetterlinge oder auch „Krafttiere" wie Löwen oder Adler. Vielleicht gibt es auch bereits vorhandene Open Mind Helper wie Bilder, Fenster, Pflanzen usw. Sollten sich die Coaching-Kunden darüber ein bisschen wundern, verweisen wir auch gern auf die anfänglich erwähnte Studie über „Playfulness": dass spielerische Elemente sogar leistungs- und lernfördernd wirken und sogar die Fähigkeit intensivieren, agil auf überraschende oder schwierige Situationen reagieren zu können. Vor allem dienen diese Open Mind Helper den Coaching-Kunden auch bei der Stärkung von positiven Wahrnehmungsfiltern in ihrer Ausrichtung auf Coaching-Ziele, was wir im nächsten Kapitel näher beschreiben.

2.6 „Smooth Pursuit Eye Movements (SPEM)" – Ziele im Blick behalten

Nachdem wir die Möglichkeit von Sekunden-Sakkaden als Blockade-Löser und Open Mind Helper beschrieben haben, stellen wir hier nun die zielgerichteten Möglichkeiten der langsamen Augenbewegungen im Online-Coaching vor, auch genannt „Smooth Pursuit Eye Movements". Diese augenmotorischen Programme helfen unserer Aufmerksamkeit, sich auf ein Objekt zu konzentrieren – auch wenn es sich bewegt. Daher vielleicht auch der Ausspruch, dass man eine „Sache im Auge behalten" möchte. Das scheint beim Lernen eine günstige Rolle zu spielen. Auf jeden Fall können wir uns Gesichter besser einprägen (man spricht hier vom „facial learning"), wenn wir beim Betrachten und „Einspeichern" der Gesichter die Augen langsam bewegen (Hendersen, 2005). Auch motorisches Lernen kann durch die Kombination mit langsamen Augenbewegungen anscheinend besser „eingeprägt" werden (Dash et al., 2014). Es ist sinnvoll, dass wir beim Coaching die bewusste Wahrnehmung von Positivem (Bildern, Tönen, Sätzen, Körpererleben) mit den langsamen Augenbewegungen für die Intensivierung der Ressourcen-Erlebnisse verknüpfen.

Beim wingwave-Coaching hat der Begriff „Genuss-Winken" die Runde gemacht. Wenn ein Coachee an etwas Positives denkt, checken wir direkt dazu auch die Körper-Resonanz: „Wo im Körper spüren Sie, dass Ihnen der Gedanke bzw. die Vorstellung gut tut?" Fast alle Personen können diese Frage beantworten und nennen beispielsweise Wahrnehmungen wie „lockere Schultern", „freier Atem", „Wärme im Bauch" oder „Klarheit im Kopf". Dann lassen wir die angenehme Empfindung auf einer Positiv-Skala von 0 bis +10 einordnen. Nach dieser Vorbereitung winken wir ein paarmal langsam und weit in die Peripherie hinein, auf drei Augenhöhen hin und her: mittig, Blick weiter oben, Blick weiter unten, wieder mittig und dann Stopp. Das führen wir auch online durch: Zunächst führt der Coach mit der „winkenden" Hand langsam die Bewegungen durch, dann übernimmt der Coachee, was wir gleich näher beschreiben.

Wir bitten dann darum, gleichzeitig an den Gedanken / die Vorstellung und die angenehme Resonanz im Körper zu denken. In der Regel verstärkt sich der Ressourcen-Effekt im Körpererleben um mindestens zwei Punkte in den Plus-Bereich hinein. Der Coachee kann selbst anordnen, wie oft der Coach dieses „Genuss-Winken" durchführt. In der Regel sagen die Kunden plötzlich: „So, nun ist gut!" „Es ist, als wenn Körper und Seele jetzt satt und zufrieden sind", beschrieb eine Coaching-Kundin diesen Zeitpunkt des „Gut-Seins". Das Arbeiten mit über alle Ebenen geführten Augenbewegungen nannte man übrigens schon in den 1980er-Jahren im Rahmen der Methode „Neurolinguistisches Programmieren" den „Eye Movement Integrator". Aus ihr heraus wurde dann auch die Methode „EMDR" entwickelt: die EMDR-Begründerin Francine Shapiro war Ausbildungsteilnehmerin beim NLP-Mitbegründer John Grinder und nahm diese Anregung als Basis für die Entwicklung von EMDR (Shapiro, 2013). Unter diesem Namen kam die Methode dann unter anderem nach Europa. In Kanada ist der Einsatz der wachen Augenbewegungen nach wie vor unter dem ursprünglichen Namen bekannt, auch unter der Abkürzung „EMI". Von der Psychologin Danie Beaulieu gibt es das gleichnamige Buch dazu (Beaulieu, 2003).

Coaching-Intervention: „SPEM-Coaching" – Fokussierung auf Ressourcen. Die Online-Version

Der Coaching-Kunde wird gebeten, zum Online-Coaching seinen Raum vorzubereiten: Er oder sie möge mindestens fünf Klebepunkte im den Computer umgebenden Raum an den Wänden oder an Gegenständen anbringen: links und rechts in der „hintersten" Peripherie, mittig und „dazwischen". Gern können noch zwei, drei weitere Punkte in verschiedenen Höhen angebracht werden. Die Punkte sollen später den Blick beim langsamen „Herumschweifen" unterstützen.

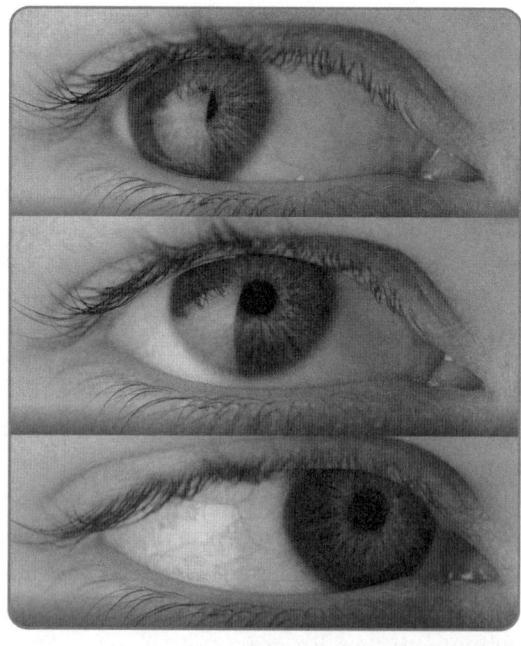

Abbildung 5: Periphere Blickführung beim Online-Coaching

Die Intervention kann entweder als Ressourcen-Coaching „pur" eingesetzt werden oder sie schließt sich im Coaching-Prozess an eine Phase an, in welcher der Coachee schon mit einem Thema gearbeitet hat, das nun noch durch positive Emotionen verstärkt werden soll. Beispielsweise wurden beim Vorbereiten für eine Rede schon mögliche Stressmomente identifiziert und mit einem sicheren Gefühl in die Balance gebracht. Nun soll die positive Resonanz auf die Idee hin, eine Rede zu halten, noch mit ausgewählten Ressourcen „verwoben" werden.

1. Coach zu Coachee: „Welche emotionale Ressource möchten Sie intensivieren?" Der Coachee sucht sich aus der „Liste der positiven Emotionsqualitäten" eine Ressource aus.

Die angenehmen Emotionsqualitäten

- Lust
- Freude, Spaß
- Humor
- Neugier
- Liebe/Wärme
- Verbundenheit
- Geborgenheit/„die „liebe Gewohnheit"/Gemütlichkeit
- Zufriedenheit, innere Ruhe
- Gelassenheit, Geduld, „über den Dingen stehen"
- Konzentrationsfähigkeit

- Ideenreichtum/Ideen-Fluss
- Glaube an das eigene Können („irgendwie kriege ich das hin!")
- Hoffnung, Zuversicht, Vertrauen
- Power
- Schadenfreude
- Grenzenlose Freiheit („Born to be wild")
- Stolz, Selbstwertgefühl
- Entschlossenheit, Wollen/Durchhalten „Kolumbus-Phänomen"
- Verteidigungsbereitschaft, Mut

Abbildung 6: Die subjektiv angenehmen Emotionsqualitäten

2. Der Coachee wird gebeten, eine Referenzerfahrung für diese Ressource aus seinen Erlebnissen zu suchen oder sie oder er sucht sich ein Ressourcenbild heraus, das die positive Erlebnisqualität repräsentiert. Hier haben wir selbst einfach eine Sammlung von ClipArt-Symbolen vorbereitet, hier ein „Mini-Beispiel":

3. Bodyscan: „Wo im Körper nehmen Sie die positive Resonanz dieser Ressource wahr?" (entweder erinnertes Erlebnis oder Bild)
4. Gesamtes Positiv-Erlebnis auf der Positiv-Skala von „0" bis „+10" einordnen lassen.
5. Intervention: „Denken Sie an die Ressource (Erinnerung oder Symbol). Spüren Sie die positive Resonanz in Ihrem Körper. Nun bewegen Sie dazu Ihre Augen möglichst langsam zwischen den Gesichtsfeldpunkten hin und her, auf allen Ebenen (auch mal hoch, mal Augen gesenkt, mal die Augen mittig geführt). Denken oder sagen Sie dazu den Ressourcen-Begriff (z. B. „Mut")."
6. „Spüren Sie, wie Sie tiefer atmen (das kann man gut auch auf dem Monitor sehen; erst ansprechen, wenn sich der Atem „meldet") und nehmen Sie wahr, wie sich das positive Resonanzgefühl im Körper weiter intensiviert und / oder ausbreitet."
7. „Bewegen Sie einen Ihrer Finger zusätzlich langsam, während der Blick noch in paar Sekunden weiter umherschweift."
8. „Nun lassen Sie die Augen noch ein bisschen weiter schweifen und denken Sie an eine Situation, in welcher Sie dieses Positiv-Erleben gut gebrauchen können. Auf diese Weise weben Sie nun die Ressource in das zukünftige Erleben mit ein."

Das „Fingerwackeln" ist dann ein motorischer Erinnerungsanker für eine zukünftige Situation, in welcher der Coachee das Ressourcen-Erleben gut gebrauchen kann.

3. Born to feel good: Was sind NeuroRessourcen?

Wir wissen heute, dass Augenbewegungen bei gesunden Menschen mit vielen ressourcevollen psychophysiologischen Effekten verbunden sind. Augenbewegungen allein sind schon eine „Ressource pur". Im Traumschlaf treten sie in Verbindung mit der adaptiven Informationsverarbeitung auf, sie machen uns offen für Neues, wenn weit in die Peripherie hinein wahrgenommen wird. Augenbewegungen helfen, sich auf Ziele zu konzentrieren, unterstützen Lernprozesse, bewirken Resilienzeffekte wie tiefes, erholsames Atmen, lindern Ängste und lösen psychische Erstarrungen auf. All das hat kein Mensch „erfunden" – wir sprechen hier nicht über eine erworbene Technik wie beispielsweise Autogenes Training. Nein, Augenbewegungen sind „sowieso" beim Menschen einfach da, und sie können als Ressource jederzeit bei jedem Menschen bis auf wenige Ausnahmen aktiviert werden. Das entspricht unserer Definition einer „NeuroRessource".

Ein weiteres Methodenbeispiel für die effektive Nutzung von NeuroRessourcen ist die Hypnose. In der Hypnose arbeiten Coach oder Therapeut mit gewollt herbeigeführten Trance-Zuständen des Coachee oder des Patienten. Auch hier nutzt man eine NeuroRessource, über die alle gesunden Menschen verfügen, denn in Trance gehen

Abbildung 7: NeuroRessourcen sind angeboren und ohne Lernen oder Training verfügbar

und vor sich hinträumen, einfach mal „weit weg sein" kann jeder, vor allem auch schon kleine Kinder. Der „abwesende" Träumerblick geht dabei immer mit einem Ausflug in die Welt der inneren Wahrnehmung einher, daher gibt es dann auch den schönen Begriff „Sinnieren". Tagträumende oder sinnierende Menschen sind vorübergehend „woanders" – auch ohne dass ein Hypnose-Experte in der Nähe sein muss. In jeder Partnerschaft gibt es Momente, in denen wir etwas erzählen, und die Partnerin oder der Partner schüttelt sich plötzlich selbst durch und sagt: „Kannst Du das noch einmal sagen, ich habe das eben nicht gehört!" In diesen Momenten sagen wir allerdings nicht: „Oh Schatz, habe ich dich so toll hypnotisiert, dass du meine Stimme nicht mehr gehört hast?" Nein, man ist sogar genervt von der mangelnden Aufmerksamkeit. Im Rahmen einer Hypnose-Sitzung ist es allerdings ein erfreuliches Zeichen für eine gelungene Intervention, wenn der Klient vorübergehend „ganz weg" und die NeuroRessource „Trance" online, also neuronal eingeschaltet, war.

Spezielles Know-how über die dem Menschen angeborenen netzwerkenden Aktivitäten des gesamten Nervensystems ermöglichen punktgenaue, effektive und erstaunlich schnelle Coaching-Ergebnisse. Beispielsweise ist bereits das Know-how über den Zusammenhang zwischen erfolgreichem Denken und Motorik ein Wissen über eine NeuroRessource. Gehen und sich bewegen kann jeder Mensch – auch ohne die Anwesenheit eines Coaches. Wenn wir aber nun wissen, dass Lernen und Denken bei „Muskulatur online" besser funktioniert, ist es sinnvoll, motorische Ausdrucksmöglichkeiten eines Coachee mit in das Coaching einzubeziehen. Wenn wir wissen, dass durch wache Augenbewegungen der präfrontale Cortex angeregt wird, werden diese im Coaching genutzt. Wenn wir aus der Haptikforschung wissen, dass der Tastsinn dem Gehirn die meisten Sinnessignale schickt – und nicht das Sehen oder Hören –, weben wir bewusst Körperwahrnehmungen in ein Online-Coaching oder in jedes Coaching mit ein.

Körperwahrnehmungen werden nicht nur durch muskuläres Geschehen aktiviert. Zu den Körper-Triggern gehören auch Gefühle auf der Haut, Temperatur oder vor allem auch der Zustand unserer Gefäße. Hier schicken sogenannte „Barozeptoren" Körpersignale aufsteigend in unser Gehirn und damit auch in die bewusste Wahrnehmung (Grunwald, 2017). Das ist von Bedeutung, weil sich Menschen besonders zuverlässig zu einem zielorientieren Denken und Handeln motiviert fühlen, wenn dies auf der physiologischen Ebene mit ressourcevollen „Körper-Meldungen" verbunden ist.

Auf dieser Basis gibt es eine Reihe von zielführenden NeuroRessourcen, von denen wir in diesem Kapitel einige besonders wichtige und wirksame „Erfolgsquellen" des Menschen beschreiben, damit sie beim Online-Coaching zielführend genutzt werden können. Wir werden dann durchgängig im Buch weiterhin einen „Humanonline-Tipp" geben, der das Zusammenspiel zwischen verschiedenen Coaching-Ansätzen und integrativen NeuroRessourcen fördern kann.

3.1 SC – der „Sitz des Selbst?"
Die NeuroRessource „Colliculus superior"

Wir hatten ja schon beschrieben, dass wir beim Einsatz der wingwave-Methode beim Online-Coaching – im Gegensatz zum Präsenz-Coaching – keine lang anhaltenden Sequenzen von Augenbewegungen einsetzen. Wir simulieren hier also nicht die Effekte der nächtlichen REM-Phase. Der Grund: Die REM-Phasen gehen mit besonders intensiven emotionalen Wellen einher, die dann im Präsenz-Coaching deutlich „hochkommen" können, bevor sie dann wohltuend abfließen können. Bei dieser Intensität ist es nach wie vor besser und richtig, wenn der Coach auch in körperlicher Nähe des Klienten ist und durch das punktgenaue Testen mit dem Myostatiktest die Zuverlässigkeit des „richtigen Kurses" sichert und möglich macht. Obwohl wir all dies online nicht tun, wollen wir kurz die NeuroRessource „Traumschlaf" besprechen, um dann die die neurobiologische Schnittmenge zu den Möglichkeiten der online eingesetzten „Okulomotorik" herauszuarbeiten.

„EMDR Coaching" – so lautet der Untertitel der Erstauflage von 2001 unseres Buchs *wingwave – wie der Flügelschlag des Schmetterlings,* erschienen im Junfermann-Verlag (Besser-Siegmund & Siegmund, 2015). Beim wingwave arbeitet der Coach wie beim EMDR in der Präsenzbegegnung mit der „alternierenden Bilateral-Stimulation" auf Basis „wacher Augenbewegungen". Diese „Sakkaden" ähneln – wie schon beschrieben – den „Rapid Eye Movements" im Schlaf. Inzwischen wird angenommen, dass die wachen Augenbewegungen aus neurobiologischer Sicht *notwendig* für den positiven Effekt von EMDR und damit wingwave sein könnten (Spitzer, 2019).

Jüngste Hinweise aus der Schlafforschung bestätigen, dass ausreichend viele und lange REM-Phasen bei Probanden mit einer besseren Stress-Resilienz einhergehen (Sopp et al., 2019; Mikoteit & Hatzinger, 2017). Im REM-Schlaf wird vor allem die Aktivität der Amygdala gehemmt, sodass Erlebnisse von übermäßig starken Emotionen „befreit" werden, damit sie dann zügig in ein Lernerlebnis verwandelt werden können. Man kann dann darüber nachdenken, sprechen, kognitiv bewerten, ohne emotional überflutet zu werden.

Der rechte und linke visuelle Cortex müssen für die gleichsinnige Verarbeitung des schnell wechselnden visuellen Fixationspunktes synchronisiert zusammenarbeiten (z. B. keine Doppelbilder, kein Schielen). Auch dies ist schon eine „bilaterale *Gehirn*stimulation", da die beiden Augenkerne im Mittelhirn ebenfalls paarig zusammenarbeiten, um die „konjugierte Motorik" der Augen zu organisieren. Dieses Zusammenspiel ereignet sich also in einer tiefer liegenden Gehirnregion, in der Nähe der Amygdala.

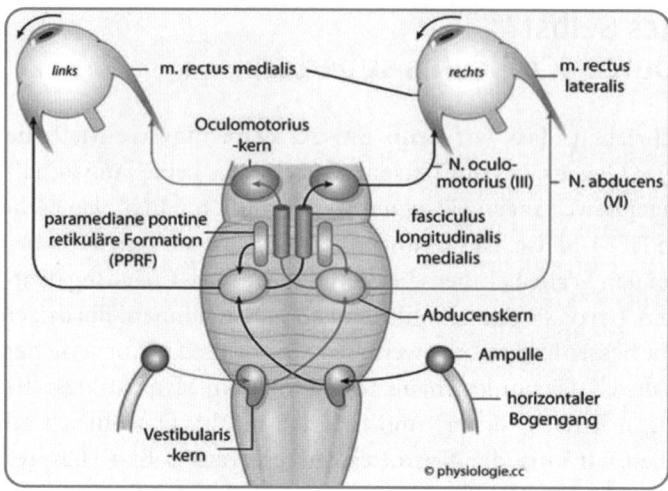

Abbildung 8: Die zwei kleinen, oben auf der Platte liegend dargestellten Kerne sind der „Nucleus okulomotorius". Wie man sieht, gibt es zwei von diesen „Augenkernen", welche die „konjugierte Motorik" der Augen koordinieren (Physiologie.cc, mit freundlicher Genehmigung von Dr. Helmut Hinghofer-Szalkay, Universität Graz).

Hier im Mittelhirn befindet sich auch der paarig angelegte „Colliculus superior", der sowohl visuelle Reize mit Augenmotorik koordiniert als auch eine entscheidende Rolle bei der Beeinflussung der Amygdala-Aktivität spielt. Diese stressreduzierende Wirkung durch den „Colliculus superior" tritt aber nur bei dessen Aktivierung durch Augenbewegungen und nicht beim „gefrorenen Blick" auf. All das fanden Gehirnforscher heraus, die erstaunlicherweise „EMDR mit Mäusen" erfolgreich durchführten. Der Gehirnforscher Manfred Spitzer hat darüber einen lesenswerten Aufsatz geschrieben: „Psychotherapie im Mausmodell – Was bei EMDR gegen PTBS im Gehirn passiert" (Spitzer, 2019).

Abbildung 9: Links sieht man die Maus vor der Stress-Behandlung durch EMDR, man erkennt sehr gut den „gefrorenen" Blick. Dann wird sie mit bilateraler Gehirnstimulation durch „wache Rapid Eye Movements" behandelt. Danach das überzeugende Ergebnis: Die Maus ist relaxed!

Bis 2019 hatten wir vom „SC" – wie er in der englischsprachigen Literatur genannt wird – nie etwas gehört, zumindest nicht auf der bewussten Ebene. Umso erstaunter waren wir zu erfahren, dass der „SC" schon seit einiger Zeit eine Inspiration für die ITler darstellt, die sich mit „Robotik" und vorzugsweise intelligenten Assistenzsystemen befassen: Hier gilt es, die schnelle Umsetzung eines hereinkommenden, „afferenten" Reizes in eine schnelle und angemessene „efferente" Reaktion unserer Neurobiologie umzusetzen – es geht als um das Prinzip, welches statt Reaktions- und Hilflosigkeit unser Reaktionsvermögen „online" schaltet, um auf die Welt um uns herum spontan und schnell reagieren zu können.

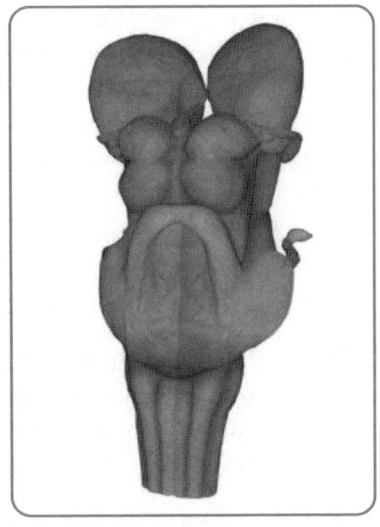

Abbildung 10: Der paarig angelegte „Colliculus superior" – es handelt ich um die oberen beiden runden Kerne der „Vier-Hügel-Platte".

Besonders interessant an der „Maus-Studie" war, dass das bloße „Online-Schalten" des SC bereits bewirkte, dass die Mäuse ihre Ängste überwinden und wieder zuversichtlich und mutig wagten, ihre Erfahrungsgrenzen zu überschreiten. Manfred Spitzer beschreibt in besagtem Artikel weiterhin, dass der SC bei Augenbewegungen immer aktiv ist. So etwas kann man heutzutage in der Gehirnforschung mit „optogenetischen Messungen" feststellen. Bei diesen Verfahren kann man Gehirnregionen – aber auch andere Körperzellen – durch Lichtreize gezielt aktivieren oder auch deaktivieren.

Die Mäuseforscher konnten so feststellen, dass allein schon das künstliche Aktivieren des „SC" eine deutlich angstlindernde Wirkung bei den untersuchten Mäusen bewirkt. Das korreliert mit Erkenntnissen aus Gehirnscan-Studien, die mit PTBS-Patienten durchgeführt wurden: Ein „Resting State" – wir könnten auch sagen: ein „Offline-Sein" – des SC im menschlichen Gehirn korreliert mit PTBS-Symptomen bei Patienten mit posttraumatischen Belastungsstörungen (Olivé, 2018). Insofern scheint ein gewolltes „Online-Schalten" die Aktivierung von NeuroRessourcen, die mit dem SC einhergehen, zu ermöglichen. Hier denke man an die angstlösende Wirkung, die sich bei den wingwave- und EMDR-Methoden erstaunlich schnell einstellt.

Und dies ist auch die angekündigte neurobiologische Schnittmenge: Der SC ist tagsüber an unseren Augenbewegungen beteiligt. Aber was passiert bei diesen „Magic Hills" eigentlich im Schlaf? Sie sind laut Neuroanatomie-Forschung mit Labor-Ratten nur beim REM-Schlaf aktiv – nicht beim Tiefschlaf mit unbewegten Augen, dem so genannten „Slow Wave Sleep" (SWS). Der REM-Schlaf geht also – genauso wie wache Augenbewegungen – mit einem „Online-Sein" des SC einher. Das fanden die Gehirnforscher Jeremy B. Cohen und Manuel Castro-Almancos schon 2010 bei der Untersuchung von schlafenden Ratten heraus: „The SC (Collicus Superior) is in an activated mode during ACEX and REM and in a quiescent / deactivated mode during AWIM and SWS." („Der SC befindet sich sowohl bei wacher Aktivität als auch im REM-Schlaf in einem aktivierten Modus – und in einem passiven, deaktivierten Zustand bei einem unbeweglichen Wachzustand und im Tiefschlaf."; Cohen & Castro-Almanacos, 2010 Vol 104, No. 3).

REM: Rapid Eye Movement (Traumschlaf)
ACEX: Active Exploration (aktive Betätigung im Wachzustand)
SWS: Slow Wave Sleep (Tiefschlaf)
AWIM: Awoke Immobility (Unbeweglichkeit im Wachzustand)

So kann gefolgert werden, dass wir beim Coaching mit wach eingesetzten Augenbewegungen auch tagsüber Elemente der REM-Aktivität simulieren können. Augenbewegungen regen immer den SC an, der tags und nachts aktivierende Impulse für unsere Wahrnehmungsverarbeitung und unser koordiniertes Reaktionsvermögen liefert. Wie gesagt: Das „Imitieren" der nächtlichen REM-Phasen geschieht vor allem im Präsenz-Coaching, wenn wir lang anhaltende Sakkaden zur Auflösung von emotionalen Blockaden einsetzen. Den neurobiologischen Nutzen der wachen Augenmotorik unterstützt dann vor allem das Online-Coaching

Abbildung 11: Der SC ist bei Säugern auch im Nachtschlaf aktiv – und zwar während der REM-Phasen, nicht in den Tiefschlafphasen.

"Attention is an effect, not a cause!" – Aufmerksamkeit ist ein Effekt, keine Ursache!

Das ist der Titel einer Studie des kalifornischen Gehirnforschers Richard Krauzlis, der sich seit Jahren intensiv mit der Erforschung von Augenbewegungen und deren Zusammenspiel mit dem SC beschäftigt. Er und ein Forscherteam brachten Rhesus-Affen bei, in einem Computerspiel blitzschnell per Knopfdruck auf Flugobjekte zu reagieren. Dafür gab es natürlich auch eine Belohnung. Die Tiere machten ihre Sache sehr gut. Wenn die Forscher aber den SC „offline" schalteten, sahen die Affen zwar die Flugobjekte, aber sie reagierten nicht mehr darauf. Daher ist die Schlussfolgerung von Krauzlis bis heute, dass erst ein aktiver SC die Quelle unseres Reaktionsvermögens darstellt.

Es bedarf einer besonderen Betrachtung, dass der SC der einzige Bereich in tieferen – also entwicklungsgeschichtlich älteren – Gehirnbereichen ist, der aus grauer und weißer Substanz besteht, wie man sie sonst nur im Cortex antrifft. Dies erklärt eine enge Korrespondenz zwischen dem SC und dem neueren Bereich unseres Gehirns. Der bekannte Neurowissenschaftler António Damásio vermutet im SC aufgrund seiner Struktur und Aktivität sogar den „Sitz des Selbst" (Damasio, 2011), da der SC Wahrnehmung in Aktivität verwandelt und diesbezüglich sogar die Rolle einer „priority map" übernimmt, was von einer Reihe von Gehirnforschern, unter anderem auch von Krauzlis, bestätigt wird (Krauzlis, 2009). Das bedeutet, dass es ohne den SC nur Wahrnehmung, aber kein zielgerichtetes Handeln gäbe, welches dann auch noch intuitiv nach einer machbaren Reihenfolge der einzelnen Handlungsabschnitte ablaufen muss.

Nehmen wir als Beispiel den Bewegungsablauf beim Fußball-Schießen. Da wird zunächst das Standbein aufgesetzt. Aber bevor der Treffer-Fuß nach dem Ball tritt, schwingt die Spielerin das Bein in der Richtung zunächst nach hinten – also weg von dem Ball –, um dann mit Power durchziehen zu können. Dazu muss der linke Arm nach vorn und der rechte leicht nach hinten schwingen, damit die Torschützin ihr Gleichgewicht stabilisieren kann. Erst diese Abfolge ermöglicht einen Treffererfolg, ein Ballkontakt aus dem Stand heraus mit gleich nach vorn schwingendem Fuß könnte nicht die nötige Power aktivieren. Diese Koordination einer zielgerichteten Abfolge wird größtenteils auf unbewusster Ebene durch den SC ermöglicht.

Abbildung 12: Zielausrichtung und „priority map" der Reihenfolge: Erst schwingt das Bein nach hinten (weg vom Ball), um dann den Ball mit maximaler Power treffen zu können. Gleichzeitig schwingt der linke Arm nach vorn, der rechte nach hinten. Beim Treffer wird es unbewusst umgekehrt sein: Linker Arm schwingt nach hinten, rechter nach vorn.

Der SC ermöglicht also nicht nur zielgerichtete Körperreaktionen, sondern sorgt auch dafür, dass diese auf der intuitiven Ebene in einer optimalen Reihenfolge ablaufen. Sicherlich berichten die Coaching-Kunden, die mit Augenbewegungen gearbeitet haben, wegen dieses „Reihenfolgen-Effekts" häufig über eine nahezu „schlafwandlerische" Sicherheit im Denken und Handeln, auch in schwierigen oder überraschenden Situationen. Der Volksmund sagt dann: „Das läuft wie am Schnürchen!" Oder wir sagen: Ein Mensch reagiert agil.

Weiterhin versteht man mit diesem Know-how auch besser, dass Menschen sagen: „Das fühlt sich richtig an." Richtig kommt von „Richtung" und beim „Richtung halten" koordinieren wir Aktivitäten und Energien mit der Verwirklichung eines Ziels. Weichen die Aktivitäten vom Ziel ab, ist das entsprechend „nicht richtig" und wir kommen nicht „zurecht". Wird das Ziel punktgenau angesteuert, ist das „all right", dann fühlen wir Menschen uns wohl mit einer Aktivität und ihrem Ergebnis, es ist alles „in Ordnung". Bewusst und unbewusst bewerten wir die Auswirkungen unseres Denkens, Fühlens und Handelns immer anhand eines Zielchecks und eines Ordnungschecks: Wie nahe sind wir am Ziel? Wie gut passen Beziehungspunkte zusammen, so dass es „in Ordnung" ist? Der SC scheint bei der Auswahl der einzelnen Elemente unserer unbewussten Reaktionspläne für die Erreichung eines Ziels und bei der „richtigen" Anordnung der Abläufe dieser Elemente eine entscheidende Rolle in unserer Neurobiologie zu spielen. Deshalb fühlen sich Menschen anscheinend auch so frei, leicht und wohl, wenn man mit der SC-Aktivierung durch Augenbewegung, Klang oder Motorik arbeitet – sie spüren subjektiv „freie Bahn" für die Verwirklichung ihrer Ziele mit ihren inneren Möglichkeiten.

Der SC spielt eine Rolle für unsere Fähigkeit, Entscheidungen zu treffen

Anscheinend ist der SC nicht nur eine „priority map" für die Organisation von sinnvollen Reihenfolgen in unserem körperlichen Handlungsspielraum. Man hat herausgefunden, dass der SC grundsätzlich auch auf der kognitiven Ebene in unsere gesamten Entscheidungsprozesse involviert ist (Basso & May, 2017). Die Wissenschaftler sprechen hier vom „winner takes all"-Code. Schnelle Augenbewegungen im Wachzustand – genannt Sakkaden – richten sich nach Wahrnehmungszielen, welche die höchste neuronale Aufmerksamkeit provozieren – hiermit meint man das „Feuern" von Gehirnzellen. Hat der Mensch nun mehrere Ziele im Wahrnehmungsfokus, kann der SC hier ein „Ranking" erstellen: Welche Wahrnehmung löste die höchste neuronale Attraktivität aus? Aus diesem Grund ist es wirklich sinnvoll, erstrebenswerte Ziele – auch Coaching-Ziele – mit möglichst vielen Sinneswahrnehmungen in Verbindung zu bringen, die der Colliculus dann als „Winner" identifiziert. Daher sollte man vor allem auch im Online-Coaching neben dem Medium Sprache mit möglichst vielen Sinneseindrücken arbeiten. Das wären beispielsweise: Bilder, Körpererlebnisse, Satzmelodie, sogar Geruch und Geschmack. Wenn man diese Sinneswahrnehmungen mit Augenbewegungen verknüpft, werden sie für den SC „interessant" und haben die Chance, in den „Winner-Code" des SC aufgenommen zu werden.

SC-Aktivierung durch Oberkörper-Motorik und auditive Sinnesreize

Der SC koordiniert nicht nur visuelle Reize mit einer Reaktionsmotorik, er richtet unseren Körper auch auf Töne hin aus. Dazu heißt es im Lexikon der Neurowissenschaften (↗ http://www.spektrum.de): „Der Colliculus superior ist der einzige Ort im gesamten Gehirn, in dem die von den Ohren aufgenommenen Sinnesreize nicht nach dem Prinzip der Tonotopie (z. B. Melodieerkennung) repräsentiert sind, sondern tatsächlich zu einer Abbildung des Hörraumes führen." Aus diesem Grund können wir auch beim Online-Coaching effektiv mit einer speziell komponierten Coaching-Musik arbeiten: Die wingwave-Musik wechselt im Takt jeweils den Rhythmus-Beat zwischen den beiden Ohren. Der Coaching-Kunde hörte den abwechselnden auditiven Impuls über Kopfhörer, wobei die Augen erkennbar immer mit kleinen Bewegungen links und rechts den Ton „suchen". Auf diese Weise können wir auditiv den SC „online" schalten.

Im besagten Lexikon heißt es dann weiter: „Die Repräsentationen der verschiedenen Sinne im Colliculus superior dienen:
1. der Verarbeitung visueller Sinnesreize,
2. der Integration visueller, auditorischer und somatosensorischer Sinnesreize (multimodale Integration) und
3. der Aufbereitung der Sinnesreize zu motorischen Signalen, die zu Orientierungsbewegungen des Organismus führen (sakkadische Augenbewegungen, Bewegungen der Ohrmuschel, Kopfdrehungen, Körperwendungen)."

Abbildung 13: Der SC: Aufbereitung von Sinnesreizen zu motorischen Signalen, die zu Orientierungsbewegungen des Organismus führen

Der SC aktiviert also Bewegungen vor allem im Oberkörperbereich und man kann als Coach deutlich wahrnehmen, wie sich vor allem Oberkörper, Kopf- und Armhaltung verändern, wenn ein Coachee nach einer anfänglichen Problemschilderung mehr und mehr in einen psychophysiologischen Ressourcezustand gerät. Diesen Effekt können wir auch bei dieser fiktiven Coaching-Kundin erkennen: Der Oberkörper lehnt sich zurück, die Arme werden hinter den Nacken angehoben, der Kopf geht leicht nach hinten, der Blick ist frei und gelöst.

Abbildung 14: „Feeling Good"

Wenn wir beim Online-Coaching derartige psychomotorische Impulse beobachten, sprechen wir diese – wie bereits geschildert – direkt an und bitten den Coaching-Kunden, die spontanen Reaktionen bewusst fortzuführen, was immer als äußerst angenehm empfunden wird.

Gammawellen und der SC

Denken Sie noch einmal an das Bild der Fußballspielerin, die auf ein Tor zielt. Das linke Bein steht, während das rechte Bein zurückschwingt, um dann zu schießen. Die Arme machen gegenspielerische Bewegungen für den Balance-Ausgleich. Damit dieses konjugierte Zusammenspiel möglichst gut funktioniert, müssen sich die Gehirnhälften dieser Torschützin besonders gut „absprechen": Die linke Gehirnhälfte ist für die Funktion des rechten Beins und des rechten Arms zuständig und umgekehrt aktiviert die rechte Gehirnhälfte die Feinmotorik des linken Beins und des linken Arms. Besagte Gehirnbereiche liegen „zwischen den Ohren" voneinander entfernt und müssen dennoch präzise zusammenarbeiten. Auch dieses Zusammenspiel der Beinmotorik könnte auf dem „Online-Sein" des SC beruhen – und noch vieles mehr. Eine Erklärung für die Ursache einer gut funktionierenden Koordination von auch weit auseinander liegenden Gehirnbereichen könnte das Auftreten von so genannten „Gamma-Wellen" sein.

António Domásio: „Der Colliculus superior erzeugt elektrische Wellen im Gamma-Bereich, ein Phänomen, das man mit der gleichzeitigen Aktivierung von Neuronen in Verbindung bringen konnte. Der Neurophysiologe Wolf Singer äußerte die Vermutung, dass diese Wellen mit einer zusammenhängenden Wahrnehmung und möglicherweise sogar mit dem Bewusstsein korrelieren. Heute ist der Colliculus superior die einzige Gehirnregion außerhalb der Großhirnrinde, die bekanntermaßen solche Schwingungen im Gamma-Bereich zeigt."

Gamma-Wellen wurden in der Gehirnforschung von allen Gehirnwellen als letzte entdeckt, da sie eine sehr niedrige Amplitude haben. Ihr besonderes Merkmal ist, dass sie sich über auch weit auseinanderliegende Bereiche im Gehirn synchronisieren. Sie werden vor allem im Zusammenhang mit Meditation und Spitzenleistung beforscht. Subjektiv berichten Menschen bei nachgewiesener Gamma-Aktivität über „Verschmelzungserlebnisse", Konzentration und kreativen Ideenfluss, plötzlich „passt alles zusammen".

Abbildung 15: Gamma-Wellen gehen u. a. mit „Verschmelzungserlebnissen" einher. Plötzlich passt „alles zusammen". (WhatisEnlightmentreally Clipart Microsoft)

3.2 NeuroRessource „Tastsinn" – online den Körper berühren

Bisher haben wir bereits mehrere Möglichkeiten aufgezeigt, wie wir beim Online-Coaching Körpererfahrungen mit einbeziehen können. Da ging es zunächst vor allem um die Motorik – sei es zu den Themen Gehen, Gestik, allgemeine Bewegung oder zum Thema „Okuloressourcen", den gezielten Einsatz verschiedener Augenbewegungsmuster. Eigentlich gehören diese Coaching-Impulse unter die Überschrift „Embodiment". Dieser Begriff beschreibt die Tatsache, dass die aufsteigenden Signale vom Körper unser Gehirn aktivieren – und nicht nur umgekehrt. In den klassischen Psychologieansätzen, vor allem in den Kognitionswissenschaften, geht man überwiegend davon aus, dass unser Denken die Gefühle beeinflusst. Umgekehrt scheint der neurobiologische Informationsstrom mindestens ebenso intensiv zu fließen und das subjektive Erleben zu beeinflussen. Der Untertitel des Buches *Homo hapticus* des Haptik-Forschers Martin Grunwald lautet: „Warum wir ohne Tastsinn nicht leben können" und der Autor sagt dazu konsequent: „Ein Organismus, der nicht fühlen kann, ist zum Sterben verurteilt" (Grunwald, 2017). Seiner Meinung nach wird die Bedeutung unserer Körpererfahrung für unser subjektives Erleben vor allem in Psychotherapie und Medizin völlig unterschätzt. Positive Körpererfahrungen können einen immensen Beitrag für das nachhaltige Gelingen eines Coachings oder einer Psychotherapie leisten. Das Ausbrechen aus einer Gewohnheit hin zu neuen Denk- und Verhaltensmöglichkeiten gelingt am besten, wenn der Mensch das Neue, zunächst Ungewohnte mit angenehmen „Körpermeldungen" verbindet.

Als negativ empfundene Körpersignale haben ebenfalls einen Einfluss auf das subjektive Erleben. Hier ein Beispiel aus der Schmerztherapie: Früher dachte der Arzt häufig, Depressionen könnten ein Auslöser für chronischen Schmerz seien – weil Schmerzpatienten eben meistens nicht gerade allerbester Stimmung sind. Das mag durchaus sein – aber es wurde jahrzehntelang übersehen, dass es auch umgekehrt geht: Dauerschmerz kann die Psyche verändern. Eigentlich kann das jeder nachvollziehen, der schon einmal drei Tage lang hintereinander Zahnschmerzen hatte – man bekommt automatisch schlechte Laune. Der Arzt Roland Wörz hat dann in den 1990er-Jahren einen wichtigen Begriff geprägt: Es gibt das „algogene Psychosyndrom", womit einfach gemeint ist, dass Schmerzen Ängste, Depressionen oder sogar Aggressionen auslösen können (Wörz, 2004). Das ist unglaublich wichtig zu wissen, damit Ärzte Schmerzpatienten nicht allzu schnell als „psychiatrisch" abstempeln, ohne sorgfältig genug nach möglichen körperlichen Gründen für die Symptomatik zu suchen.

Umgekehrt ist es genauso: Allein schon der Ausspruch, man sei „satt und zufrieden", zeigt, dass ein gut schmeckendes Essen als körperliches Erlebnis dann auch „aufsteigend" die seelische Balance eines Menschen stärken kann. Auf dieser Basis gibt es sehr interessante „Synästhesien" – damit meint man Sinneswahrnehmungen, die sich auf einen weiteren Sinneskanal übertragen. Beispielsweise sagen wir, jemand habe einen „guten Geschmack" – damit meinen wir keinesfalls, dass diese Person einen üppig gefüllten Kühlschrank in der Küche hat. Nein, wir meinen damit, dass die Person Freude an Dekoration, Farbzusammenstellungen, Architektur oder an eben „geschmackvoller" Kleidung hat. Diesbezüglich gibt es noch den „Musikgeschmack", den „Ohrenschmaus" oder das Phänomen, dass man sich an etwas „nicht satt sehen kann". Auf jeden Fall führt dieses Know-how zu einer ganz einfachen Überlegung für die Vorbereitung eines Coaching-Termins: Egal ob online oder präsent – wir bitten unsere Coaching-Kunden immer, zumindest ausreichend Wasser zum Trinken bereitzuhalten und möglichst nicht mit leerem Magen das Coaching anzutreten. Schon ein simpler Keks kann dabei helfen, dass der Coachee nicht unterzuckert die Session antritt, darauf weisen wir immer hin.

Wir haben bisher schon an einigen Stellen den Begriff „Bodyscan" erwähnt. Weil für uns das subjektive Körpererleben einen besonders wichtigen Faktor für ein gelungenes Coaching darstellt, beschreiben wir hier näher, was wir darunter verstehen. Der Tastsinn versorgt die Wahrnehmung mit einer Fülle von Spür-Erlebnissen: Positive Gefühle können fließen, strahlen, kribbeln, sie können als angenehm warm oder kühl empfunden werden, kreisen, auf- oder absteigen und ihre Ausgangspunkte gefühlt in unterschiedlichsten Körperbereichen haben. Da hat der Coachee plötzlich ein festes und sicheres Gefühl in den Beinen, fühlt sich frei im Hals, Brustkorb oder im Rücken. All diese Details benennen wir, wenn wir die Bodyscans zu einem Coaching-Ergebnis durchführen, etwa so: „Denken Sie daran, wie Sie vor Ihrem Publikum stehen und sich gelassen und sicher fühlen. Wo im Körper nehmen Sie die gute Resonanz besonders deutlich wahr?"

Einige Coaching-Kunden sind in der Perzeption von Körpersensationen noch etwas ungeübt. „Perzeption" meint übrigens die bewusste Wahrnehmung von „Meldungen" des Tastsinns. Diese „Meldungen" resultieren aus den unbewussten somatischen Signalen, der „Neurozeption". Bei einer eher undifferenzierten Perzeption helfen dem Coaching-Kunden wieder die impliziten Fragestellungen aus dem „Hypnotalk": „Ist die angenehme Körperresonanz eher im Nacken oder eher im Bauch?" Auch hier geht es nicht um die „Richtigkeit" des genannten Körperbereichs, sondern darum, dass die Frage voraussetzt, *dass* da etwas zu spüren ist. Selbst wenn die Kandidaten dann sagen: „Es ist weder im Nacken noch im Bauch", kommt in der Regal die Ergänzung: „... eher im Brustkorb, ich kann so gut durchatmen." Dann legen wir den Fokus des Bodyscans eben auf den Brustkorb.

Solange ein gesunder Mensch lebendig ist, spürt er das Lebendig-Sein immer und überall. Die Frage ist nur, welche Wahrnehmungen davon im Bewusstsein ankommen. Die Neurobiologie hat gar nicht vorgesehen, dass wir alle Meldungen des Tastsinns stets bewusst bedenken. Denken Sie nur einmal an das Gefühl an den Füßen, wenn wir Schuhe tragen. Die Neurozeption – also das Gefühl – ist zwar da, aber die Perzeption geht über das Gefühl hinweg. Wenn wir fragen: „Spüren Sie jetzt gerade die Schuhe an ihren Füßen?", antworten die meisten Menschen – wenn der Schuh bequem sitzt – mit „Nein!" Damit meinen sie nicht, dass der Fuß anästhesiert ist, sondern lediglich, dass sie schon seit Stunden nicht mehr die Idee hatten, ihren Fuß zu „besuchen", um sich zu fragen, was er fühlt. Es findet also keine Perzeption statt. Diese schalten wir dann ein, wenn wir die Bodyscan-Fragen stellen.

Alle Menschen, die zum Coaching kommen, spüren ihren Körper in Bezug auf ihr Coaching-Thema. Sonst würden sie nicht sagen: „Das stresst mich" oder „Das ist irgendwie nicht in Ordnung". Sie fühlen sich nicht so wohl, wie sie es möchten. Aber warum können Menschen dies zum Ausdruck bringen? Die Antwort: Jeder Mensch weiß sehr wohl, wie sich das Optimum eines angenehmen Körpererlebens anfühlt. Ein subjektives angenehmes Körpererlebnis besteht aus vielen Komponenten des Tastsinns: Muskeltonus, Gefäßdurchmesser, Körpertemperatur, Schwere oder Leichtigkeit, um nur einige zu nennen. Es ist wie mit den Schuhen: Wenn sich alles einigermaßen gut anfühlt, denkt der Mensch nicht über die Tastsinn-Wahrnehmung nach. Und es ist wie mit den 37 Grad Körpertemperatur: Ist der Körper wohl temperiert, ist Temperatur kein Thema. Würden Sie aber im Winter einen Coaching-Kunden einladen, ohne dass die Heizung eingestellt ist, würde der Kunde auch beim allerbesten Coaching-Prozess irgendwann sagen: „Mir ist zu kalt hier!" und man müsste die Heizung einschalten.

Wenn Menschen also über ein subjektives Unbehagen – egal welcher Sorte – klagen, heißt dies gleichzeitig, dass sie das Optimum des persönlichen subjektiven positiven Erlebens auf der neurozeptiven Ebene sehr gut kennen – denn sonst würden sie die Abweichung nicht spüren, die sich dann bei der Perzeption meldet: „Hallo, die Schuhe drücken!" Menschen vergleichen mit ihrem Tastsinn nach einem homöostatischen Prinzip stets auf der unbewussten Ebene die Übereinstimmung oder die Abweichung vom Optimum des subjektiven Wohlgefühls – wäre dem nicht so, könnten sie auch nicht klagen.

Wir beschreiben hier ein Interventionsbeispiel für das „Bewusstmachen", also die Perzeption von positivem Körpererleben, um diese Erfahrung dann in einen Coaching-Prozess einweben zu können. Das gelingt auch beim Online-Coaching sehr gut. Der Coachee fühlt sich – wie der Coaching-Kunde auf dem Buchcover – durch den Monitor hindurch positiv berührt, er ist „in touch" mit einem sichtlich angenehmen Körpererleben.

Bei der Wortwahl achten wir genau darauf, dass wir ein kleines Handicap der Deutschen Sprache umgehen. Wir nutzen bei unseren Coachings ganz bewusst nicht das Wort „Entspannung", weil der Begriff ein „Krokodil" enthält. Was meinen wir damit? Denken Sie, liebe Leserin oder Leser, jetzt bitte nicht an ein Krokodil! Was passiert: Wir verfehlen unser Kommunikationsziel, weil Sie nun erst recht an die grüne Riesenechse mit dem großen Gebiss denken. Ebenso verbindet das Gehirn das Wort „Spannung" automatisch mit zusammengezogenen Muskelfasern und nicht mit gelockerten Muskeln.

In anderen Sprachen hat man konkrete, körperlich optimal beschreibende Wörter für die Erholungsphasen. Im Englischen heißt es beispielsweise „to relax" und auch die Deutsche Sprache kennt beispielsweise so ein Wort wie „Erholung", das ja körperlich wesentlich mehr Funktionen als nur die Lockerung der Muskeln umfasst.

Wir regen dazu an, angenehme Erholungsgefühle mit Wörtern zu beschreiben wie „frei", „leicht", „gelöst", „fließend", „locker". Bei Erwachsenen sprechen wir manchmal auch von „Tagtraum-Übungen" und bei Jugendlichen von „Chill-Übungen". Vor dem Coaching bereiten wir den Coaching-Kunden darauf vor, dass wir immer wieder mit der Bodyscan-Technik arbeiten werden und verweisen dabei explizit auf das Know-how über die wirksame Effektivität des Tastsinns.

Coaching-Intervention: Der ausführliche Bodyscan für Ressourcen-Gefühle

Diese Intervention ist eine Intensivierung der Intervention „SPEM-Coaching" (siehe Kapitel 2.6). Die Formate können sehr gut miteinander kombiniert werden. Wir nutzen bei Bodyscan-Techniken zur Verständigung mit den Coachees immer die „Skala des subjektiven Erlebens". Oft ist es so, dass die Klienten zum Einstieg bei der Wahrnehmung einer subjektiven Verfassung die Positiv-Ausprägung niedriger skalieren als nach dem bewussten, detaillierten Hineinspüren mit dem Bodyscan: Sie starten vielleicht bei „+4" und landen zum Schluss bei „+8".

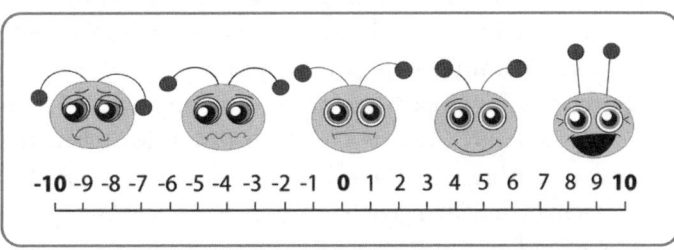

Abbildung 16: Skala des subjektiven Erlebens – für Erwachsene (Zahlen) und Kinder (Gesichter)

Coaching-Situation: Die Coaching-Kundin/der Coaching-Kunde verbalisiert ein positives Gesamterlebnis: sei es aus einer positiven Erinnerung, einer positiven Zukunftsvorstellung oder in Resonanz auf einen gerade aufgetretenen „erbaulichen" Gedanken, der sich aus der Kommunikation ergibt. Hier zeigen wir, wie wir durch eine sehr differenzierte Neurolinguistik den positiven Bodyscan möglichst intensiv für die bewusste Perzeption intensivieren.

1. Coach zu Coachee: Nehmen Sie wahr, wie positiv Sie jetzt gerade reagieren und skalieren Sie dieses angenehme subjektive Erleben auf der Skala zwischen „0" und „+10".
2. Nun fühlen Sie bewusst in Ihren Körper hinein. Wo in Ihrem Körper befindet sich die Körperzelle, die sich jetzt im Moment in einem ganz besonders wohligen, gesunden oder angenehmen Zustand in Resonanz auf die gute Wahrnehmung befindet? Spüren Sie den ganzen Körper durch und suchen Sie diese eine Zelle, auf welche diese Beschreibung am besten passt. Durchwandern Sie im inneren Spüren Ihren Körper. Wo könnte die Resonanz-Zelle sein?
   - Kopf, Hals, Nacken
   - Nasenspitze, Ohren, Augenbraue
   - Schultern, Arme, Hände
   - Brustkorb, Rücken
   - Magen, Bauch
   - Beine, Knie, Füße

   Schließlich verweilen Sie bei einer Zelle und gehen mit der Wahrnehmung ganz in diesen Bereich hinein.
3. Finden Sie zwei, drei Wörter für die angenehme Resonanz, die von diesem wohlfühlenden Körper-Echo ausgeht:
   - angenehm warm oder angenehm kühl?
   - leichtes oder intensives Gefühl?
   - ruhig oder bewegt – wie beispielsweise leicht kribbelnd?
   - locker oder angenehm stabil?
4. Fühlen Sie nach, wie angenehm die Empfindung auf der positiven Seite der Erlebnisskala zwischen „0" und „+10" ausfällt: Liegt sie bei eins, vier, sechs? Machen Sie nur eine ungefähre Einschätzung, während Sie weiter in die gute Energie der positiven Wohlfühl-Zelle hineinspüren.
5. Spüren Sie weiter nach mit der Vorstellung: Diese Wellness-Resonanz der Wohlfühl-Zelle kann wie eine Quelle in Ihrem Körper wirken und sich von dort aus langsam ausbreiten. Wie würde das gehen, welche Richtung nimmt die Wirkung?
   - nach allen Seiten gleichzeitig, in eine Richtung, gerade oder in Kreisen?
   - fließend, wie in Wellen?
   - ausstrahlend?

- Verbreitung über die Haut, innerlich über die Nervenbahnen und Meridiane oder gar über den Blutkreislauf?
6. Lassen Sie Ihre Augen langsam durch den Raum wandern, während Sie in die Wohlfühl-Zelle hineinfühlen. Setzen Sie die Übung fort, bis sich die Wohlfühl-Resonanz mindestens um einen Punkt gesteigert hat. Dann genießen Sie weiter, so lange es gut tut. Geben Sie dem positiven Gesamterlebnis ein Anker-Wort, wie „Sonne", „Rose", „Lokomotive" – je nachdem, womit Sie das positive Gesamterlebnis verbinden.

Tastsinn und Selbstberührung

Selbstberührung gehört laut Haptik-Forschung zu unseren meistgenutzten und wirkungsvollsten Stressmanagement-Möglichkeiten. Hier haben wir es wieder mit einer NeuroRessource zu tun, die kein Mensch erlernen muss, denn wir alle fassen uns zwischen 400 und 800 Mal am Tag ins Gesicht – ohne es bewusst zu registrieren. „Wahrscheinlich hat es etwas damit zu tun, dass wir kurzzeitige emotionale Irritationen durch diesen Berührungsreiz im Gesicht wieder ausgleichen", erklärt Martin Grunwald (Grunwald, 2017). Der Arzt Michael Bohne, Begründer der Prozess- und Embodimentfokussierten Psychologie – genannt „PEP" – hat diese Tatsache im Rahmen eines Vortrags einmal mit den Filmen „Dick und Doof" und hier mit den unterschiedlichen nonverbalen Verhaltensweisen von Stan und Olly verglichen. Stan spielt immer den Tollpatsch und gibt sich stets etwas verwirrt und begriffsstutzig. Die Darstellung dieses überforderten Zustands wird schauspielerisch dadurch unterstrichen, dass Stan sich ständig ins Gesicht fasst – beispielsweise an die Nase – oder die Frisur kratzt. Schon versteht der Zuschauer intuitiv, dass er nicht in Balance ist. Olly hingegen schreitet meist selbstsicher und erhaben daher und berührt sich selbst deutlich weniger.

Nun ist nicht jeder Mensch gleich ein „Stan", wenn er oder sie sich ständig selbst im Gesicht berührt. Wichtig ist zu wissen, dass Selbstberührungen generell stressausgleichend wirken und dass es nicht zielführend ist, sie einem Menschen abgewöhnen zu wollen. Diese Botschaft ist natürlich gerade in Pandemie-Zeiten verwirrend: Wir sollen uns wegen der Infektionsgefahr möglichst wenig berühren. Andererseits zeigt die Forschung, dass Berührungen – vor allem zwischenmenschliche Berührungen – generell das Immunsystem stärken. Es ist also sinnvoll, Selbstberührungsinterventionen, wie beispielsweise so genannte „Klopftechniken" wie EFT (Emotional Freedom Technique) oder PEP mit in ein Online-Coaching zu integrieren – natürlich mit gründlich gewaschenen Händen. Auf die Möglichkeiten der online integrierten Klopftechniken gehen wir später noch näher ein.

Die Ärztin und Psychotherapeutin Hedda Lausberg lehrt als Universitätsprofessorin unter anderem Bewegungstherapie an der Deutschen Sporthochschule Köln. Sie hat auf Basis einer Software ein Analyseinstrument namens NEUROGES® entwickelt, das unter anderem Videodateien auf Bewegungsmuster von Probanden hin auswertet (Lausberg, 2019). Mit diesem Tool untersuchte die Coachin und Gesundheitsexpertin Brigitte Grabher im Rahmen ihrer Masterarbeit in „Interpersonal Communication" an der Universität Salzburg die Wirkung von wingwave-Coaching bei Redeangst (Grabher, 2019). Mit der Messung der so genannten „Affektbilanz" nach Maja Storch zeigte sich, dass sich bei den Probanden die Redeangst deutlich reduzierte und dass sich vor allem auch positive Gefühle in der Redesituation verstärkten. Und gleichzeitig setzte Brigitte Grabher auch das NEUROGES-Programm ein, um das Ausmaß der Selbstberührung vor und nach dem wingwave-Coaching zu messen. Selbstberührungen traten nach dem Coaching in der Redesituation bei den Probanden signifikant weniger häufig auf, was als Schlussfolgerung eine hier sogar durch Videoaufnahmen sichtbare Stressreduktion zulässt.

3.3 „Ich könnte die ganze Welt umarmen!" Gesten als NeuroRessourcen

Wir haben bereits ausführlich beschrieben, wie sinnvoll es ist, beim Online-Coaching auch Bewegungen von Kopf, Schultern und Armen im Coaching-Prozess zu verbalisieren, weil wir mit dieser Körperaktivierung auch immer den SC „online" stellen. Wir haben beschrieben, dass der SC unsere körperliche Reaktionsbereitschaft für den Umgang mit äußeren Reizen – wie beispielsweise beim Fangen eines Balls – koordiniert. Beim eben beschriebenen NEUROGES-Programm wird mit einer Videotechnik auch gemessen, wie häufig Probanden in bestimmten Situationen „raumeinnehmende Bewegungen mit den Händen" ausführen; man spricht hier auch von „phasic in space".

Hier geht es aber eher um Gesten, welche die zwischenmenschliche Kommunikation nonverbal unterstützen. Sie sind die motorischen Untermalungen unseres Sprechens, ein Ausdrucksmittel unseres inneren Geschehens, insbesondere mit Armen, Kopf und Händen. Mit Gesten leben wir motorisch unsere Emotionen aus.

Auch diese Parameter überprüfte Brigitte Grabher in ihrer Master-Arbeit: Wenn mit wingwave gecoachte Probanden ihre Redeangst überwinden konnten, führten sie bei weiteren Reden laut Video-Zählung wesentlich mehr raumeinnehmende Gesten mit den Händen aus, was laut Gestikforschung ein Hinweis auf zunehmende Freude und die Wahrnehmung von Positivem ist.

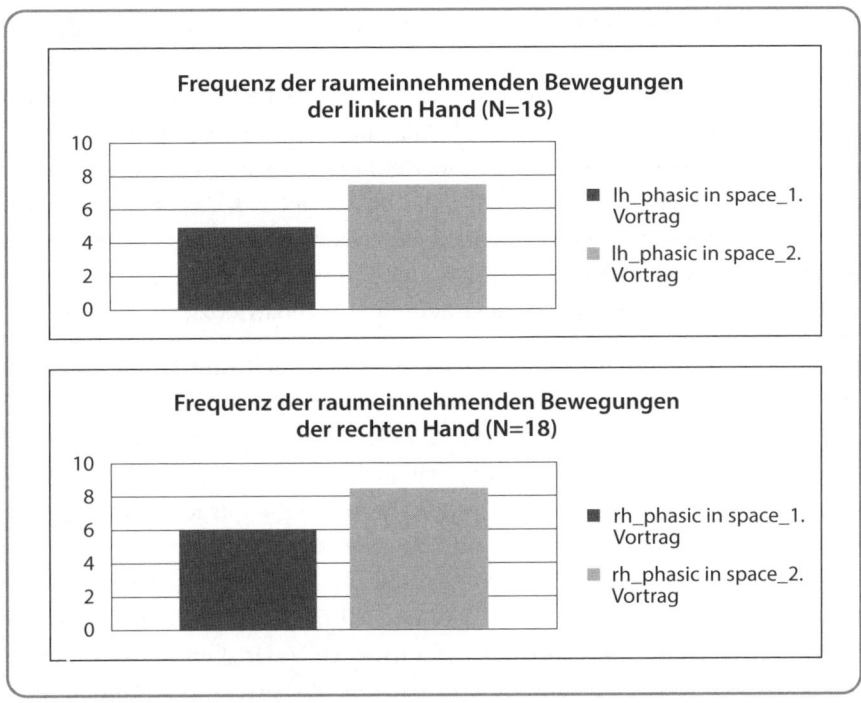

Abbildung 17: Raumeinnehmende Handbewegungen beim Rede-Halten vor dem Coaching (linke Säule) und nach dem Coaching (rechte Säule) – ein Hinweis darauf, dass sich die Redner beim zweiten Durchgang deutlich wohler fühlen.

Für Coaching und Online-Coaching bedeutet diese Erkenntnis, dass es nicht nur sinnvoll ist, Gestik – vor allem von Armen, Händen und Kopf – als Ausdrucksmittel positiver Emotionen im Coaching zu verstärken, wenn sie im Prozess spontan auftritt. Es ist schon eine Embodiment-Intervention für sich, Coachees zu raumeinnehmenden Hand- und Armbewegungen zu motivieren, damit sie sich damit spontan besser fühlen zu können. Über den Körper erhält das Gehirn ressourcevolle Signale im Sinne des Ausspruchs: „Ich könnt' die ganze Welt umarmen!"

Abbildung 18: Gesten als NeuroRessource im Online-Coaching

3.4 Eine zuverlässige Resilienz-Quelle: Der „Nervus Vagus"

Gerade haben wir beschrieben, wie positiv sich Selbstberührungen wie beispielsweise Klopftechniken auf das emotionale Gleichgewicht eines Menschen auswirken können, denn sie können mit einfachen Mitteln unser vegetatives Nervensystem beeinflussen. Die meisten von uns haben in der Schule gelernt, dass sich das menschliche Nervensystem aus zwei Funktionskreisen zusammensetzt, die als Antagonisten wirken: einen für Ruhe und Regeneration, den Parasympathikus, und einen für den Alarmfall und/oder höchstes Aktiviert-Sein, den Sympathikus.

Besagter Alarm hilft uns im Bedrohungsfall, blitzschnell und heftig zu reagieren. Durch Angreifen oder Weglaufen bringt der Mensch sich in Sicherheit, durch Lust, Sexualität, aber auch Neugier sorgt er für den Erhalt der Spezies. Die beschriebenen Alarm- und Erregungszustände nennt man auch ganz einfach Stress. Kurzfristiger Stress mobilisiert und führt zu einem erhöhten Adrenalinspiegel, zu häufiger Stress, der länger als sechs Wochen andauert und den Menschen nicht mehr zur Ruhe kommen lässt, führt zu einem erhöhten Cortisolspiegel – egal, ob der Stress subjektiv als negativ oder positiv empfunden wird (Hüther, 2016). Auch positiver Stress wie euphorisches Verliebtsein, „Börsenfieber", „Kaufrausch" oder „Goldrausch" kann nach mehreren Wochen zu chronischer innerer Unruhe und Stress-Symptomen führen.

Dieser Aspekt ist im Coaching ein häufiges Thema. Gerade erfolgreiche, selbstbewusste, gesunde und leistungsorientierte Menschen meinen oft, man könne ohne Ende seine Lieblingsaktivitäten ausleben, weil die schließlich Spaß machen würden, und reden dann vom „positiven Stress". Die Neurobiologie macht da aber keinen großen Unterschied und wertet jede Aktivität als eine „Verausgabung", nach der wieder eine Regenerationsphase eintreten muss, um neue Kräfte zu sammeln. Es ist übrigens auch viel schwieriger, mit Aktivitäten, die uns begeistern, Maß zu halten als mit langweiligen Tätigkeiten.

Abbildung 19: Auch ein Kaufrausch kann in ungesunden Stress ausarten.

Das ist nicht gesund und führt dann früher oder später zu psychosomatischen Reaktionen, bei denen die psychische Überbelastung den Körper, also das Soma, krank macht. Coaching kann einen Ausgleich zwischen sympathischer und parasympathischer Aktivierung bewirken, um dem Körper optimale Gesundheitsressourcen bereitzustellen. Ein gesunder Geist wohnt in einem gesunden Körper – und anders herum. Wir sprechen hier auch vom „Gesundheitscoaching".

Beim Online-Coaching nutzen wir für die parasympathische Aktivierung und somit für einen zuverlässigen körperlichen und seelischen Regenerationsimpuls immer wieder die „Vagus-Stimulation" mit einer ganz einfachen Technik: Coaching-Kundin oder Coaching-Kunde klopfen leicht auf dem Brustkorb das Brustbein nebst den anliegenden Rippen, man möchte die knöcherne Substanz leicht zum Vibrieren bringen. Das erinnert ein bisschen an Tarzan. Allerdings kann das Klopfen auch ganz zart ausgeführt werden, man muss dabei nicht unbedingt trommeln und schreien. Das Thema Vagus-Stimulation wird gerade in Medizin, Psychologie und Coaching viel diskutiert – man denke hier nur an Buchtitel wie *Der Selbstheilungsnerv* von Stanley Rosenberg (Rosenberg & Oechsler, 2018).

Der Effekt dieser Klopftechnik stellt sich schon nach nur 30 Sekunden ein: Jeder Mensch reagiert plötzlich mit einem tiefen Atemzug. Das wirkt viel intensiver und erholsamer als die Aufforderung: „Atmen Sie doch mal tief durch!" – denn dann wird der Atem gewollt über höhere Gehirnregionen angestoßen. Der tiefe Atemzug beim Vagus-Klopfen kommt direkt aus dem Hirnstamm, aus den tiefsten Regionen des Gehirns – „es atmet", könnte man sagen. Oft müssen die Coachees als Reaktion sogar herzhaft gähnen, was ebenfalls einen Hinweis auf einen spontanen körperlichen Erholungsimpuls darstellt. Gleich hier sei schon erwähnt, dass es sogar *Elektrische Vagus-Stimulatoren* gibt, die im Hals- / Brustbereich auf die Haut oder unter die Haut implementiert werden. Sie stimulieren den Vagus durch Vibration. Diese Vagus-Stimulatoren sind inzwischen zur Behandlung von Depressionen und Epilepsien zugelassen (Milby & Casey H., 2008). Wir selbst sind der Meinung, dass immer mal ein leichtes, halbminütiges Klopfen – verteilt über den Tag – einen ebenso guten Beitrag zur „Pflege" des Vagus-Systems leisten kann.

Bei dem Vagus-Nerv handelt es sich um den zehnten Hirnnerv. Er ist an der Regulation fast aller inneren Organe beteiligt, daher auch der Name: Er „vagabundiert" überall im Körper herum. Und was besonders wichtig ist: Der Vagus ist der größte Nerv des Parasympathikus, eine der wichtigsten Komponenten des gesamten Nervensystems. Weil der Parasympathikus überwiegend mit körperlichen und seelischen Erholungs- und Gesundungsprozessen einhergeht, sind Kenntnisse über den Vagus-Nerv für die zielführende Arbeit mit Menschen besonders interessant und wertvoll.

Ein Thema ist beispielsweise die so genannte „Myelinisierung". Die Myelinschicht – sie besteht aus Eiweißbausteinen – umgibt einen Nervenstrang wie Plastikhülsen einen blanken Stromdraht. Je dicker die Myelinschicht ausgeprägt ist, desto rasanter rauscht der Nervenimpuls hindurch. Ende der 1990er-Jahre entdeckte der Neurowissenschaftler Stephen Porges, dass die Myelinschicht im Vagus-Nerv-Geflecht des Brustkorbs besonders stark ausgeprägt ist (Porges, 2017). Aus diesem Grund kann das Vagus-System in diesem Bereich besonders schnell und intensiv über die Vibration des oberen Brustkorbs stimuliert werden.

Porges publizierte in diesem Zusammenhang seine „Polyvagal-Theorie", die mittlerweile vor allem im Bereich der Psychotraumatologie großes – durchaus auch kontroverses – Interesse ausgelöst hat (Porges, 2017). Porges nennt die stark myelinisierten Nervenstränge des Vagus, die eher vorn im Körper verzweigt sind, den „modernen Vagus". Die eher hinten – Richtung Rücken – austretenden Stränge sind deutlich weniger myelinisiert, hier laufen die Impulse dann auch entsprechend langsamer. Nach Porges haben vor allem höher entwickelte Säuger – beispielsweise der Mensch – den modernen Vagus in Anpassung an ein gut funktionierendes Sozialleben entwickelt. Ist der ventrale Vagus aktiv, fühlen wir uns subjektiv sicher, beispielsweise beim Kümmern um den Nachwuchs. Der moderne Vagus ist involviert in die Mimik und in die Aktivität des Kehlkopfes, was auch einen Einfluss auf den Klang unserer Stimme und den Humanonline-Faktor ausübt.

In diesem Zusammenhang sei erwähnt, dass uns viele Sänger und Schauspieler in den Coachings die Rückmeldung geben, dass sie das Vagus-Stimulieren nutzen, um den Atem zu vertiefen und den Klang der Stimme zu intensivieren. Daher ist das Vagus-Klopfen auch eine hervorragende, schnell zur Verfügung stehende NeuroRessource für Auftritte und jede zwischenmenschliche Kommunikation, die von der Stimme „getragen" wird.

Besonders wirksam ist beim Vagus-Klopfen die Freisetzung von Acetylcholin. Dieser Stoff ist der Haupt-Transmitter des Vagus. Acetylcholin ist der Botenstoff, der die Nervenenden mit den Muskelfasern in energetische Verbindung bringt. So ist auch die spürbare Zunahme der generierbaren Kraft nach dem „Vagus-Klopfen" im Brustbereich zu erklären: Vagus-Stimulation macht stark! Das können wir schnell mit dem gut beforschten Myostatiktest spürbar darstellen. Bei diesem Test hält der Proband oder Coachee Daumen und Zeigefinger mit Kraft zu einem starken Ring zusammen. Dann versucht der Coach, Daumen und Finger auseinander zu ziehen. Hält dieser Ring „bombenstark", ist das ein Hinweis darauf, dass der Coachee ein präsentiertes Thema / einen Reiz „gut verkraften" kann. Fällt der Test stark aus, bedeutet dies, dass die getestete Person mit dem dargebotenen Trigger / Thema gut umgehen kann, sie sich „der Sache gewachsen fühlt". Die Verlässlichkeit dieses Vorgehens und seiner Interpretation hat der Diplom-Psychologe Marco Rathschlag in seiner Promotions-arbeit an der Deutschen Sporthochschule Köln nachweisen können (Rathschlag, 2013).

Auch wenn die ersten drei Fingertest-Kombinationen – Daumen jeweils mit Zeige-, Mittel- und Ringfinger – stark testen, schwächelt die letztmögliche Kombination bei den meisten Menschen: Daumen und kleiner Finger. Der Proband hat hier nicht die Kraft, dem Gegenzug zu widerstehen. Das

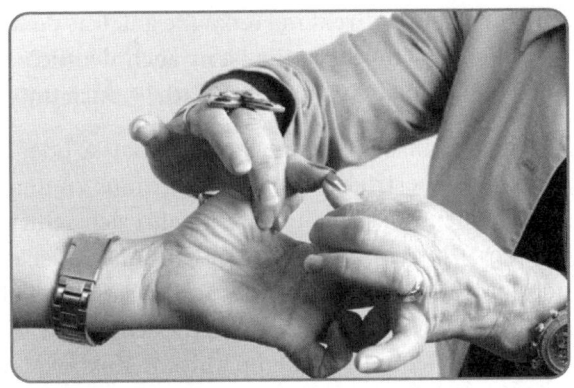

Abbildung 20: Der gut beforschte Myostatiktest

ändert sich immer nach einem halbminütigen Vagus-Klopfen: Dann hält auch die Kombination mit dem kleinen Finger „bombenstark". Dabei muss man sich vergegenwärtigen, dass dieses Ergebnis eine verbesserte Muskelleistung im gesamten Körper repräsentiert. Das ist gut zu wissen, denn die wingwave-Forschung fand zum Thema „Emotionen" heraus, dass Menschen generell bei Freude die größte Körperkraft generieren können: in der Handkraft, beim Hochspringen und beim schnellen Laufen. Mehr Details kann man im wingwave-Buch *Mit Freude läuft's besser* von Cora Besser-Siegmund und Marco Rathschlag lesen (Rathschlag & Besser-Siegmund, 2013). Natürlich können wir beim Online-Coaching nicht den Muskeltest einsetzen, aber der tiefe Atemzug ist auch über den Monitor deutlich sichtbar, manchmal auch hörbar. Setzt dieses Erholungsatmen ein, erklären wir dem Coaching-Kunden zeitgleich, mit welchen Effekten diese Körperreaktion einhergeht.

Unser vegetatives Nervensystem – das „VNS" – reguliert im Sinne einer Reaktion auf unmittelbare situative Bedingungen und Erfordernisse in jedem Moment wieder neu. Diese kontinuierliche Anpassungsleistung beinhaltet beispielsweise, dass unser Herz den zeitlichen Abstand zwischen zwei Herzschlägen bedarfsgerecht ständig neu einstellt. So entsteht die so genannte Herzratenvariabilität, die anzeigt, dass das Herz mit der uns umgebenden Welt und ihren Einflüssen „online" ist. Ist diese bedarfsgerechte Variabilität nicht gegeben, liegt eine vegetative Regulationsstörung vor, die von einigen Medizinern sogar als Vorzeichen gesundheitlicher Komplikationen gedeutet wird. In dieser Phase ist der Mensch zwar noch gesund, aber es wäre ein guter Zeitpunkt, um an der persönlichen emotionalen Balance zu arbeiten, beispielsweise durch ein Coaching. Viele Coaches bieten auch die Messung der Herzratenvariabilität begleitend zum Coaching an. Es gibt hier unterschiedliche Modelle, wir selbst nutzen das Programm der Firma Commit namens „vnsanalyse", das im Internet unter diesem Suchwort zu finden ist. Dieses Programm nimmt die vegetativen Impulse mittels eines Brustgurts direkt in Herznähe auf, was deutlich präziser ausfällt als Messungen an Ohr oder Finger. Dafür ist es auch deutlich teuer. Ein Programm, das am Ohr misst, ist beispielsweise „HeartMath" – auch unter diesem Namen leicht zu finden.

Wenn also einschneidende Stresserlebnisse oder dysfunktionale kognitive Gewohnheiten wie übertriebener Perfektionismus zu unangenehmen oder unangemessenen emotionalen Zuständen führen, kann sich schleichend eine chronische Fehlregulation des VNS einstellen. Ist ein Coaching oder eine Psychotherapie dann subjektiv oder objektiv erfolgreich, sollte das VNS parallel auch wieder normal und gesund regulieren: Wir fühlen uns wohl, sicher und lebenstüchtig. Stressgefühle werden durch angenehme, parasympathische Zustände abgelöst, für die der Nervus Vagus und sein Einfluss auf den Parasympathikus verantwortlich sind.

Durch verschiedene Möglichkeiten, das VNS zu regulieren– speziell die Stimulation der parasympathischen, vagalen Funktionen –, kann dieser gesundheitsfördernde Effekt direkt und kurzfristig unterstützt werden. Eine wiederholte Stimulation des Vagus-Nervs im Sinne von „Mikro-Impulsen" – wie das halbminütige Vagus-Klopfen – löst dann sogar einen Trainingseffekt aus. Diesen Effekt zählen wir mit zum gezielten Nutzen von NeuroRessourcen. Augenbewegungen, die wir ja bei Humanonline sehr viel einsetzen, stimulieren ebenfalls den Vagus-Nerv – und zwar schon direkt im Gehirn, wo er noch stark gebündelt ist. So kann die NeuroRessource Vagus-Coaching mit ganz einfachen Mitteln beständig einen Coaching-Prozess emotionsstabilisierend begleiten – präsent oder online.

HUMANONLINE-TIPP

Cool bleiben

Wenn schon bekannt ist, dass der Coachee ein sehr stressbeladenes Thema mit ins Online-Coaching bringt, kann man den Coachee bitten, bei der Session ein Glas eiskaltes Wasser neben sich stehen zu haben. Am besten ist sogar, Eiswasser in einer Thermoskanne bereitzuhalten. Denn diese Maßnahme ist besonders einfach. Langsames schluckweises Trinken von eiskaltem Wasser stimuliert den Vagus-Nerv und senkt die Pulsrate, denn in der Speiseröhre verläuft der Vagus direkt unter der Haut. Dies empfiehlt die Kardiologin Petra Schirdewahn in ihrem Buch *Herz aus dem Takt*: „Trinken Sie möglichst schnell kaltes, kohlensäurehaltiges Wasser. Das Aufstoßen danach ist erwünscht und beendet oft den Anfall" (Schirdewahn, 2013). Gemeint ist damit Herzrasen bei gesunden Menschen.

Mit diesem Know-how versteht man auch, warum in Filmen oft die Szene gezeigt wird, dass aufgeregte Menschen erst einmal zum Waschbecken laufen, um das Gesicht mit kaltem Wasser zu bespritzen. Das ist eine Vagus-Stimulation, die dabei hilft, die Aufregung zu lindern und wieder etwas cooler werden zu können – im wahrsten Sinne des Wortes.

3.5 Neurolinguistik – Sprache wirkt Wunder

In dem Klassiker der Filmsatire „Tote tragen keine Karos" spielt Steve Martin einen eigentlich recht nervenstarken Detektiv, der jedoch völlig durchdreht, wenn er das Wort „Putzfrau" hört. Etwa wenn eine Kundin ganz lapidar zu ihm sagt: „Ich werde eine Nachricht bei der Putzfrau hinterlassen." Er ist nicht in der Lage, den Sinn des Satzes zu verstehen, und beginnt seine Kundin zu würgen. Denn sein Gehirn „pickt" sich aus der Satzkonstruktion nur das Reizwort „Putzfrau" heraus. Die Folge: Der Held rutscht sekundenschnell in eine emotionale Dekompensation, weil es in seiner Kindheit ein sehr traumatisches Erlebnis mit einer Putzfrau gab. In seiner Lerngeschichte steht das Wort nicht nur für eine Reinigungskraft, sondern ist auch ein Erinnerungsanker für ein sehr negatives emotionales Klima.

Die Filmszene liefert ein eindrucksvolles – wenn auch satirisch überdrehtes – Beispiel für den potenziellen neurolinguistischen Stör-Effekt eines Wortes im Rahmen sprachlicher Kommunikation. Die Neuropsychologin Johanna Kißler hat für solche Wörter den Begriff „Buzzwords" eingeführt: Sie und ihr Team konnten zeigen, dass Wörter, die mit Emotionen „verwoben" sind, im Vergleich zu neutral wirkenden Wörtern schneller eine Resonanz im Gehirn erzeugen und dass sie länger behalten werden. Die Forscher vermuten, dass der durch Wörter verursachte Datenstrom auf dem Weg von der äußeren Wahrnehmung hin zum Sprachzentrum durch die Amygdala geleitet wird und dass dieser „Mandelkern" das Wort aus unserer Lerngeschichte heraus blitzschnell mit einer Emotion verknüpft (Kißler, 2007). Auch die Psychologin Louisa Kulke beschäftigt sich an der Uni Göttingen unter der Überschrift „Wie Wörter Gefühle bekommen" mit der Analyse der Verknüpfung von Wörtern mit Emotionen (Kulke et al., 2018). Wenn Coach und Coachee entsprechend sensibel und bewusst im Coaching mit Wörtern und Begriffen arbeiten, nennen wir das Neurolinguistisches Coaching – NLC (Besser-Siegmund & Siegmund, 2015).

Das Neurolinguistische Coaching geht davon aus, dass bei allen Menschen im Verlauf der emotionalen Lerngeschichte ganz individuelle „Buzzwords" entstehen. Sie bilden sozusagen den neurolinguistischen Fingerabdruck, der von Person zu Person ganz unterschiedlich ausfallen kann. Bei unserem Detektivhelden gehört der Begriff „Putzfrau" dazu. Bei einem Sportler kann das Wort „gewinnen" zu einem solchen, mit unangenehmen Emotionen besetzten Buzzword werden – etwa, wenn Trainer und Sponsoren ihn mit dem Begriff unter Druck setzen. Anders herum wird in der Werbung ständig versucht, Produktnamen in Buzzwords zu verwandeln, die beim Kunden angenehme Gefühle evozieren. Und bei Miss Marple wiederum provoziert das Wort „Mord" erstaunlicherweise Kreativität und Erfindungsreichtum – statt einer ängstlichen Lähmung. Und das, obwohl die leidenschaftliche Hobby-Detektivin in ihrer Wertehierarchie einen Mord natürlich vehement verurteilt – und den

Mörder erst recht. Aber sie wird eben sofort hellwach und extrem leistungsbereit, wenn das Wort fällt.

Deshalb spricht man beim NLC nicht von positiven und negativen Wörtern, wenn es darum geht, die individuelle Buzzword-Landschaft eines Menschen zu würdigen, sondern von „Stopp"- und „Go"-Wörtern – je nachdem, ob sie mit einer Potenzial-Hemmung oder einer Potenzial-Entfaltung konnotiert sind. Ein gelungenes Coaching hat zum Ziel, Stopp-Wörter in Go-Wörter zu verwandeln oder auch Wörter zu definieren, die einen besonderen Go-Effekt auf dem Weg zum Ziel entfalten können. Entsprechende Schlüsselwörter können Begriffe wie Namen von Kunden oder der Konkurrenz sein, Produktbezeichnungen, allgemeine Begriffe wie Wirtschaftskrise, Bankaufsicht, Inventur, Elfmeterschießen oder auch eine Kennzahl in der Bilanz. Auch involvierte Glaubenssätze wie „Ich darf Erfolg haben" gehören zum neurolinguistischen „Trigger-Paket" dazu. So können Coaches mit ihren Coaching-Kunden themenspezifische Aussagenbäume entwickeln, die alle relevanten Trigger-Begriffe des mitgebrachten Themas enthalten.

Sehen Sie hier einen Ausschnitt aus dem Aussagenbaum zum Thema „Golf-Coaching", gemeinsam erstellt mit Golf- und Mental-Coach Marion Klimmer, Autorin des Buches: *So coachen sich die Besten* (Klimmer, 2012):

Gelände	Rough, Grün, Wald, bergig
Schlagarten	Abschläge, Putten, Pitchen, Chippen
Sportutensilien	Golfball, unterschiedliche Schläger, Kleidung
Mitmenschen	Aussehen, Bemerkungen, Spielverhalten, Mitspieler, Fans
Äußere Umstände	Wetter, Uhrzeit, Sprache
Golferlebnisse Vergangenheit	z. B. Niederlagen
Golferlebnisse Zukunft	bevorstehende Ereignisse / Ziele (z. B. ein bestimmtes Handicap erreichen)
Glaubenssätze	„Ich darf gewinnen." / „Ich darf Fehler machen."

Wie gesagt, hier handelt es sich nur um einen Ausschnitt. Aussagenbäume zu verschiedenen Coaching-Themen werden fortlaufend ergänzt.

Im Methodenkapitel stellen wir dann vor, wie man gerade online erfolgreich und zielführend mit „Buzzwords" arbeiten kann – sei es bei der Verwandlung von Stoppin Go-Wörter oder bei der Intensivierung von motivierenden Go-Wörtern. Die Methode nennt sich „Magic Words" und kann gerade sehr gut mit visuellen Effekten auf dem Bildschirm umgesetzt werden. Später kann „Magic Words" dann sogar noch in einer Selbstcoaching-App vom Coaching-Kunden weiter genutzt werden.

Als besonders hilfreich erweist sich dieses neurolinguistische Know-how natürlich auch in der Startphase des Coachings bei der Formulierung von Coachingzielen. Natürlich ist es richtig und sinnvoll, dass der Coachee erst einmal über sein Thema mit seinen eigenen Formulierungen reden kann. Dann kann man aber auch einen kurzen Stopp machen und den Coaching-Kunden bitten, gemeinsam auf zielführende Formulierungen zu achten. Eingangs erwähnten wir schon die Tatsache, dass auch ein gut funktionierendes Gehirn an der Aufgabe scheitert, *nicht* an ein Krokodil zu denken zu sollen. Gerade in der deutschen Sprache gibt es nun besonders viele Krokodile: Wir sagen „keine Gefahr", der Engländer würde immer „safe" sagen, wenn alles in Ordnung ist. Nur im Deutschen gibt es das Krankenhaus, in anderen Sprachen heißt es Health Center oder Hospital.

Wir holen uns immer bei unseren Coaching-Kunden das Okay dafür, dass wir sie auf „Krokodile" aufmerksam machen dürfen – was in der Regel gern angenommen wird, vor allem, wenn wir das Krokodilphänomen erklären. Diese Ankündigung führt immer zu einem fruchtbaren Arbeitsbündnis, weil der Coachee sich dann nicht durch den Coach verbessert, sondern einfach in ihrer oder seiner Potenzialentfaltung unterstützt fühlt – und das nennt man dann ja auch „Coaching". Dann ist es auch möglich, im laufenden Gespräch schnell eine Belief-Intervention einzuflechten. So sagte neulich Carl, einer unserer Coaching-Kunden: „Das war aber auch wirklich saublöd von mir!" Wir haben dann den Satz angeboten: „Wie würden Sie lieber über sich denken – obwohl Ihnen das passiert ist?"

Albert Ellis, der Begründer der Rational-Emotiven Verhaltenstherapie, macht für viele innere Spannungen – also für den „selbst gemachten" Stress eines Menschen – überhöhte Ansprüche verantwortlich: überhöhte Ansprüche an sich selbst, an andere und auch an „höheren Mächte" wie Gott oder „das Schicksal". Je höher der Perfektionsanspruch, desto größer ist die Gefahr von subjektiv gefühltem Scheitern, Enttäuschung, Wut auf Ungerechtigkeiten. Setzt ein Mensch sich mit überhöhten Ansprüchen an sich selbst unter Druck, sprechen wir vom Superman- oder Superwoman-Syndrom. Hierzu passen dann „Euphorie-Sätze" wie: „Ich kann alles schaffen" oder „Ohne mich geht nichts". Wir versuchen, diese Supersätze durch Toleranz-Beliefs zu ersetzen.

Euphorie-Belief	Toleranz-Belief
„Alles ist machbar."	„Es ist mehr möglich, als man denkt."
„Ohne mich geht es nicht."	„Mit mir geht es besser."
„Man wird es mir danken."	„Ich kann gut mit Enttäuschungen umgehen." „Andere Menschen dürfen ■ mich falsch einschätzen ■ mich blöd finden ■ neidisch sein ■ ignorant sein – damit kann ich umgehen."
„Ich bin für alles verantwortlich."	„Ich kann Verantwortung übergeben." „Ich kann delegieren." „Ich kann anderen Menschen vertrauen."
„Ich schaffe alles."	„Ich schaffe Erstaunliches." „Ich schaffe bedeutsame Dinge."
„Ich kann alles."	„Ich kann Experten um Rat fragen." „Ich kann gut einen Rat annehmen."
„Ich mache alles richtig."	„Ich darf Fehler machen."
„Mir passiert nichts."	„Ich bin auch nur ein Mensch."
„Wer rastet, der rostet."	„Ich darf mich ausruhen."
„Ich mache alles richtig, daher kann mir keiner was."	„Ich komme gut mit Widersachern zurecht."
„Ich bin ein guter Mensch, daher kann mir nichts passieren."	„Ich komme gut mit Ungerechtigkeiten zurecht."

Carl gefiel dann der Satz ganz gut: „Ich bin auch nur ein Mensch" – und er fand sich dann schon viel weniger „blöd". Wie wir die Toleranzsätze dann noch verankern können, zeigen wir im Kapitel über die unterschiedlichen Interventionsmöglichkeiten.

Warum ist der achtsame Umgang mit Sprache beim Online-Coaching besonders wichtig? Sätze und Wörter wirken schnell – vor allem auch auf den Körper. Körperlich sind die Menschen aber beim Online-Coaching geografisch getrennt. Sprache kann dafür sorgen, dass sich der Mensch am „anderen Ende" nicht nur seelisch, sondern auch körperlich gut aufgehoben fühlt. Wie schnell Sprache eine körperliche Wirkung auslöst, zeigt ein Beispiel aus dem Buch *Politisches Framing* von der Sprachwissenschaftlerin Elisabeth Wehling. „Man instruierte Probanden, einen Hebel vom eigenen Körper weg zu bewegen. Zeitgleich wurde ihnen über Kopfhörer ein Satz vorgelesen. ... Und nun passierte Folgendes: Spielte man den Probanden den Satz ‚Du gibst Andy eine Pizza' vor, so führten sie die angewiesene Bewegung weg vom eigenen Körper problemlos aus. Spielte man Ihnen hingegen den Satz ‚Andy gibt Dir eine Pizza', so geriet die Bewegung ins Stocken (Glenberg & Kaschak, 2002). Den Probanden fiel es auf einmal schwerer, eine Bewegung weg vom eigenen Körper auszuführen, denn die gehörte Bewegung stimmte mit der auszuführenden nicht länger überein!" (Wehling, 2016)

Und hier kommt noch ein weiteres eindrucksvolles Beispiel für „neurobiologischen Wortzauber". Die amerikanische Psychologin und Harvard-Dozentin Ellen Langer entwickelte ein einfaches und wirkungsvolles Studien-Design. Hotel-Raumpflegerinnen wurden in zwei Gruppen aufgeteilt: eine Versuchsgruppe und eine Kontrollgruppe. Vor dem eigentlichen Experiment wurden alle Studienteilnehmerinnen untersucht, beide Gruppen erzielten hier vergleichbare Werte.

Beim eigentlichen Experiment wurden dann die Teilnehmerinnen der Versuchsgruppe darüber informiert, dass ihre Arbeit eigentlich einem idealen Fitnesstraining entsprechen würde und daher – medizinisch betrachtet – sehr gesund sei. Diese Information erhielt die Kontrollgruppe nicht. Die Ergebnisse nach vier Wochen waren für die Studiengruppe wie folgt:
- Deutlich mehr Raumpflegerinnen sahen ihre Arbeit als Training (Anstieg von 29 auf 45 %, in der Kontrolle nur 15 %).
- Das Gewicht sank in vier Wochen im Schnitt um ca. 2 Pfund.
- Das Körperfett reduzierte sich deutlich.
- Der Taillenumfang nahm deutlich ab.
- Der systolische Blutdruck verminderte sich um ca. 10 Punkte.

Dieser deutliche Unterschied im Vergleich zur Kontrollgruppe ergab sich bei den Teilnehmerinnen also allein durch die Begrifflichkeit „ideales Fitnesstraining". Diese Wörter änderten nicht nur die Einstellung zur geleisteten Tätigkeit, sondern wirkten sich konkret und messbar auf die körperlichen Gesundheitsdaten der beforschten Frauen aus. Ellen Langer hat noch eine Reihe vergleichbarer Studien veröffentlicht – beispielsweise auch mit älteren Menschen als Versuchspersonen –, die alle ähnlich konkret messbare Verbesserungen der körperlichen Gesundheit bei den Probanden aufweisen (Langer, 2007).

Man nennt die Wirkung von Wörtern und Sätzen auf das Denken, Fühlen und Verhalten eines Menschen „Priming". Die Nachwirkung eines Primings durch Wörter und Sätze kann über eine längere Zeit wirken, was in einem interessanten „Pendel-Experiment" gezeigt werden konnte, das sich mit der Wirkung von Sprachnegationen beschäftigte.

Unter der Anleitung des kanadischen Sozial-Psychologen Daniel Wegner wurden Versuchspersonen aufgefordert, ein Pendel zu halten. Eine Gruppe erhielt als Aufgabenstellung: „Pendel ruhig halten", und eine weitere Gruppe wurde angewiesen: „Das Pendel darf nicht seitlich schwingen." Ein Pendel mit der Hand komplett ruhig zu halten, ist an sich nicht so einfach, aber in der „Schwingungs-Verbots-Gruppe" bewegte sich das Pendel bei weitem auslandender hin und her als in der „ruhigen" Gruppe; hier gab es nur minimale Ausschläge. Allein das Wort „schwingen" bahnt in einem menschlichen Gehirn Bewegung – ob mit oder ohne hinzugefügtes „nicht". Erst durch das Wort „ruhig" lässt die Hand also das Pendel senkrecht hängen.

Interessant war die Fortsetzung des Versuchs: Die Probanden hielten das Pendel weiter in der Hand, wurden dann aber noch über eine gewisse Zeit in ein Gespräch verwickelt. Das Ergebnis: Nach der Ablenkung durch ein Gespräch verstärkte sich der Effekt, vor allem bei der Gruppe, welche die Negation „nicht schwingen" bekommen hatte. Priming durch Wörter wirkt bei Menschen also nach – lange nachdem sie das Priming-Wort oder den Priming-Satz gehört haben (Wegner 1998). Daniel Wegner veröffentlichte zu diesem Phänomen auch das lesenswerte Buch: *Die Spirale im Kopf: Von der Hartnäckigkeit unerwünschter Gedanken. Die Psychologie der mentalen Kontrolle* (1995).

Über diesen Effekt der anhaltenden Beeinflussung unseres Erlebens und unseres Verhaltens durch Gedanken arbeiten eigentlich alle kognitiven Psychologie-Verfahren, denn beispielsweise RET ist von der Wirkung her ein Gedanken-Management. Übrigens lautet der Titel eines der letzten Bücher von Albert Ellis: *Coach Dich! Rationales Effektivitäts-Training zur Überwindung emotionaler Blockaden* (Ellis, 2004). Er schrieb es im zarten Alter von 91 Jahren!

3.6 Best Practice: Besonders wirksame multisensorische Verfahren

In den letzten Jahren wird immer wieder über „bifokale" und „multisensorische Ansätze" in Therapie und Coaching gesprochen. Damit ist eine Kombination aus der Konzentration auf ein Coaching- oder Therapiethema in Verbindung mit sensorischen Prozessen wie Klopfen, Augenbewegungen, einer Atemtechnik oder einer sprachlichen Ablenkung wie „rückwärts Zählen" gemeint – um nur einige Beispiele zu nennen. In den 1970er-Jahren bezeichneten Psychotherapeuten eine Mischung aus Themenzentrierung und einer zusätzlich durchgeführten Aktivität des Patienten zunächst als „Exposition mit Ablenkung". „Exposition" bedeutet, dass man beispielsweise einen Patienten mit einer Spinnenangst direkt mit einer Spinne oder auch einem Foto von einer Spinne konfrontiert – das nennt man „in vivo", weil die Spinne oder das Spinnenfoto „draußen" real da ist. So gerät der Patient höchst wahrscheinlich in starke Panikgefühle und muss sie im Dabeisein des Therapeuten so lange aushalten, bis die Angstreaktion von allein „abflutet". Denn jede noch so starke Panikreaktion kann vom Körper nicht länger als 20 Minuten unterhalten werden. Hält der Angstkandidat also durch, stellt sich irgendwann ein Abflachen der Reaktion ein, was zu einer heilenden Erfahrung führen kann: Das schlimme Stressgefühl wird also nicht immer schlimmer und schlimmer und schlimmer, sondern verzieht sich irgendwann von allein. Diese Erfahrung kann dazu führen, dass der Patient bei der nächsten Exposition schon weniger Ausgangsangst verspürt. Man nennt diesen Effekt dann „Habituation".

Bei der „Exposition mit Ablenkung" setzt der Patient bei der Konfrontation zusätzlich eine funktionierende Ablenkungstechnik ein, die sie oder er mit dem subjektiven Erleben von „Selbstwirksamkeit" („Self Efficacy") verknüpft, beispielsweise führt der Coachee eine „Klopftechnik" durch. Auch ganz ohne Therapie wenden Menschen intuitiv mulitsensorische bifokale Techniken an: Sie singen laut, wenn sie Angst haben – und es hilft. Singen ist übrigens eine sehr wirksame NeuroRessource: Die selbst erzeugten Klänge des Menschen reduzieren das Stresshormon Cortisol und stärken nachweislich das Immunsystem, was der Musikpsychologe Gunter Kreuz und sein Forscherteam in mehreren Studien belegen konnten (Kreuz, 2012).

Besagte bifokale Verfahren in der Therapie orientierten sich ursprünglich an der Selbstwirksamkeitstheorie des bekannten kanadischen Psychologen Albert Bandura (Steinhäuser, 2011). Bandura formulierte seine Theorie erstmals 1977 und legte damit aus fachlicher Sicht den Grundstein für das heutige psychologische Konzept der „bifokalen Achtsamkeit" (Bandura, 1977). Neben der Selbstwirksamkeitstheorie gab und gibt es die Hypothese, dass eine zusätzliche Aufgabenstellung beim Denken an ein Problemthema ganz einfach auch das Arbeitsgedächtnis durch die Außenorientierung hin zu zu erträglichen oder angenehmen Wahrnehmungen von der inneren Belastung ablenkt und die erinnerten Inhalte neu durchmischt, was die behandelten Menschen dann als Erleichterung empfinden (Leer, Engelhard & van den Hout, 2014). Das Arbeitsgedächtnis ist übrigens ein Teil unseres Erinnerungsvermögens, das im „Hier und Jetzt" unterschiedliche Inhalte und Wahrnehmungen gleichzeitig „behandeln" kann.

Zwei von uns Autoren – Cora Besser-Siegmund und Harry Siegmund – arbeiteten in den 1980er-Jahren viel mit der Verknüpfung von Expositionssituationen und Atemtechniken, welche die Patienten zuvor eingeübt hatten. Das funktionierte eigentlich recht gut. Und die Intervention wirkt ebenfalls recht gut, wenn die Patienten bei dieser bifokalen Achtsamkeit lediglich an ihre Themen denken, anstatt mit ihnen konfrontiert zu werden: Sie stellen sich die Spinne innerlich vor, das heißt dass „in sensu" (im Geiste).

Damals war die Einstellung der Verhaltenstherapeuten gegenüber dieser „sensorischen Mischung" gespalten. Viele argumentierten, es sei doch viel effektiver, wenn der Patient mit sehr starken Gefühlen konfrontiert wird, anstatt diese bei der Exposition abzumildern. Aber es zeigt sich bis heute, dass die Erfolge der „Exposition mit Ablenkung" oder der „bifokalen Verfahren" – wie man heute sagt – als ebenso überzeugend anzusehen sind wie die Wirkung der rein konfrontierenden Exposition. Es gibt einen wichtigen Unterschied: Die behandelten Personen empfinden die „Stress-Kur" der reinen Exposition subjektiv als recht steinigen Therapieweg – auch wenn sie laut Forschung eine nützliche Wirkung haben kann. Bifokale Verfahren werden von den meisten Menschen subjektiv als leichter und sicherer empfunden, die Menschen lassen sich lieber auf den Prozess ein, wenn es noch „Netz und doppelten Boden" gibt.

Wie gesagt: Man kann als Ablenkungsverfahren auch einfach nur rückwärts zählen, während man fokussiert an eine unangenehme Erfahrung oder an ein Angstthema denkt. Am effektivsten ist es unserer Meinung nach jedoch, wenn der Therapeut oder Coach beim multisensorischen Vorgehen gezielt NeuroRessourcen einsetzt, bei denen die Forschung günstige neurobiologische Wirkungen konkret nachweisen konnte und die neben dem „Abgelenkt-Sein" zusätzlich ressourcenfördernde Gehirn- und Körperprozesse bahnen. Das trifft unserer Meinung nach auf drei NeuroRessourcen-Verfahren ganz besonders zu und macht sie daher auch für das Online-Coaching besonders nützlich.

Augenbewegungen im multisensorischen Prozess: Wirken schnell und ohne „Hausaufgaben"

Wie schon erwähnt: Augenbewegungen bewegen im Großhirn günstige Prozesse und sie aktivieren im Mittelhirn den SC – den Colliculus superior –, der unser Reaktionsvermögen organisiert und in den Traumphasen aktiv bei der Informationsverarbeitung der Tagesereignisse mitwirkt. Beim „fixierten" oder „gefrorenen" Blick bleiben diese Effekte laut Gehirnforschung aus. Weiterhin lösen wache Augenbewegungen in schnellen, kurzen Rhythmen (Sakkaden) Fixierungen auf ein Problemthema auf und helfen den Klienten, sich mit langsamen „Movements" auf Positives zu konzentrieren. Augenbewegungsverfahren wie wingwave und EMDR weisen noch einen zusätzlichen großen Unterschied zu verhaltenstherapeutischen Ansätzen auf: Die positiven Effekte verselbstständigen sich, ohne dass der Patient oder der Coachee so etwas wie „Hausaufgaben" machen muss, sie wirken von allein weiter (Hofmann & Galley, 2014; Klatt & Weiland, 2019). Das kommt Coaching-Kunden mit einem anspruchsvoll getakteten Zeitbudget sehr entgegen.

Weiterhin kommt die Augenbewegungsintervention – zeitlich gemessen – mit ca. 50 % weniger „Expositionsdosis" als in der Verhaltenstherapie aus, um zu wirken (Hofmann & Galley, 2014). Deshalb kamen und kommen immer wieder Zweifel auf, ob sie als „reine" bifokale Verfahren zu betrachten sind – oder ob ihre Wirkung über das Prinzip der „selbstwirksamen Ablenkung" hinausgeht, weil entscheidende Funktionen im Gehirn „online" geschaltet werden, was bei den anderen Verfahren ausbleibt. Eine Meta-Analyse von mehreren EMDR-Studien aus 2013 konnte dann nachweisen, dass vor allem die Augenbewegungen einen „moderaten bis starken Zusatzeffekt" zu den bifokalen Verhaltenstherapie-Interventionen ausmachen (Leer, Engelhard & van den Hout, 2014).

Gerade weil zwei von uns Autoren vor dem „Auftauchen" von EMDR so intensive Erfahrungen mit den bifokalen Ansätzen aus der Verhaltenstherapie gesammelt hatten, haben wir sofort den bemerkenswerten Unterschied zwischen dem „klassischen" Vorgehen und dem Einsatz von Augenbewegungen hautnah in unserer Arbeit erlebt. Wir konnten mit diesem Verfahren auch bei schwierigen Themen Angst- und Stressreaktionen bei unseren Patienten viel schneller und nachhaltiger auflösen. Kaum waren wir EMDR-Therapeuten, ereignete sich zeitgleich 1998 das dramatische ICE-Unglück in Eschede – und wir wurden auf eine Liste von Trauma-Therapeuten für die Betreuung der Überlebenden gesetzt. Eine der Eschede-Klientinnen setzte sich nach nur zwei „Winke-Sets" mit schnellen Augenbewegungen plötzlich gerade hin, lächelte froh und sagte: „Nun ist gut, es ist in Ordnung!" Ihr ging es wieder gut, die Therapeutin (Cora) war eher verblüfft und verwirrt.

Eine derartig rasante Verbesserung des subjektiven Erlebens nach einem massiven Trauma mit ein bisschen „Winken" war bei aller fachlichen Vorerfahrung doch ein Novum. Man muss dazu sagen, dass diese Klientin vor dem Zugunglück offensichtlich jahrelang eine stabile Psyche hatte und dann durch EMDR unglaublich schnell wieder in ihr seelisches Gleichgewicht kam. Damals wurde unsere Idee geboren, dass die Augenbewegungsintervention unbedingt auch in das Coaching von psychisch gesunden Menschen integriert werden müsste, um diese mit ihren Leistungs- und Stress-Themen möglichst schnell und deutlich spürbar unterstützen zu können. So kam es zur Entwicklung der wingwave-Methode.

Klopftechniken im bifokalen Prozess

In den letzten Jahren wurden auch verschiedene „Klopftechniken" für die Verarbeitung von subjektiv unangenehmen Emotionen bekannt; wir haben sie schon vorgestellt. Noch vor einigen Jahren wurde das „Klopfen" in psychologischen Fachkreisen nicht so ganz ernst genommen, aber verschiedene Forschungen zeigen, wie wirksam diese Methoden bei der Überwindung von Stress-Erlebnissen sein können. Beispielsweise konnte beim Einsatz von EFT die Senkung des Cortisolspiegels der Probanden diagnostiziert werden, was mit einem messbaren Abbau von Stress-Symptomen gleichzusetzen ist (Church et al., 2012). Auch der bereits erwähnte Hapitkforscher Martin Grunwald sagt den „Embodimentverfahren", bei denen Körpersignale auf die Gehirnaktivität wirken, eine bedeutsame Zukunft voraus, weil seiner Meinung nach diese Wirkelemente in psychologischen Verfahren bisher viel zu wenig Beachtung und entsprechend zu wenig praktische Umsetzung fanden.

„Aussprechen": Das „übersehene" bifokale Wirksamkeitsverfahren

Bei allen Aufzählungen von „bifokalen multisensorischen Verfahren" vermissen wir oft eine der wirksamsten Interventionen: das „Aussprechen" von Emotionsqualitäten. Es gibt in der Gesprächspsychotherapie die Abkürzung „VEE", das heißt „Verbalisierung emotionaler Erlebnisinhalte". Dabei versuchen Coache und Coachee – oder Patient und Therapeut –, die Wahrnehmungen, welche der Klient mit seinen Erlebnissen verbindet, in Worte zu fassen. Das Vorgehen ist multisensorisch: Der Klient denkt an ein Thema, bildet es emotional in einem Symbol ab, das sich „Wort" nennt und bewegt dazu beim Sprechen die Zunge, die im motorischen Cortex des Großhirns ein sehr großes Gebiet einnimmt – es ist beispielsweise viel größer als das Gebiet, das den Arm „versorgt".

Abbildung 21: Homunculus

Es geht nicht darum, dass der Coachee ein Ziel formuliert oder einen vorgegebenen Satz wie eine Affirmation ausspricht – es geht um das konkrete „in Worte Fassen" der emotionalen Situation des Menschen im Hier und Jetzt. Der US-amerikanische Psychologe und Gehirnforscher Mathew Lieberman konnte die Wirkung von „VEE" mit seiner Studie *Putting Feelings Into Words* bestätigen. (Lieberman 2007).

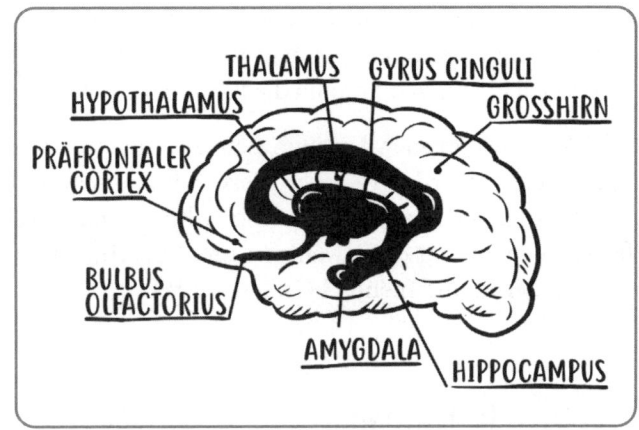

Abbildung 22: Das limbische System und seine Lage im Gehirn

In unserem Gehirn gibt es ein Areal, das bei Stress eine hohe Aktivität aufweist: Es handelt sich um die Amygdala im Bereich des limbischen Systems, auch Mandelkern genannt. Ein weitere Beschreibung dieses paarig angeordneten Gehirnorgans lautet: „Alarmglöckchen des Nervensystems".

Das limbische System gilt umgangssprachlich als das „Emotionsgehirn". Es befindet sich unter dem sogenannten Cortex, dem Großhirn. Unser Großhirn ist aktiv, wenn wir einfallsreich, reaktionsschnell und im guten Kontakt mit unseren Potenzialen und unserem Gedächtnis sind. Wir haben einen klaren Kopf und können gut und präzise denken und körperlich geschickt reagieren. Bei großem Stress sinkt die Aktivität des Großhirns, vor allem die des präfrontalen Cortex, der für die schnelle Einordnung unserer Erlebnisse und Gedanken in die bereits vorhandene Erfahrungswelt sorgt: Er hilft uns, die Dinge „auf die Reihe" zu bekommen. Und wie schon gesagt: Die Amygdala steigert ihre Aktivität bei Stress. In diesem Zustand bestimmt das limbische System, dass wir nur noch auf unsere überschießenden Emotionen reagieren, der Verstand hat nicht mehr viel zu sagen.

Lieberman und sein Forscherteam zeigten einer Reihe von Versuchspersonen während eines Gehirn-Scans Porträtfotos von Menschen, die verschiedene Emotionen ausdrücken: Ärger, Wut, Trauer usw. Die Probanden reagierten auf diese „Emotionsgesichter" mit einer Aktivität in der Amygdala – sie wurden also von der beobachteten Emotion körperlich berührt und fühlten mit. Dann wurde ihnen eine Liste von Emotionswörtern gegeben und sie sollten anklicken, welche Begriffe die Fotos gut beschreiben: „Ärgerlich, traurig ..." usw. Exakt im Moment des Anklickens änderte sich laut Scan die Gehirnaktivität der Bildbetrachter: Die Amygdala beruhigte sich und die Aktivität im Großhirn – vor allem im präfrontalen Cortex – nahm zu.

Wenn also ein Gefühl nicht nur ein Gefühl bleibt, sondern mit Sprache zum Ausdruck kommen darf, erleben wir Menschen eine Stresslinderung und die Zunahme klarer Gedanken. Wir können die Emotionen einsortieren und damit auch managen.

Die Versuchspersonen konnten den Emotionsgesichtern auch Namen wie „Mary" oder „Peter" zuordnen – aber diese Namensgebung hatte keinen Einfluss auf die Beruhigung der Amygdala. Die Stresslinderung setzte wirklich nur bei der zutreffenden Benennung der jeweiligen Emotion ein. Fazit: Aussprechen tut gut, weil es stresslindernd und mental befreiend wirkt.

3.7 Vive la Trance!

Das ist das Motto des jährlich stattfindenden Kongresses der Deutschen Gesellschaft für Hypnose. In der Tat kann man mit Hypnose viel bewegen – vor allem auch beim Online-Coaching. Bei geöffneten Augen kann man sehr gut den Trance-Zustand eines Menschen erkennen: Der Blick geht geradeaus, wirkt aber nicht fixierend, sondern „weich". Man spricht hier vom defokussierten oder einfach auch tagträumendem Blick. Der Mensch ist „weit weg". Dieser Trancezustand als spontan auftretender Alltagsmoment ist auf jeden Fall eine NeuroRessource, die niemand üben muss, das „können" schon die kleinsten Kinder. Man kann Tagträumen auch als einen natürlichen Hypnose-Zustand bezeichnen.

Menschen verfallen zu den verschiedensten Anlässen in eine Alltagstrance: beim Blick aus dem Fenster, während der Zugfahrt, beim Spazierengehen. Es kann sein, dass in einem solchen Moment jemand laut und deutlich zu Ihnen spricht – aber Sie hören es nicht. Plötzlich schütteln Sie sich und sagen zu Ihrem Gesprächspartner: „Kannst Du das noch einmal sagen, ich war eben leider ganz woanders." Diese spontanen Trancen sind demnach häufig so intensiv, dass wir alles um uns herum vergessen. Die Muskeln entspannen sich, was man oft feststellen kann, wenn man einen Tagträumer sanft anschubst: Er schaukelt locker und leicht hin und her – ohne seinen Blick in die Ferne aufzugeben.

Wir Menschen benötigen diese spontanen Tages-Trancen wie Essen und Trinken. Sie ermöglichen uns, mit den vielen Erlebnissen und Eindrücken zurechtzukommen, die beständig auf uns einstürmen. Tages-Trancen sind ein Teil des so genannten „adaptiven Informationsverarbeitungssystems", zu dem auch der Traumschlaf mit seinen REM-Phasen gehört. Sicher haben Sie schon öfter einen Großeinkauf unternommen. Man kommt nach Hause und stellt erst einmal die Tüten und Kisten ab. Doch damit ist der Einkauf noch nicht beendet. Nun folgt nämlich noch das Einsortieren in die Schränke und Vorratskammern. In einer ähnlichen Situation befindet sich oft Ihr

Gehirn: Es hat mehrere „Tüten" und „Kisten" voller Sinneseindrücke „eingekauft" und damit nicht immer mehr „Tüten" hinzukommen, muss zwischendurch „eingeräumt" werden, um Platz für die neuen „Einkäufe" zu schaffen.

Dieses innere Aufräumen geschieht nicht nur im Schlaf, sondern auch mehrmals täglich beim Tagträumen. Einige dieser Tüten enthalten auch Dinge, von denen man noch nicht weiß, wo sie hingehören. Das sind unerledigte Aufgaben oder Themen, die wir mit uns herumtragen. Zwischendurch versucht das Gehirn immer wieder, auch für diese Inhalte gute Aufbewahrungsplätze zu finden. Deshalb sind Menschen auch vermehrt „abwesend", wenn sie eine unerledigte Aufgabe mit sich herumtragen.

Viele Menschen glauben übrigens, dass man beim Schlafen, Chillen oder Tagträumen nichts Sinnvolles tut und finden Ruhephasen deshalb überflüssig oder gar lästig. Allerdings täuscht man sich, wenn man Ruhephasen für unnütz oder gar unproduktiv hält. Denn das Gehirn an sich ruht nie aus. Ganz im Gegenteil: Manchmal zeigt das Gehirn ganz besondere Aktivitäten – und zwar gerade beim Nichtstun. Erst äußerliches Nichtstun macht es möglich, dass bestimmte Gehirnregionen „online" gehen können, die bei äußerer Aktivität des Menschen „offline" sind. Das beschreiben die Gehirnforscher Manfred Spitzer und Heiko Graf in einem Artikel zu diesem Thema (Spitzer & Graf, 2011). Das Gehirn ist im Trance-Zustand also messbar aktiv und sorgt für neue Aufmerksamkeitskapazität. Das ist eine wichtige Information für Coaching-Kunden, die ja oft sehr leistungsorientiert sind. Man kann ihnen sagen, dass sie keinesfalls Zeit verlieren, wenn sie tagträumen, sondern dass sie ihrem Gehirn Zeit zum Arbeiten geben. Das wirkt dann wieder produktiv und ist ein gutes Motiv, um sich mal einem Tagtraum hingeben zu dürfen: „Ich muss mein Gehirn mal für ein paar Minuten in Ruhe arbeiten lassen."

Hypnose ist nun vom Prozess her ein gewolltes Online- und Offline-Schalten von Trancezuständen, man spricht hier auch von der „Tranceinduktion". Es gibt unzählige Studien zur Wirksamkeit von klinischer Hypnose beim Einsatz beispielsweise gegen Ängste oder Depressionen. Wer sich detailliert informieren möchte, dem empfehlen wir ganz einfach die Homepage ↗ http://www.hypnose.de, hier haben mehrere seriöse Fachgesellschaften alles Wissenswerte zum Thema Hypnose gemeinsam veröffentlicht.

Aber auch im Coaching kann Hypnose sinnvoll eingesetzt werden. Man spricht dann auch vom „Hypno-Coaching". Beispielsweise kann ein Sport-Coach mit Hypnose das Leistungsvermögen von Sportlern unterstützen. Vielleicht haben Sie schon einmal in einer Sportsendung gesehen, wie sich Eisbob-Fahrer kurz vor dem Start in einen kurzen Trance-Zustand versetzen, in dem sie mental die Abfahrt durchgehen. Man hat herausgefunden, dass dieses mentale Vorwegnehmen in den Gehirnzellen, welche für die Bewegungskoordination verantwortlich sind, eine messbare Erregung verursacht – obwohl der Sportler sich noch nicht bewegt (Eden, 2016). Diese Erregung sorgt dann bei der Abfahrt auch real für eine besonders gute und reaktionsschnelle Leistung des Sportlers. Man spricht auch von der „Bahnung" von Verhaltensmöglichkeiten.

Mit Hypnose und Selbsthypnose kann man also Gedanken, Zustände, Emotionen und Reaktionen beim Coaching-Kunden hervorrufen, welche dieser bei zukünftigen Ereignissen gern real denken, fühlen, empfinden oder zeigen möchte. Im Interventionskapitel zeigen wir dann verschiedene Coachingprozesse, die online sehr gut durchzuführen sind. Der große Vorteil ist, dass der Coachee sich in einem konstruktiven Trancezustand vom äußeren Setting der Online-Technik lösen kann, denn die Wahrnehmung richtet sich bei jeder Trance nach innen. Man spricht hier von Sinneswahrnehmungen, die „in sensu" stattfinden, also in der inneren, der „internalen" Erlebniswelt des Menschen. Erlebnisaktivierung durch die äußere Umwelt, durch die „externalen" Sinneseindrücke, nennt man „in vivo".

Der Mensch bleibt, wie er oder sie ist – auch unter Hypnose

Mancher Laie denkt manchmal voller Gruseln an Spione mit doppelter Identität oder Kriminelle, die – so sagt zumindest das Drehbuch – per Hypnose zu willenlosen Tötungsmaschinen entmenscht oder für Banküberfälle programmiert werden. In der Tat kann gesagt werden, dass ein Mensch unter Hypnose sehr intensive Erlebnisse haben kann, dass diese Tatsache jedoch nichts an seiner Wertevorstellung zu ändern vermag. Empfindet ein Mensch beispielsweise Stehlen als Unrecht, wird sich an dieser Einstellung auch unter Hypnose nichts ändern. Umgekehrt kommt man auch vollständig ohne Hypnose aus, um einen Menschen zu Straftaten zu bewegen – man muss nur genügend Druck auf ihn ausüben oder einen Charakter finden, der von vornherein die Rechte seiner Mitmenschen als unwichtig einstuft.

Die Hypnose hat also keinerlei Einfluss auf die Persönlichkeitsstruktur. Das persönliche Empfinden für Recht und Unrecht bleibt in der Hypnose vollständig erhalten. Sie reagieren auch in einem tranceartigen Zustand nur auf Vorstellungen, welche mit Ihrem persönlichen Wertesystem übereinstimmen. Sie können sich dessen sicher sein, weil Sie ja selbst schon tausende von Malen hypnotische Zustände erlebt haben – in Ihren Tagträumen.

Sie können den hypnotischen Zustand auch mit der Zeit kurz vor dem Einschlafen vergleichen. Da gibt es eine Phase, in der die Gedanken beginnen, in Träume überzugehen und man schwingt mit der Wahrnehmung zwischen „draußen" und „drinnen" hin und her. Meist wird dieses Träumen subjektiv als ein körperlich „leichter"

Zustand erlebt, weswegen die meisten Menschen eine Hypnose auch als erholsam oder „erfrischend" beschreiben.

Dieses sind die äußeren und inneren Anzeichen eines Trance- oder Hypnose-Zustands:
- eine entspannte, symmetrische Mimik
- geschlossene Augen oder der „in die Ferne" gerichtete Blick
- insgesamt lockere Muskulatur
- das Bedürfnis, ab und zu zu schlucken (wann immer unser Körper von Stress- auf Ruheprogramm umschaltet, spürt wir kurz ein Schluckbedürfnis)
- Magen- und Darmgeräusche (beim Umschalten auf körperliche Ruheprogramme entspannen sich auch die Verdauungsorgane, was oft hörbare Folgen hat)
- ein ruhiger und regelmäßiger Atem
- die Gedanken „fließen"
- ein verändertes Zeitgefühl: Minuten erscheinen wie eine Ewigkeit oder die Zeit vergeht wie „im Fluge"

HUMANONLINE-TIPP

Den Monitor als Trancehilfe einsetzen

Wie schon beschrieben: Schauen Menschen auf einen Monitor – sei es bei der Online-Kommunikation oder auch bei jeder anderen Tätigkeit –, so tendiert der Blick zur Fixierung auf die Mitte des Screens oder auf Fixpunkte auf dem Bildschirm, wenn man an Texten und Projekten arbeitet. Nun kann man den Bildschirm auch als Trancehilfe nutzen: Sie richten Ihre Augen auf die Bildschirmmitte. Sie stellen Ihren Blick auf „weich", indem Sie die Augen mittig still halten, aber gleichzeitig den *Bildschirmrahmen* komplett wahrnehmen: oben, unten, links, rechts. So wirkt nun der Übergang der „Kastenform" hin zur dreidimensionalen Umwelt als fließend. Sie können das alles nur auf einmal wahrnehmen, wenn der Blick defokussiert – und schon beginnt ein leichter Trancezustand und Sie spüren schnell, wie der Atem ruhig fließt. Nun können Sie „Ausflüge" machen: zum Strand, auf eine Blumenwiese oder zum Eifelturm, Sie können in Gedanken reisen, wohin Sie möchten, mit geöffneten Augen. Oder Sie schließen kurz die Augen für die „Weiterreise". So löst man kurz die Fixierung der Augen und ist danach ein bisschen erholt und gedanklich beweglicher und im „Flow". Das kann auch sehr gut als kleine Erholungsphase im Online-Coaching eingesetzt werden, beispielsweise nach den ersten 30 Minuten Kommunikation – und sei es nur für zwei Minuten.

Übrigens können Sie diese „Rahmen-Trance" auch jetzt mit dem Buch in der Hand durchführen – mit E-Books oder Kindles selbstverständlich auch.

3.8 NeuroRessource Bewegung

Weiter oben haben wir schon darüber berichtet, dass Motorik, also die Benutzung unseres Muskel- und damit Bewegungsapparats, auch kognitive Fähigkeiten wie Gedächtnis, Sprachgeschicklichkeit und Kreativität positiv beeinflussen kann. Daher die Empfehlung, dass Coach und Coachee auch vor dem Monitor beweglich agieren: zusammen aufstehen, eine Rede halten, über Ressourcen-Erlebnisse im Stehen berichten usw.

Es gibt noch einen weiteren Vorteil von Sport und Bewegung, der vielen Menschen nicht bekannt ist. Studien an der Deutschen Sporthochschule Köln haben ergeben, dass unsere Muskulatur wertvolle Stoffe aussendet, die unsere Gesundheit fördern. Sie stärken Herz, Gehirn – auch im Sinne von positiven Emotionen – und den Fettabbau. Ihr Name lautet: Myokine. Sie kommen aus den Muskeln selbst – wenn die Muskelfasern in Gebrauch sind. „Die Muskeln waren bis vor kurzem ein völlig unerforschtes Organ", sagt Ingo Froböse, Leiter des Zentrums für Gesundheit durch Sport und Bewegung an der Deutschen Sporthochschule Köln. Jetzt weiß man, das aktive Muskeln wie „Gesundheitsduschen" von innen wirken, die die gute Laune, das Denkvermögen und die allgemeine körperliche Gesundheit fördern. Der Titel einer Magister-Arbeit von Christoph Kern an der Universität spricht hier Bände: „Myokine, die Skelettmuskulatur als größtes und wichtigstes Stoffwechselorgan des Menschen" (Krenn, 2013). Der Coach muss aber dem Coachee keinesfalls online einen Fitness-Kurs anbieten, auch moderate Bewegungen verteilen bereits Myokine im gesamten Nervensystem.

Weiterhin bringen wir noch einmal den SC – oder auch die „magischen Hügelchen" im Mittelhirn – ins Spiel, die wir vorher schon vorgestellt haben. Man kann die Klienten auch einfach so mal bitten, die Schultern und den Nacken bewusst zu lockeren und dann ein paar ausladende Bewegungen mit den Armen zu machen im Sinne von „I feel free!" Das unterstützt die Online-Aktivität des SC und sorgt für ein gesteigertes Reaktionsver-

Abbildung 23: Intensive SC-Aktivierung: „Attention", positive Emotionen und Reaktionsvermögen im „Zusammenspiel"

mögen des Coachee – auch hinsichtlich der bearbeiten Themen. So wird aus dem Empfänger der Botschaft auf neurobiologischer Ebene ein aktiver „Mitspieler".

3.9 NeuroRessource im „Freien" sein

Wenn es die Technik erlaubt, könnten Online-Coachings auch im Freien stattfinden: Zumindest ist dann der Coachee bei Tageslicht im Freien – auf dem Balkon, im Park, auf einem Platz, im Wald, am Strand. Wir haben schon beschrieben, dass das Licht in geschlossenen Räumen das Tageslicht nicht ersetzten kann. Tageslicht führt zu einem „Dopamin-Kick" auf der Netzhaut, der sich vielleicht sogar im gesamten neurologischen Netzwerk des Menschen angenehm bemerkbar macht, denn Dopamin ist ein Belohnungshormon, das mit der Emotion „Neugier" korreliert. „Durch Neugierde wird Dopamin im Gehirn ausgeschüttet", sagte der Neurologe Volker Busch in einem MDR-Interview zum Thema „Das Gehirn wird vom Lernen glücklich" (Möbius, 2019).

Tageslicht ist also für alle Menschen eine optimale Unterstützung bei Lernprozessen und der dazu erforderlichen Offenheit für Neues. Weiterhin kann der Blick des Coachee im Freien weit im Gesichtsfeld schweifen und auch das regt die Aufmerksamkeit für neue Informationen und Lösungen an. Wie schon beschrieben: Wann immer wir Menschen Aktivitäten im äußersten Gesichtsfeld wahrnehmen, lösen wir uns von einer Fixierung im mittleren Gesichtsfeld und geben den Impulsen aus der Peripherie die höchste Aufmerksamkeit. So kann man im „Draußen-Coaching" wunderbar den Blick in die große weite Welt werfen, optimale Dreidimensionalität erleben und dabei das Coachingerlebnis mit der Propriozeption eines Menschen verquicken. „Damit meint man die Wahrnehmung des eigenen Körpers nach dessen Lage im Raum, den Stellungen von Kopf, Rumpf und Gliedmaßen zueinander sowie deren Veränderungen als Bewegungen mitsamt dem Empfinden für Schwere, Spannung, Kraft und Geschwindigkeit. Es handelt sich dabei um eine Eigenempfindung" (Wikipedia). Und da ist es sinnvoll, darüber nachzudenken, warum im Freien Sein ein Synonym für „Draußen-Sein" ist. Der Mensch empfindet körperlich einfach mehr Platz für seine eigene Person. Außerdem heißt es: „Die Gedanken sind frei!" – was jedem Coaching eine kreative Dynamik gibt.

Übrigens nennt man Coachings, die quasi unterwegs mit passenden handlichen Endgeräten stattfinden können, auch „Outdoor-Sessions".

3.10 NeuroRessourcen: Was sagt die Forschung?

Wir haben in diesem Kapitel auf eine Reihe von Forschungsergebnissen zum Thema „Neurobiologie in Coaching und Psychotherapie" hingewiesen. Das sind alles sehr interessante Themen, vor allem auch für die Coaching-Kunden. Sie möchten gern wissen, mit welcher „neurobiologischen Idee" der Coach arbeitet. In der Verhaltenstherapie spricht man von „Psychoedukation", wenn der Therapeut keine Intervention einsetzt, sondern einfach erklärt, wie die Neurobiologie, das „Unbewusste", das Gehirn oder zwischenmenschliche Kommunikation funktionieren. Im Coaching nennen wir die Einführung in die methodische oder neurobiologische Erklärungswelt eines Coaching-Verfahrens einfach „Wissenscoaching". Das beschreiben wir später noch näher.

Generell sind heutzutage viele Menschen an Gehirn-Themen interessiert. Nicht umsonst sind Gehirnforscher wie Manfred Spitzer, Gerald Hüther, Joachim Bauer oder Gerhard Roth – um nur einige zu nennen – so beliebte Redner und Sachbuchautoren für „jederfrau" und „jedermann", weil sie es verstehen, kompliziertes neurobiologisches Wissen in verständlicher und unterhaltsamer Sprache „rüberzubringen" – so wird Wissenschaft zum Humanonline-Erlebnis. Man denke allein an so eingängige Titel wie *Braintertainment* oder *Gehirnforschung für Neu(ro)gierige* von Manfred Spitzer als Herausgeber (Spitzer & Bertram, 2007; 2009). Zu letzterem Titel schrieb der bekannte Arzt, Entertainer und Fernsehstar Eckard von Hirschhausen einen Epilog. Der Werbetext für besagten Titel startet mit dem humorvollen Satz: „Wie funktioniert unser Gehirn – und wenn ja, warum …?" Das Thema Gehirnforschung hat also heutzutage einen Unterhaltungswert für sich – unabhängig davon, ob die Menschen ein Problem haben oder sich für ihre Potenzialentfaltung coachen lassen möchten.

Allerdings kann man auf der Grundlage der Informationen aus der Gehirn- und Neurobiologieforschung keine Psychotherapie- oder Coaching-Methoden aufbauen – der Weg ist eher umgekehrt. Psychologische Verfahren gelten erst dann als wirksam, wenn sie wirklich „im echten Leben" helfen. Man spricht hier von „evidenzbasierter Forschung". Unabhängig von mehr oder weniger guten Erklärungsmodellen müssen sich psychologisch fundierte und vor allem auch heilkundliche Verfahren an der Lebensqualität des Menschen orientieren und nicht an einer neurobiologischen Theorie. Beispielsweise galt die Gesprächspsychotherapie nach Rogers schon in den 1970er-Jahren als gut beforscht, weil es so vielen Patienten nach der Behandlung mit dem Verfahren einfach besser ging – aber niemand wusste, wo im Gehirn was „funkelt", wenn Menschen ihre Gefühle aussprechen. Die neurobiologische Erklärung für die Wirkung von „VEE" durch Gehirnscan-Studien kam erst ca. 40 Jahre später. Gleiches gilt für andere Therapie- und Coaching-Verfahren. Die Erklärung von

Therapie- und Coaching-Effekten durch Erkenntnisse ist zwar sehr wichtig, aber sie stellt noch lange nicht sicher, dass ein Verfahren tatsächlich wirkt. Das belegen nur die evidenzbasierten Wirksamkeitsstudien – geht es den Menschen wirklich besser, sind sie tatsächlich messbar leistungsfähiger?

Anfang der 1970er-Jahre lehrten Richard Bandler und John Grinder, die Begründer des Neurolinguistischen Programmierens – NLP –, dass ein „professioneller Kommunikator" wie beispielsweise ein Psychotherapeut unter anderem sehr achtsam mit der Wortwahl umgehen sollte, da Wörter im Gehirn sofort eine Resonanz auslösen, auch wenn sie mit einer Negation daherkommen. Wenn ein Patient in der Therapie als Ziel formuliert, dass er „keine Schmerzen" haben möchte, löst das im Gehirn sofort den Fokus auf Schmerzerleben und nicht auf gesunde Gefühle aus – so die Hypothese. In den 1990er-Jahren wurde die Neurolinguistische Psychotherapie in Österreich wegen der guten Ergebnisse aus verschiedenen evidenzbasierten Wirksamkeitsstudien als Kassenverfahren zugelassen. Und 30 Jahre nach dem Auftauchen der NLP-Lehre stellte ein Forscherteam der Universität Jena mit Gehirnscanverfahren fest, dass das Wort „Schmerz" tatsächlich das Schmerzzentrum bei Probanden aktiviert (Richter & Weiss, 2010).

Wir wissen seit über zehn Jahren durch eine Reihe von evidenzbasierten Studien, dass wingwave nachweisbar wirkungsvoll ist und es gab zunehmend Neurobiologie-Forschung zum Thema. Doch die aus unserer Sicht interessantesten neurobiologischen Erklärungen für die guten Effekte, beispielsweise der Augenbewegungen oder des „Tappens", tauchten in der Gehirnforschung erst ab dem Jahre 2017 auf.

Heute helfen die vielen interessanten Forschungsergebnisse dem Therapeuten und Coach, bewusst ein psychologisches Verfahren einzusetzen, das laut evidenzbasierter Forschung messbar wirkt und dann auch noch zusätzlich eine nachweisbare physiologische, neurobiologische Wirkung hat. Der Gehirnforscher und Coaching Experte Gerhard Roth schreibt sogar hinsichtlich der Bewertung eines Coachingverfahrens, dass „nur aufgrund der neuen Erkenntnisse der Neurowissenschaften … die Auswahl wirksamer Interventionen gerechtfertigt werden kann" (Roth, 2019). Deswegen arbeiten wingwave-Coaches bewusst mit Augenbewegungen und nicht mit einer „Spotting-Technik", bei der der Klient seine Augen fest auf einen Punkt im Raum richtet, weil im Vergleich nur die Augenbewegungen günstige Effekte im Gehirn bewirken. Allerdings haben Spotting-Verfahren auch gute evidenzbasierte Ergebnisse, sicherlich auch wegen einer guten Placebo-Wirkung oder wegen des bifokalen Vorgehens. Aber sie aktivieren nicht den präfrontalen Cortex, daher fällt die Interventionsauswahl dann bei wingwave auf die Augenbewegungen und auch die EMDR-Therapeuten bleiben beim „Eye Movement".

3.11 NeuroRessource: Gut informiert sein und der „Placeboeffekt"

Auf jeden Fall ist es sinnvoll, den Coaching-Kunden zu erklären, aus welchen neurobiologischen Gründen heraus der Coach ein Verfahren einsetzt. Der Coach sagt nicht einfach beim „Bodyscan": „Spüren Sie in Ihren Körper hinein – wo nehmen Sie das gute Gefühl am deutlichsten wahr?" Viele Menschen können erst besonders intensiv mitmachen, wenn wir erklären, dass es weitaus mehr haptische Signale an das Gehirn gibt als bei den Sinnesmodalitäten „Sehen" oder „Hören" – wie zuvor schon beschrieben. Gerade beim Online-Coaching erhöhen diese Informationen das Interesse des Menschen an den Prozessen in der eigenen inneren Welt.

Es gibt Stimmen in der Psychotherapieforschung, die es als kritisch betrachten, wenn die Patienten über die mögliche Wirksamkeit eine Psychotherapie unterrichtet werden: Das könne einen Placeboeffekt auslösen, in dem die reine positive Erwartungshaltung dann später den Erfolg der Therapie mitbestimmt. „Placebo" heißt übrigens auf Deutsch: „Ich werde nützen." In den letzten Jahrzehnten ist der Placeboeffekt in vielen Studien untersucht worden und zusammenfassend kann gesagt werden, dass eine positive Erwartungshaltung Erstaunliches bewirken kann. Beispielsweise scheinen Schmerzpatienten bei der Gabe eines Placeboschmerzmittels vermehrt körpereigene Opiate zu entwickeln, die dann tatsächlich schmerzlindernd wirken. Eine gute Zusammenfassung zum Thema gibt das Buch *Placebo 2.0 – die Macht positiver Erwartung* (Bingel, Schedlowski & Kessler, 2019).

Wir sind der Meinung, dass zu einem guten Therapie- oder Coachingkonzept die Aufklärung der sich anvertrauenden Menschen über die mögliche Wirkungsweise des Verfahrens einfach dazu gehört. Man muss darüber informieren, dass Coachings – unabhängig von der Schlüssigkeit der Konzepte – nicht wirken könnten, dass Coachin oder Coach sich aber verpflichten, die Tools sorgfältig und bestmöglich einzusetzen.

Wenn dann das informative Gespräch über die mögliche Wirkungsweise auch noch eine positive Erwartung beim Coachingkunden auslöst – umso besser! Der Placeboeffekt ist mittlerweile „salonfähig" geworden. Und zum Humanonline-Faktor gehört dazu, dass Coaching-Kundin oder Coaching-Kunde jederzeit im Prozess fragen können: „Warum machen wir das jetzt? Was soll das bringen?" – und dass der Coach immer auf diese Fragen eingeht und informieren kann.

3.12 Checkliste NeuroRessourcen im Online-Coaching

Zum Abschluss dieses Kapitels fassen wir noch einmal die NeuroRessourcen in ihrer Anwendung beim Online-Coaching in einem Überblick zusammen.

NeuroRessource etablieren	Wirkung
„Wärmeaustausch"-Begrüßung: motorischer Gleichtakt, am besten mit Handzeichen	Gehirne miteinander auf „online" schalten, den Humanonline-Faktor für eine gute Wellenlänge zwischen zwei Menschen aktivieren
Bewegung und Motorik ermöglichen: zusammen aufstehen, Reden im Stehen, allgemein Gesten fördern	Denkprozesse optimieren, Myokine zum „Sprudeln" bringen, den SC aktivieren, positive Emotionen triggern
Das periphere Gesichtsfeld des Coachee mit einbeziehen	Interesse für Neues und Neuartiges wecken, weil die periphere Wahrnehmung von der Neurobiologie gegenüber dem jetzigen Fokus (foveales Sehen) als wichtiger einstuft wird
Augenbewegungen allgemein	Aktivierung des präfrontalen Cortex, Vagus-Stimulation
Augenbewegungen: sekundenschnelle Sakkaden als „Open Mind Helper". Hier wird nicht vom Coach „gewunken", der Coachee führt das „Wackeln" selbst schnell für allerhöchstens zehn Sekunden durch	Auflösen von Fixierungen auf Probleme, auflockern von „festgefahrenen" Gedanken
Lang durchgeführte Sakkaden, bei denen der Coach mit der Hand als Blickhilfe „winkt". Diese Inervention erfolgt ausschließlich beim Präsenz-Coaching.	Simuliert die REM-Phasen im Traumschlaf. Führt zur Überwindung von Stresserlebnissen oder stressenden Reaktionen auf Trigger wie bestimmte Mitmenschen, Prüfungsunterlagen, Fahrstühle usw.
„Smooth Pursuit Eye Movement" – SPEM	Vertiefung von neuen Lernerfahrungen, Konzentration auf Ressourcen, Steigerung von ressourcevollem, agilem Erleben und Handeln

NeuroRessource etablieren	Wirkung
Augenbewegungen „generell", möglichst ausladende Bewegungen von Schultern, Armen, Händen, Lockerung der Nackenmuskulatur, freie Kopfbewegungen, Hören der wingwave-Musik	„Online-Schaltung" des SC, der agiles Erleben und Handeln möglich macht: - Steigerung des Erlebens von Handlungsfähigkeit - „Priority Map" – Koordination von Handlungen in der richtigen Reihenfolge - Steigerung der Entscheidungsbereitschaft: „the winner takes it"-Code - Aktivierung von Gamma-Wellen: Koordination von auch weit auseinanderliegenden Gehirnregionen
Alle 30 Minuten beim „Monitor-Kontakt" den Blick im ganzen Raum schweifen lassen, ein oder zwei schnelle Sakkaden als „Open Mind Helper"	Aktiviert den präfrontalen Cortex, der beim „fixierten Blick" laut EEG-Forschung „offline" ist. Verhindert „angestrengte" Augen.
Klopftechniken, Selbstberührung	Stressreduktion
Vagus-Coaching: Vagus-Klopfen auf dem Brustkorb, kaltes Wasser trinken, Augenbewegungen	„Online-Schaltung" der parasympathischen Aktivierung des Nervensystems
Sprache wirkt Wunder: bewusster Umgang mit Zielwörtern und „Buzzwords"	Wörter aktivieren direkt die Gehirnregionen, welche neurolinguistisch mit ihnen assoziiert werden.
VEE – Verbalisierung emotionaler Erlebnisinhalte	Das „Aussprechen" von Gefühlen führt zu einer Beruhigung des limbischen Systems, unseres „Emotionsgehirns".
Trancen und Tagträume möglich machen	Gut für spontane Erholungseffekte oder für mentales Training von gewünschten Verhaltensweisen
Im Freien sein – vielleicht auch beim Online-Coaching	Ermöglicht den peripheren Blick, sorgt für Dopamin-Ausschüttung und weckt damit allgemeines Interesse für Neues.

4. HumanOnline – Coaching-Ziele und die menschliche Verbindung

Seit Jahrzehnten ist in der psychologischen und pädagogischen Literatur bekannt, wie stark der „Faktor Mensch" auf die Erlebnisqualität von Kommunikation und ihren Inhalten wirkt. Man kennt es von den Kindern: Wechselt der Lehrer, kann sich sofort die Zensur ändern – egal in welche Richtung. Der bekannte Psychologe und Psychotherapieforscher Klaus Grawe definierte die zwischenmenschliche Wellenlänge zwischen Patient und Therapeut als einen der wichtigsten Erfolgsfaktoren für das Gelingen psychotherapeutischer Prozesse und nannte diesen Faktor die „Therapeutische Allianz". Wie schon erwähnt, spricht man im Coaching von „Arbeitsbündnis" oder „Coaching-Allianz".

Wegen dieses starken Wirkfaktors „Mensch" sollte man Coaching- und Therapiemethoden immer mit dem Einsatz von mehreren Coaches oder Therapeuten beforschen, damit man die „Therapeuten-Variable" aus dem Effekt herausnehmen kann. Das heißt konkret: Es ist möglich, dass dem Probanden einfach nur der Therapeut sehr gut gefallen und die Maßnahme deshalb so effektiv geholfen hat. Waren aber mehrere Anwender involviert und die Methodenüberprüfung fällt positiv aus, so wird es an der Methode gelegen haben, dass es den Probanden durch die beforschte Intervention besser ging oder dass sie bessere Leistungen erbrachten.

Wir selbst nennen dieses hoch wirksame zwischenmenschliche Kommunikationselement – wie schon zuvor beschrieben – den „Humanonline-Faktor", der sowohl beim Online- als auch beim Präsenz-Coaching hergestellt werden muss, bevor der inhaltliche Austausch gelingen kann. Der Humanonline-Faktor ist wohl mit eine der wirksamsten NeuroRessourcen, die man sich überhaupt vorstellen kann. Der schon erwähnte US-amerikanische Psychologe und Gehirnforscher Mathew Liebermann widmet sich seit Jahren der Erforschung der Bedeutung von Beziehungen für unsere Neurobiologie. Auf YouTube gibt es seinen sehenswerten Vortrag: „Social – why our brains are wired to connect" – „Sozial – warum unser Gehirn auf (zwischenmenschliche) Verbindungen spezialisiert ist" (Liebermann, 2014). Fühlt sich ein Mensch in einer Beziehung wohl und sicher aufgehoben, nennt Liebermann dieses positive Humanonline-Erlebnis die „Superpower" für den Menschen, die ihn oder sie zu „Superwoman" oder „Superman" machen. Ablehnung und Trennung hingegen würden laut Liebermann wie „Kryptonit" wirken (die bekannte Schwachstelle von Superman und anderen Helden im DC-Universum).

Was bedeutet dieses ganze Know-how für Online-Coachings? Menschen fühlen sich einfach subjektiv wohl, wenn sie sich bewusst und vor allem auch unbewusst „online" mit ihrem Mitmenschen fühlen. Sie können sich auf kognitiver Ebene besser auf den Inhalt eines Gesprächs einlassen und lernen einfach besser in einer Atmosphäre, in welcher eine Beziehung geklärt ist. Das erzeugt eine limbische Beruhigung und ein optimales Online-Schalten des präfrontalen Cortex. Deswegen ist für Kinder auch die gute Beziehung zur Lehrerin oder zum Lehrer so wichtig. Sie können noch nicht zwischen dem dargebotenen Unterrichtsstoff und der zwischenmenschlichen Atmosphäre differenzieren. Empfinden sie die Französichlehrerin als zu streng und zu wenig empathisch, finden sie auch die Sprache Französisch „doof". Und umgekehrt können sich Zensuren sogar dramatisch verbessern, wenn die Kinder und Jugendlichen die Lehrkraft „toll" finden.

Aber woran können Coachin oder Coach feststellen, dass sie „humanonline" mit dem Coachee sind? Eigentlich ist das ganz einfach. Menschen fühlen sich verbunden, wenn der andere Mensch möglichst ähnlich ist. Deshalb gibt es Uniformen, Trachten, Volkstanz und äußere Anzeichen von Verbundenheit wie Eheringe oder eine identische Gesichtsbemalung bei sogenannten Naturvölkern. Zu diesen unbewussten Online-Signalen gehören auch nonverbale Übereinstimmungen: ähnliches Sprachtempo, spiegelnde Mimik, synchronisierter Atemrhythmus. Diese ganzen nonverbalen Muster einer positiven Wellenlänge kann man im Internet leicht unter dem Suchwort „Mirroring" auffinden: Wann immer Menschen sich „humanonline" fühlen, neigen sie dazu, auch auf der nonverbalen Ebene auf Schwingung zu gehen. Sie synchronisieren in Sprachtempo, Mimik und Gestik. Es gibt heutzutage, da die Welt angeblich ein Dorf ist, nur ein Problem: Die meisten Menschen, die sich neu begegnen, kommen nicht aus dem gleichen Dorf und sie finden Unterschiedliches „richtig" beim Gegenüber.

Jeder Mensch hat also unbewusst seine eigene Prägung zur Fragestellung, mit welchen nonverbalen Signalen er oder sie sich positiv verbunden fühlt. Ein Schnellredner ist befremdet von einem Langsamredner, ein Mensch mit zunächst „sparsamer" Mimik fühlt sich überrollt, wenn das Gegenüber ein strahlendes Lächeln zeigt, Personen, die gern „mit Händen und Füßen" reden, finden es „steif", wenn andere Menschen ruhig die Hände falten usw. Professionelle Kommunikatoren wie Coaches, Therapeuten und Pädagogen stellen sich sekundenschnell auf die nonverbale Schwingung ihres Gegenübers ein – selbst wenn das privat nicht „ihre Art" ist. Wichtig ist nur, dass der andere Mensch intuitiv feststellt, dass man von „gleicher Art" ist. Aber eigentlich realisieren die meisten Menschen intuitiv dieses Wissen, was sich beispielsweise dann zeigt, wenn sie mit Kindern oder auch kleinen Haustieren reden. Sie sprechen automatisch höher und machen sich selbst ein bisschen kleiner, indem sie sich hinunterbeugen oder gar in die Hocke gehen, um dem Klein-Sein des Gegenübers entgegenzukommen. Sie „spiegeln" das Gegenüber.

Und schon Neugeborene spiegeln ihre Mitmenschen für den Humanonline-Effekt. Diese Fähigkeit ist uns Menschen angeboren. Auch hier spielt wieder der SC eine Rolle. Wohl eine der wichtigsten NeuroRessourcen, die man dem SC zuordnen kann, ist die angeborene soziale Kompetenz des Menschen. Der SC ist schon bei der Geburt ausgereift und diesbezüglich voll funktionsfähig (Pitti, Kuniyoshi, Quoy & Gaussier, 2014). Er ermöglicht die motorische „Response" der Neugeborenen auf die Mimik der Eltern oder anderer Bezugspersonen – ein bekanntes Beispiel hierfür ist das spontane Nachmachen des Zunge-Ausstreckens. Das Baby auf dem Foto ist vielleicht drei Monate alt, doch die Fähigkeit zur Mimikri ist schon in den ersten Lebenstagen erkennbar ausgeprägt.

Abbildung 24: Erwachsene spiegeln intuitiv kleine Kinder – umgekehrt auch.

Abbildung 25: Die „Mimikri-Kompetenz" ist uns angeboren – der SC macht es möglich.

Erst ab dem dritten Monat fängt der präfrontale Cortex an, sich zu entwickeln. Nun kann das Baby schon zwischen verschiedenen Personen unterscheiden und reagiert auf Sprache und Sprachmelodie. Deutschsprachige Babys sind irritiert, wenn man das Wort Papa wie in der französischen Sprache mit Betonung auf dem letzten „a" ausspricht: „Papá" – umgekehrt ist es bei den französischsprachigen Babys genauso.

Bei der Mimikry ermöglich es der SC, dass das Gehirn des Kindes eine visuelle Wahrnehmung – Gesichtsausdruck der Eltern – in eine motorische, mimische

„Antwort" verwandelt. Dies wird durch die Schichtgestaltung des SC möglich, der sinnliche Wahrnehmungen von Sinneskanal zu Sinneskanal übersetzen kann.

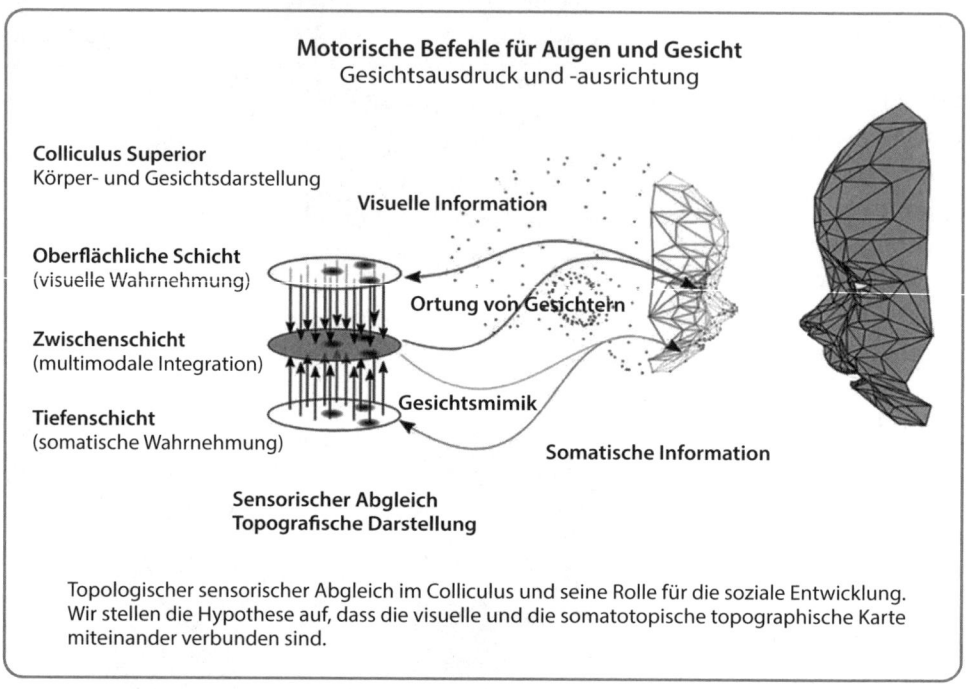

Abbildung 26: Entwicklung der multimodalen Integration im SC und seine Rolle für die „Gesichtspräferenzen" von Neugeborenen (Pitti et al., 2014)

Somit ist die Mimikry-Kompetenz, die der SC garantiert, für Neugeborene fast eine Lebensversicherung, denn sie ermöglicht dem Kind eine aktive Kontaktaufnahme mit seinen Bezugspersonen, die darauf natürlich wiederum mit positiven Gefühlen reagieren. So kann auch das körperlich ansonsten hilflose Kind aktiv mit seinen angeborenen NeuroRessourcen für die soziale Bindung seiner Bezugspersonen sorgen.

Seit Anfang der 1980er-Jahre wird „Mirroring" in detaillierter Form im Neurolinguistischen Programmieren – NLP – gelehrt. Die NLP-Begründer Richard Bandler und John Grinder haben als erste Autoren und Kommunikationstrainer unter dem Begriff „Rapport" viele Mirroring-Faktoren dezidiert ausgearbeitet (Grinder & Bandler, 2010). Dabei ist es wichtig zu wissen, dass Mirroring vor allem beim Einstieg in die Kommunikation den besten Humanonline-Effekt bewirkt. Sind Sie Coach, stellen Sie sich schon bei der Begrüßung auf Tonfall, Mimik und Gestik ihres Coachee ein, vor allem auch bei der Online-Begegnung. Diese Phase nennt man im

NLP „Pacen". Eigentlich heißt „Pacen": „Du, wir sind ähnlich, wollen wir uns zusammentun?" Es ist auch eine Würdigung der Persönlichkeit des Gegenübers und eine beruhigende Aktion, die mentale Sicherheit vermittelt. Menschen sind eigentlich von Natur aus Fluchtwesen und reagieren in der Regel ganz erleichtert, wenn sie „Verstärkung" finden. Früher dachte man, dass dieser erste Humanonline-Check der unbewussten Personeneinschätzung, also der berühmte erste Eindruck, sieben Sekunden dauert. Mittlerweile haben Gehirnforscher wie der US-amerikanische Psychologe Alex Todorov durch Gehirnscan-Verfahren herausgefunden, dass dieser Vertrauenscheck beim ersten Eindruck von einem Menschen spätestens nach zwei Sekunden erfolgt (Todorov, 2004).

Dieses Know-how über „Mirroring" können Coaches auch online sofort umsetzen. Hier zeigen wir nur vier Möglichkeiten, die aber sofort vom Gegenüber wahrgenommen werden, auch über den Monitor:
- Sprachtempo beachten
- Satzmelodie pacen
- Sitzposition und Muskeltonus spiegeln: gerader Rücken oder gemütliche Lockerheit?
- „Mirroring" von Mimik und Gestik

„Ja, aber ich kann doch den Coachee nicht die ganze Zeit nachmachen!", könnte ein Einwand lauten. Die gute Nachricht ist: „Pacen" wirkt schon nach ein paar Sekunden, danach ergibt sich schon ein „Kommunikationskompromiss". Denn sind Menschen erst einmal auf dieser Ebene humanonline, wirken sie selbst aktiv an der guten Wellenlänge weiter mit. Der Coach kann wieder in den eigenen nonverbalen Stil wechseln – und der Gesprächspartner folgt nun im Erleben einer gemeinsamen Wellenlänge, denn er oder sie möchte das Ressource-Erlebnis des Humanonline-Seins auch mitgestalten und pflegen. Diese weitere nonverbale Phase nennt man „Leaden".

Vergleichen Sie diesen Prozess mit einer Reise nach Japan oder in ein anderes fernes oder fremdes Land. Da ist es ratsam, ein paar Wörter Japanisch zu lernen – keinesfalls, um gleich auf Japanisch diskutieren zu können, sondern nur, um den Menschen aus der anderen Kultur zu würdigen, indem ich „Bitte", „Danke" und vielleicht auch „Guten Tag" in der Sprache des Gastlandes sagen kann, um die „Herzen zu erwärmen". Das Anwenden dieser paar japanischen Wörter heißt aber nicht, dass ich nun deshalb Japaner nachmache oder selbst Japaner werde. Es ist nur eine Geste, die eine positive Wellenlänge initiiert.

> **HUMANONLINE-TIPP**
>
> **Kontaktpflege – auch mit der Technik**
>
> Immer wieder erleben wir es bei der heutigen Online-Kommunikation, dass uns die Technik im Stich lässt: Mal ist die Verbindung plötzlich schlecht oder die Plattform hat einen Aussetzer. Daher empfehlen wir, gerade beim Online-Coaching zu Gesprächsbeginn eine alternative Verbindung mit dem Coaching-Kunden abzustimmen – und sei es nur simples Telefonieren ohne Monitor. Dann können Themen abgerundet und auf jeden Fall bis zu einem guten Ende besprochen und durchaus auch gecoacht werden. Dieser „Plan B" unterstützt den Coachee dabei, sich auf ihre oder seine Themen einlassen zu können.

4.1 Ziele setzen: Wie definieren wir einen Coaching-Erfolg?

Ein Coaching-Erfolg wird anders definiert als ein Therapieerfolg. In der Psychotherapie ist es das oberste Anliegen, dass es dem Patienten subjektiv besser geht als vor der Therapie: weniger ängstlich, weniger depressiv, weniger zwanghaft. Es ist besonders wichtig, dass die Therapie gesundheitlich gut tut.

Auch im Coaching wird natürlich angestrebt, dass sich die Coaching-Kundin oder der Coaching-Kunde subjektiv besser fühlt: motiviert, zuversichtlich, entscheidungsfreudig, entschlossen, emotional gestärkt. Darüber hinaus fragt die Fachwelt beim Coaching auch nach indirekten und langfristigen Wirkungen wie der Erhöhung des Engagements, Verbesserungen im Führungsstil, Verringerung von Konfliktkosten beim Change Management, um nur einige Punkte zu nennen. Aus diesem Grund stellt der renommierte Gehirnforscher Gerhard Roth infrage, ob man die Ergebnisse von Psychotherapieforschung ungefiltert auf den Coaching-Kontext übertragen könne (Roth & Ryba, 2017).

Denn Coaching fokussiert größtenteils auf Handlungsergebnisse: Beim Sport würde es um die messbare Steigerung körperlicher Leistungen gehen, im Ausbildungsbereich konkret um die Verbesserung von Zensuren und das Bestehen von Prüfungen. Es geht also auch um Potenzialentfaltung und erkennbare Verbesserungen im Rahmen jeglicher Performance.

Als Beispiel für Coaching-Forschung stellen wir hier kurz ein Forschungsprojekt mit Schülern vor, das der Psychologe Frank Weiland im Jahr 2018 an der Deutschen Sporthochschule Köln im Rahmen seiner Doktorarbeit zum Thema „Leistungsentwicklung mit wingwave-Coaching" durchgeführt hat. Hier ging es zunächst um Themen wie „Schulangst", Stress mit dem Lernen, mit Lehrern oder Mitschülern.

Aber es wurden auch Leistungsverbesserungen wie das Konzentrationsvermögen unter dem Aspekt „richtige Antworten" untersucht.

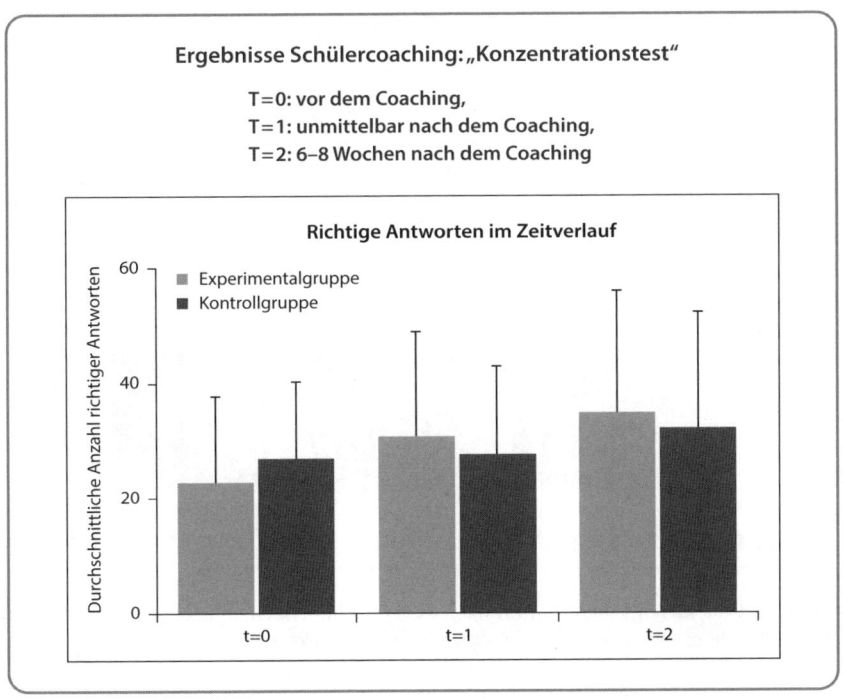

Abbildung 27: Coaching-Ergebnis: richtige Antworten im Zeitverlauf. Die blaue Säule zeigt die Entwicklung der gecoachten Schüler (Klatt & Weiland, 2019).

Interessant ist hier die Messung zum dritten Zeitpunkt t-2. Zu diesem Zeitpunkt lagen die Coachings zu jeweils drei Stunden bereits sechs bis acht Wochen zurück. Dennoch entwickelt sich die Leistungsverbesserung der Schüler auch ohne jegliches Coaching weiter. Das Coaching-Ergebnis ist also im realen Leistungskontext Schule angekommen und verselbstständigt sich in einen positiven Trend. Dieser autogene Generalisierungseffekt der Coaching-Ergebnisse zieht sich durch die gesamte Untersuchung – auch in Bezug auf das Thema „Prüfungsangst".

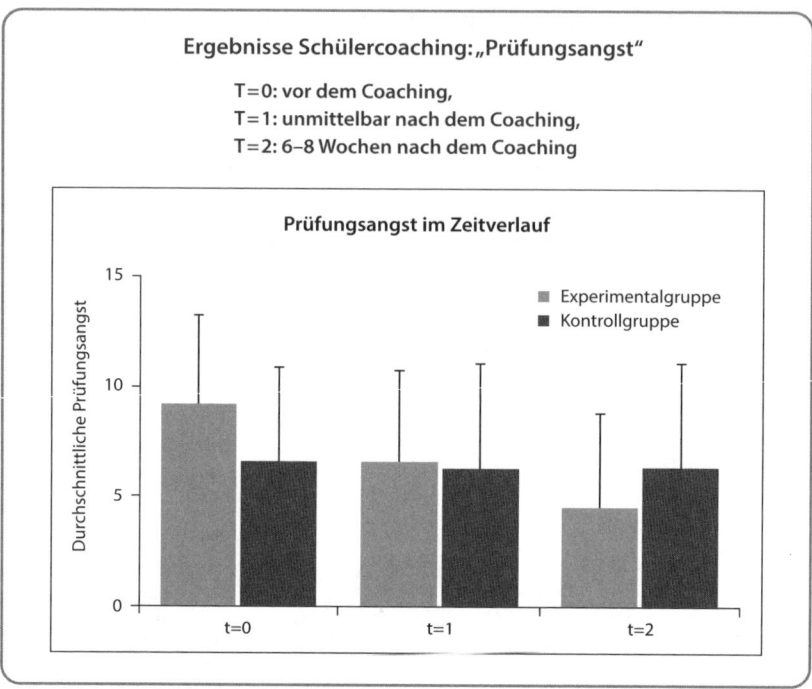

Abbildung 28: Die Prüfungsangst nimmt nach dem Coaching auch ohne weitere Coaching-Interventionen weiter ab, es ist ein autogener Generalisierungseffekt eingetreten (Klatt & Weiland, 2019).

4.2 Die Skala des subjektiven Erlebens

Entsprechend einigen sich die Arbeitspartner Coach und Coachee im weiteren Dialog sowohl auf das Coaching-Ziel als auch auf eine bestimmte Vorgehensweise. Danach empfiehlt sich die gemeinsame Einordnung vom Ist- und Zielzustand auf der schon vorgestellten visuellen Analog-Skala, um möglichst zeitnah im Prozess die Fortschritte auf dem Weg zum Coaching-Ziel gemeinsam festhalten zu können.

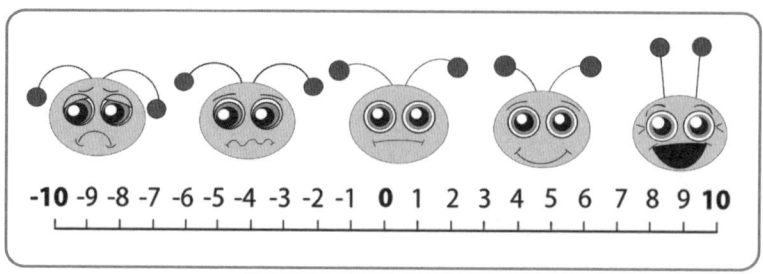

So kann sich eine Kundin oder ein Kunde – was beim Coaching häufig vorkommt – bereits stabil mit einem Thema fühlen (Einschätzung bei „neutral" oder +1), aber sie oder er möchte unbedingt eine Spitzenleistung erreichen, die dann als Zielzustand bei +7 eingeordnet wird. Der nächste Coachee fühlt sich in seinem Leistungsvermögen beeinträchtigt (–4) und ist bereits zufrieden, wenn er einen sicheren neutralen Stand als Basis erreicht. Wir empfehlen, diese Skala unabhängig von vielleicht bereits erstellten Leistungsprofilen und Testauswertungen im Rahmen der Einzelarbeit zu nutzen, damit gemeinsam kleinschrittig immer wieder die Fortschritte auf dem Weg zum Ziel benannt werden können – und sei es nur durch eine Zahl im subjektiven Erleben.

Vor allem dient die Skala auch der gemeinsamen Definition von realistischen Coachingzielen. Klagt ein Coachingkunde beispielsweise über „Aufschieberitis" – auch Prokrastination genannt – angesichts der Aufgabe „Steuererklärung", würde er den Zielzustand vielleicht eher bei „0" oder „+1" skalieren. Hier ist der Wunsch nicht so stark, dass dieses Projekt eines Tages zu den Lieblingstätigkeiten gehört. Der nächste Coaching-Kunde wünscht sich vielleicht mehr Auftrittssicherheit und skaliert das Ziel bei „+8", weil sie oder er sagt: „Ich möchte auch mal richtig mit Spaß bei so einem Auftritt haben." Manchmal stellen sich erstaunliche Effekte ein: Ein wingwave-Coach – Peter Kensok – coachte vor Jahren einen 17-jährigen Schüler wegen Flugangst, der dann später von Beruf Pilot wurde. Dieser Effekt ging weit über das angestrebte Ziel hinaus. Um derartig positive Entwicklungen auch bewusst würdigen zu können, ist es nur sinnvoll, eine bipolare Skala zu benutzen, vor allem im Coaching.

Wir empfehlen, die Skala immer auch mit dem Bodyscan zu verknüpfen, wie wir ihn in Kapitel 3 vorgestellt haben. Auch die „Negativ-Seite" fragen wir ab: „Wo im Körper nehmen Sie das Unbehagen/den Stress wahr, den Sie mit diesem Thema verknüpfen?" Es fällt den Coaching-Kunden viel leichter, ihren eigenen Prozess einschätzen zu können, wenn sie ihre Gesamtverfassung nicht nur mit einer Zahl, sondern auch mit einer Perzeption, also einem bewussten Körpererleben verknüpfen. Dann sind auch Fortschritte im Coachingprozess viel schneller im Bewusstsein definierbar.

4.3 Das Coaching-Ziel in Worte fassen – die SMART-Kriterien

Hier machen wir zwischen Online-Coaching und Präsenz-Coaching keinen Unterschied. Wir formulieren gemeinsam mit unseren Kunden ein Coachingziel oder auch mehrere Coachingziele nach den im Coaching bekannten SMART-Kriterien. Die Abkürzung SMART steht für **s**pezifisch, **m**essbar, **a**ttraktiv, **r**ealistisch und **t**erminierbar. Der Unternehmensberater George T. Goran formulierte die SMART-Kriterien erstmals 1981 für die erfolgreiche Planung und Umsetzung von Management-Zielen (Doran, 1981). Aber auch im Coaching hat sich dieses System für eine Orientierung von Coach und Coachee im zielführenden Prozess bewährt.

Eine Zielformulierung wie „Ich möchte irgendwie mehr aus mir machen" entspricht diesen Kriterien noch nicht. Hier erarbeiten wir mit den Coachees sehr konkrete „Zukunftsfilme", in denen sie zufriedenstellend oder erfolgreich performen. In diesen Filmen spielt auch das „Zukunfts-Ich" eine Rolle – denn die magnetische Wirkung eines positiven oder erstrebenswerten Zukunftspanoramas ist viel anziehender, wenn das Gegenwarts-Ich die eigene Person wie in einem Film in der „Hauptrolle" erlebt: wie er oder sie aussieht, wie sich die Stimme anhört, wie Bewegung, Mimik und Gestik im Zielzustand sind, wie das systemische Umfeld wie Kollegen, Familie, Freunde mit dem erfolgreichen oder auch zufriedenen Zukunfts-Ich umgehen. Wir fragen nach konkreten Details: Wo genau spielt sich die Szene ab, was passiert da gerade? Wir reden mit dem Coaching-Kunden zusammen auch immer in der dritten Person: „Woran kann ich erkennen, dass der Peter sich jetzt selbstbewusst fühlt?" oder: „Wie wirkt Peter, wenn alle bei seiner Rede applaudieren?" oder: „Wie wirkt Nicole, wenn sie bei einer Lesung ihr neues Buch vorstellt?"

Eine sehr wirksame NeuroRessource ist auch die spezifische Wortwahl, schon bei der Ausarbeitung des angestrebten Ziels. Wenn beispielsweise die Coaching-Kundin antwortet: „Die Nicole wirkt überhaupt nicht aufgeregt", versuchen wir wieder, das linguistische „Krokodil" auszusortieren und suchen gemeinsam nach einer anderen Formulierung: „Wie wirkt sie denn stattdessen?" „Gelassen, fröhlich", ist vielleicht die Antwort. Schon diese Wörter wirken emotional und damit körperlich in die richtige Richtung: auf Muskelreaktion, Mimik, Körperhaltung auf das psychophysiologische Gesamterleben schon im Moment des Sagens, Hörens oder Denkens des Wortes.

4.4 Coaching-Kontingent und Terminpositionierung

Auch das Coaching-Kontingent und die Terminpositionierung verlaufen wie im Präsenz-Coaching. Grundsätzlich empfehlen wir bei jeder Terminplanung drei bis fünf Coachings pro Coaching-Thema. Dabei verweisen wir beim wingwave-Coaching auch auf die Forschungsergebnisse zu dieser Methode: „Studien haben gezeigt, dass Themen wie Auftrittssicherheit, Konfliktstabilität, Steigerung der sportlichen Leistung oder Abbau von Stresserinnerungen in zwei bis drei Coaching-Stunden zufriedenstellend für die Coachees bearbeitet werden können." Wir sagen nicht, dass das Thema dann komplett bearbeitet ist oder dass gar das Ziel garantiert erreicht wird, sondern verweisen einfach auf die Ergebnisse der Untersuchungen. Allerdings finden wir es bei jeder Coaching-Methode angemessen, Folgendes zu verabreden: Hat ein Coaching-Kunde nach drei Sessions à 50–60 Minuten so ganz und gar nicht das Gefühl, sie oder er könne mit den Interventionen seine Ziel erreichen, sollte das Coaching nicht „ohne Ende" fortgesetzt werden. An dieser Stelle könnte man in einem Standortgespräch gemeinsam Alternativen besprechen: Eine andere Methode? Ein anderer Coach?

Bei Themen ohne eine nahe Terminierung verabreden wir uns gern wöchentlich, bei Themen mit einer baldigen Terminierung organisieren wir die Termine entsprechend um das „Ereignis herum". Beispielsweise könnte ein Coaching-Kunde an einem Montag mit der Nachricht kommen, dass er überraschend zu einer Talkshow eingeladen wurde, die am Freitag stattfinden soll. Dann versuchen wir, möglichst zwei Termine vor dem wichtigen Termin noch in derselben Woche zu verabreden. Sinnvoll ist dann noch ein Termin gleich nach dem Event, um das Erlebnis abzurunden: sei es mit der nachträglichen Bearbeitung von Stressgefühlen oder vielleicht auch – bei einem gelungenen Auftritt – mit einem Ressourcen-Coaching zur positiven Verankerung.

4.5 Verändern durch Verstehen – Carl Rogers ist nach wie vor aktuell

Carl Rogers war der Begründer der klientenzentrierten Gesprächspsychotherapie, abgekürzt „GT" (Rogers, 1983). Man könnte ihn auch den Erfinder der therapeutischen Allianz oder des Humanonline-Faktors nennen. Natürlich gab es den Humanonline-Faktor auch schon vor Carl Rogers, aber er war der erste Psychotherapeut, der diesen wichtigen Wirk-Faktor benannt und sogar einen gesamten psychotherapeutischen Ansatz nur auf diesen Wirk-Faktor hin aufgebaut hat. Zwei von uns

Autoren, Cora Besser-Siegmund und Harry Siegmund, konnten ihn noch persönlich kennenlernen. Er war tatsächlich ein sehr warmherziger Mensch und vor allem war er fröhlich, lustig und lachte gern. Es ist uns ein Bedürfnis, dies zu schreiben, denn in Deutschland wurde Gesprächspsychotherapie stets eher „ernst" unterrichtet. Oft wurde die „GT" von anderen Psychotherapievertretern belächelt, weil der Therapeut ja nur herumsitzt, kaum Übungen veranstaltet und den Klienten lediglich versteht: „… und das macht Sie also traurig." Das nennt man die „Verbalisierung emotionaler Erlebnisinhalte", wie wir es im Kapitel zuvor schon beschrieben haben. Carl Rogers hat aber natürlich auch empfohlen, die positiven Emotionen zu verbalisieren.

Tatsache ist, dass man mit diesem simplen Verstehen ebenso effektiv Ängste und Depressionen behandeln kann wie mit der Verhaltenstherapie. *Verändern durch Verstehen* heißt ein bekanntes deutsches Fachbuch von den Psychotherapeuten Eva Biermann-Ratjen, Jochen Eckert und Hans-Joachim Schwarz (Biermann-Ratjen, 2003), in dem die beachtliche positive Wirkung der GT beschrieben wird. Das „Sich-Verstanden-Fühlen" ist die sprachliche Fortsetzung von Mirroring, dem Aufbau einer positiven Wellenlänge. Nach dem gelungenen ersten „Humanonline-Klick" müssen nicht gleich durchdachte Coaching-Interventionen angeboten werden. Der Coaching-Kunde hat das Gefühl, am richtigen Platz zu sein, wenn der Coach erst einmal zuhört und zum Ausdruck bringt, dass sie oder er versteht oder auch nur voller Interesse verstehen möchte, in welcher Wahrnehmungssituation sich der Coachee jetzt im Moment befindet. Hat ein Mensch dieses Erlebnis, ist dies auch schon eine NeuroRessource, die positive Veränderungsenergie zum Sprudeln bringt.

Dieses Know-how ist besonders im Coaching sehr nützlich – weil es so viele interessante Coaching-Interventionen gibt, die Coaches gelernt haben. Wenn wir Ausbildungen oder Supervision geben, stellen wir immer wieder fest, dass Coaches und auch Psychotherapeuten manchmal ein bisschen befürchten, dass die schöne Zeit verplempert wird, wenn man „nur" redet. Sie sind innerlich quasi auf dem Sprung, ihrem Gegenüber endlich eine Intervention anbieten zu können, etwas „zu machen". Die Forschungsergebnisse über die GT zeigen aber deutlich, dass das „Reden und Verstehen" bereits eine hoch wirksame Bewusstseins- und Veränderungsatmosphäre schafft und dass dieses klientenzentrierte Vorgehen auch allein schon zu guten Coaching-Ergebnissen führen kann. Wenn Coaching-Kunden über ihre Themen reden, fragen sie auch immer wieder: „Verstehen Sie, warum mich das so aufregt?" oder: „Verstehen Sie, wie ich das meine?" Sie möchten sich immer wieder vergewissern, ob der Coach „humanonline" ist.

Wenn wir bemerken, dass unser Coaching-Kunde erst einmal das Bedürfnis hat, sich auszusprechen, bieten wir zum Beginn der Session einfach an, die gemeinsame Zeit aufzuteilen: vielleicht erst einmal eine Viertelstunde Austausch im Gespräch und dann kommt die Coaching-Intervention. Man schaut gemeinsam auf die Uhr und orientiert sich an dieser Verabredung. In der Zeit des Redens steht dann vor allem das Aussprechen und Verstehen im Vordergrund. Die Coaching oder der Coach gibt keine Ratschläge, leitet keine Intervention ein, äußert keine Meinung, sondern spricht – auch mit eigenen Worten – aus, was er oder sie verstanden hat. Das ist gar nicht so einfach, wie es sich liest – nicht umsonst gibt es für die Gesprächstherapie auch fundierte Ausbildungen. Aber als Grundhaltung im Eröffnungsgespräch ist das „aktive Zuhören" sehr wertvoll. Übrigens wurde die Wirkung der GT schon lange für die Verkaufspsychologie entdeckt: Hier spricht man ebenfalls vom „aktiven Zuhören".

4.6 Materialien für das Online-Coaching

Bei unseren Online-Coachings hat es sich bewährt, dass Coach und Coachee im Vorfeld ein paar begleitende Utensilien für das Coaching bereitstellen.
- Für ein „Humanonline-Coaching mit NeuroRessourcen" mit Einzelpersonen empfehlen wir Freisprech-Technik, denn wir arbeiten hier sehr viel mit der wingwave-Musik: Der Coachingkunde hört über Kopfhörer auf einem zweiten Gerät (meistens Smartphone) die Musik und erhält aus dem Laptop- oder PC-Lautsprecher die vom Coach gesprochenen Interventionen. Etliche Endgeräte haben schon sehr gute und leistungsstarke Mikrofone und Lautsprecher, ansonsten kann man sich eine entsprechende Zusatztechnik besorgen. Auf einer Online-Tagung der ICF – International Coaching Federation – wurde hierzu auch das Portal „wish.com" empfohlen (chinesische Variante von Amazon). Hier gibt es tatsächlich zu guten Preisen umfangreiches Technik-Material für Online-Coachings und -Konferenzen.
- Möchte der Coachee mehrere Themen in die Session einbringen, schreiben sich Coach und Coachee zu den Themen zunächst Überschriften auf. Dann ist es einfacher, zu Beginn der Session das Coaching zeitlich zu planen. Passen alle Themen in die heutige Sitzung, welche Reihenfolge ergibt Sinn?
- Ebenfalls klären Coach und Coachee anfangs, ob die Sitzung aufgezeichnet und dem Coachee später zur Verfügung gestellt werden soll.
- Coach und Coachee sollten einfach Papier und Schreiber bereit haben, damit beide sich ab und zu ein relevantes Stichwort aufschreiben können. Das geht erfahrungsgemäß immer noch schneller und besser „nebenbei", als wenn man Texte während des Coachings in Dokumente einschreibt, was dann immer auf Kosten des Blickkontakts geht.

- Weiterhin bereitet der Coachee – wie schon erwähnt – bei unseren Coachings unsere wingwave-Selbstcoaching-App auf seinem Smartphone vor, inklusive Stereokopfhörern, damit wir auch mit der erlebnisaktivierenden wingwave-Musik während des Online-Coachings arbeiten können. Sie senkt die Pulsrate, intensiviert die Konzentration durch die Beruhigung des neuronalen Erregungsniveaus und verbessert nachweislich das körperliche Leistungsvermögen. Selbst wenn der Coachee vor dem Monitor keinen Sport ausübt, verleiht dieser Musik-Effekt dem Coaching-Kunden subjektiv ein angenehmes Körpergefühl, was seine Wahrnehmungsfilter für Positives und Lösungen unterstützt.
- Oft bereiten beide Seiten Bild- oder Anschauungsmaterial vor, je nach Thema: Abbildungen wie beispielsweise Fotos von Räumen voller Publikum für die Vorbereitung einer Rede, Portraitfotos von verschiedenen Personen mit Mimik-Reaktionen, wenn man zum Thema emotionale Kompetenz arbeitet, Bildsymbole für Ressourcen-Coaching oder auch Videos für die Arbeit mit „Virtual Reality Light".
- Für eine gemeinsame Visualisierungsarbeit gibt es „Whiteboards" – man nennt sie auch „digitale Pinnwände". Meistens sind Whiteboards in den gängigen Plattformen – wie beispielsweise Zoom – schon enthalten. Sie eignen sich gut für die Gruppenarbeit oder für Teamcoachings.
- Für Aufstellungsarbeiten hält der Coachee ein Schreibbrett und einen Block Post-its bereit, die man knicken und hochkant auf dem Brett „aufstellen" kann. Oder der Coach schickt dem Coachee rechtzeitig ein CoBo (Constellation-Board), auf dem Post-its in Figurenform aufgestellt werden können.
- Wichtig ist das Bereitstellen von kaltem Wasser, das vor allem der Coachee während des Coachings in kleinen Schlucken trinken kann. Und auch der Coach sollte immer ein Glas Wasser in der Nähe haben.
- Weiterhin sollte der Coach vor der Session seinen Hintergrund und die Beleuchtung checken und ein bisschen üben, über die Webcam Blickkontakt zu halten. Denn die Kamera ist ja nicht im Mittelpunkt des Bildschirms. Wenn wir den Coachingkunden immer direkt in der Bildschirmmitte anschauen, entsteht bei ihm oder ihr unbewusst das Gefühl, man würde immer ein bisschen vorbei gucken. Daher empfehlen wir, neben die Kamera einen farbigen „Zweckform-Punkt" zu kleben. Geht der Coach dann mit dem Blick ab und zu hin und her, entsteht beim Coaching-Kunden ein verlässliches „Blickkontakt-Gefühl".
- Es ist wichtig, den Raumhintergrund beim Coaching einladend zu gestalten. Da könnten nette Bilder hängen oder „gemütliche" Bücherregale stehen. Man kann sich auch mit Hilfe von „Green Screens" Bildschirmhintergründe mit verschiedenen Motiven, Farben oder dem Firmenlogo erstellen. Das macht beispielsweise bei Online-Workshops für mehrere Teilnehmer einen professionelleren Eindruck. Im Einzel-Coaching finden die Menschen allerdings „echte" dreidimensionale Räume sympathischer, da sie auch ein Stück weit die Persönlichkeit des Coaches mit transportieren.

- Es gibt noch eine Kleinigkeit, die von Bedeutung sein kann (wir werden auch im IT-Kapitel noch einmal darauf hinweisen): Wir empfehlen, dass Sie als Coach sich das Gesicht leicht pudern, damit es bei der Übertragung nicht glänzt. Unbewusst verbinden Menschen „glänzende" Gesichter mit Stress-Symptomen des Gegenübers. Das passiert selbst dann, wenn Sie als Coachin oder Coach eigentlich „gut drauf" sind.

4.7 „Magic Talk" plus „Magic Walk" für die Verankerung von Coaching-Ergebnissen

Am Ende einer jeden Online-Session oder auch zum Abschluss eines Coachings ist es sinnvoll, den Übergang in Möglichkeiten für ein Selbstcoaching zu gestalten, damit der Coachee mit seiner Selbstwirksamkeit das Coaching-Ergebnis vertiefen kann. Dabei schreibt der Coach idealerweise während des Coachings stichwortartig sechs bis zehn Schlüsselwörter oder Kernsätze mit (nicht mehr!), welche die Coaching-Ergebnisse repräsentieren. Das können beispielsweise Belief-Sätze oder Affirmationen sein wie: „Ich darf Erfolg haben", Vorsätze wie: „Morgen mache ich eine neue Budgetplanung" oder nur das Wort „Gelassenheit". Gegen Ende spricht der Coachee diese fünf bis sechs Verankerungssätze oder -Wörter in die Diktierfunktion seines Smartphones, damit sie oder er sich die Ergebnisworte ab und zu einmal anhören kann, gern auch in Bewegung – beispielsweise für eine sportliche Performance oder für die Vorbereitung auf einen persönlichen Auftritt. Das Abhören bietet gegenüber dem Ablesen den großen Vorteil, dass der Coachee dabei langsame Augenbewegungen – also „Smooth Pursuit Eye Movements" durchführen kann. Wir hatten ja zuvor schon beschrieben, dass diese „SPEMs" das Gehirn eines Menschen bei der ganzheitlichen Konzentration auf Ziele unterstützen können.

Mit der „Magic Talk"-Funktion in der wingwave-Selbstcoaching-App kann der Coachee die Sprachmemo über ihre oder seine Coaching-Ergebnisse beim Abhören mit dem Abspielen der wingwave-Musik verbinden, was so etwas wie eine kleine persönliche Ziel-Meditation möglich macht. Die genaue Wirkungsweise der wingwave-Musik stellen wir später noch ausführlich vor.

Diese Unterstützung durch eine Coaching-App für den Übergang vom Coaching in ein Selbstcoaching wird gern angenommen, auch beim Präsenz-Coaching. Das Tool „Magic Talk" auf der wingwave-App kann im Zusammenhang mit der unterstützenden wingwave-Musik für alle Coaching-Methoden als Ergebnis-Memo genutzt werden:

- Bei der Verankerung von Affirmationen und positiven Belief-Sätzen
- Für das „Priming" durch positive Schlüsselwörter
- Generell für die Unterstützung kognitiver Verfahren, bei denen das sprachliche Element der Formulierung von „funktionalen Sätzen" im Vordergrund steht – beispielsweise beim Rationalen Effektivitäts-Training nach Ellis (Ellis, 2004).

Als Selbstcoaching setzten die Klienten dann ihr Magic-Talk-Memo mindestens einmal im Gehen ein – unabhängig vom jeweiligen Coaching-Thema. Weiter oben haben wir schon über die gehirnfreundliche Wirkung des Gehens und Laufens gesprochen. Und nicht umsonst heißt es: „Na, wie geht's?" oder „Wie läuft's?" Optimal wäre ein Gehen oder Laufen im Freien, um das Hören und die Bewegung mit dem „Augen-Erlebnis" des gesamten Gesichtsfeldes zu verankern. Der positive Bewegungs-Flow sollte auch noch durch das Lockern der Schultern und ein Schwingen oder Recken und Strecken der Arme unterstützt werden – soweit es geht. Denn lockere Schultern und schwingende Arme treten immer zusammen mit einem „online-Modus" des SC auf und verstärken damit das subjektive „Machbarkeitsgefühl". Lockere und schwingende Arm- und Schulterbewegungen gehören also beim „Selbstcoaching-Laufen" dazu. Und weil bei diesem Selbstcoaching-Gehen oder -Laufen gleich mehrere NeuroRessourcen genutzt werden, sprechen wir hier vom „Magic Walk."

Die wingwave-App mit dem „Magic Talk"-Tool ist kostenlos und bietet bereits ein Musikstück an, mit dem die Coaching-Kunden sehr gut arbeiten können. Gefällt ihnen diese Art des Selbstcoachings, können sie sich dann noch andere Tracks der wingwave-Musik in der wingwave-App dazukaufen.

5. Technische Grundlagen und Tipps für das Online-Coaching

von Mario Landgraf

„Online-Coaching wäre so schön, wenn bloß die blöde Technik nicht wäre!" Solche oder ähnliche Sätze hört man immer wieder von Coaches und Klienten, sobald versucht wird, eine funktionierende Verbindung zwischen zwei Computern – und das auch noch über das Internet – herzustellen. Es kann aber auch schnell kompliziert werden – vor allem, wenn man nicht zu den sogenannten „Digital Natives" gehört oder nur ein verhaltenes Interesse an IT hat. Nun ist es aber so, dass Online-Coaching – wie der Name schon verrät – auch in dem so genannten „Neuland Internet" stattfindet und es daher gut ist, wenn sich wenigstens einer, am besten natürlich der Coach, mit der Technik auskennt. Denn sonst kann es gern mal die ganze Coaching-Stunde oder auch gleich mehrere dauern, bis die Technik funktioniert.

Auch wenn sich die IT immer vornimmt, Programme und Anwendungen herzustellen, die selbst DAUs bedienen können, gelingt das nur selten. Als DAU bezeichnen ITler den „Dümmsten Anzunehmenden User", abgeleitet von der Abkürzung GAU („Größter Anzunehmender Unfall"). Freundlich ausgedrückt versucht man eben, „User-freundliche" Programme zu entwickeln. Da dies – wie gesagt – nicht immer funktioniert, wird es sicher auch weiterhin vorkommen, dass User immer wieder hilfesuchend beim ITler anrufen. Doch Achtung, wenn dieser vom Fehler 40 philosophiert. Denn das steht für: Der Fehler sitzt 40 cm vor dem Bildschirm, Sie sind gemeint! ITler sind auch nur Menschen und mögen manchmal einfach nicht wahrhaben, dass die Anwendungen nicht fehlerfrei und verständnissicher funktionieren.

Abbildung 29: Verzweifelter User

Es gibt natürlich die Möglichkeit, ein Coaching auch einfach über das Telefon abzuhalten und das sollte im Zweifel auch immer noch in Betracht gezogen werden. Aber sowohl für den Coach als auch für den Klienten ist es effektiver, wenn man sich gegenseitig sehen kann. Das hilft, ein visuelles Feedback zu bekommen und der Coach kann die Kongruenz des Klienten besser beurteilen. Ohne Videobild hingegen müssen sich Coachin oder Coach nur auf die Stimme und den Inhalt des Gesprächs verlassen. Somit lohnt es sich also, sich mit dem Thema IT vertraut zu machen, denn die IT ist die Brücke, um sich über Entfernungen hinweg – so gut es geht – wahrzunehmen.

In diesem Kapitel stellen wir Ihnen vor, was so alles auf Sie als Coach zu kommen kann, welche IT-relevanten Probleme oft dahinterstecken und wie die Fallstricke umgangen werden, damit Sie sich auf das Wesentliche, Ihren Coaching-Kunden, konzentrieren können. Des Weiteren wird ein Blick auf das Thema Datenschutz geworfen, das in den letzten Jahren immer wichtiger geworden ist.

5.1 Grundlagen

Wie geht es also, dass ein Bild und ein Ton über eine weite Entfernung in Echtzeit übertragen werden? Eigentlich sieht es leicht aus: Jeder braucht einen Laptop, den schaltet man an, startet irgendein komisches Programm und schon sieht und hört man sein Gegenüber auf dem Bildschirm. Aber was ist technisch nötig, damit es scheinbar so einfach funktioniert? Um zu verstehen, wo die Hindernisse und Probleme auftreten können, hilft es zu wissen, was überhaupt alles dabei passiert. Dazu brauchen wir ein paar Grundlagen aus der IT.

In der IT spricht man immer von Daten. Jedes Bild, jeder Ton ist im Grunde nichts anderes als Informationen, die in Daten irgendwo gespeichert oder geschickt werden. Ein Computer / Smartphone / Tablet liest dann die Informationen aus den Daten aus und gibt diese über Bildschirme, Lautsprecher oder andere Geräte, wie Beamer, dem Nutzer wieder. Im Groben läuft es so ab: Sie sprechen in den Computer, über ein Mikrofon wandelt dieser die Sprache in Informationen um, die in Daten gespeichert werden. Genauso funktioniert es mit einem Video oder Bildern, die über die Webcam von außen eingefangen werden. Dann werden die erhobenen / erzeugten Daten über das Internet zu dem Gerät Ihres Klienten geschickt. Das Gerät hat nun die Aufgabe die Daten so zu interpretieren, dass der richtige Ton über den Lautsprecher ausgegeben und das richtige Bild auf Ihrem Bildschirm angezeigt wird.

Aber wie sehen Daten in der IT überhaupt aus? Nun hier mal ein Beispiel für das Wort „Hallo": 0100100001100001011011000110110001101111

Dabei repräsentieren die 0en und 1en nicht das gesprochene Wort „Hallo", sondern nur die Zeichen „H-a-l-l-o" und deren richtige Abfolge. Das „H" wird dabei repräsentiert durch die Folge: 01001000

Zum besseren Verständnis: In der IT gibt es den Begriff Bit. Ein Bit ist entweder eine 0 oder eine 1. Das heißt, es ist ein elektrisches Signal oder eben nicht. Acht Bits ergeben ein Byte. Also können wir sagen, das Wort „Hallo" besteht aus fünf Bytes. Ein Byte repräsentiert das Zeichen „H" usw.

Um also ein Video-Meeting zu starten, muss eine gewisse Anzahl von Bits technisch von Ihrem Gerät zu dem Ihres Klienten und andersherum transportiert werden. Die meisten Tools geben an, wie groß die ungefähre Datenmenge ist. Beispielsweise gibt das Tool Zoom (Stand 2020) an, für qualitativ hochwertige Videokonferenzen eine Datenmenge von 600 kbps zu benötigen. Für High Definition (HD)-Videos ist es das Doppelte. Das bedeutet 600.000 Bits pro Sekunde. Im Umkehrschluss muss Ihr Computer also die Aufnahmen von Video und Ton in diese Menge an Bits transformieren, die dann über verschiedene Kabel in der Welt an einen weiteren Rechner laufen, der sie interpretiert und Ihrem Coachee als Bild und Video ausgibt – und das sekundengenau.

Die Daten werden von Ihrem Computer mittels Internet an Ihren Router weitergegeben. Das kann entweder mit WLAN, das heißt kabellos, oder via LAN, also kabelgebunden, geschehen. Der Router ist sowas wie die Tür zum Internet. Dieser ist direkt mit den Kabeln verbunden, die von Ihrem Anschluss aus an die nächste Vermittlungsstelle Ihres Providers (Telekom, KabelDeutschland, Vodafone, O2, …) gehen. Von dort aus werden die Daten dann über mehrere Stellen an verschiedene Server auf der ganzen Welt geschickt, um über viele Wege zu dem Router Ihres Gegenübers zu kommen. Der Router schickt die Daten dann wieder an dessen Computer, dieser verarbeitet die Daten und zeigt das gewünschte Ergebnis an … jedenfalls, wenn alles gut geht. Wie Sie vielleicht schon merken, ist Einiges nötig, um so eine Videokonferenz technisch auf die Beine zu stellen und es gibt einige Punkte, an denen es Probleme geben kann. Und dass, obwohl bei unserer Beschreibung noch viele Schritte ausgelassen wurden, da diese hier für ein erstes Verständnis zu sehr ins Detail gehen würden. Das folgende Bild erklärt im Einzelnen nochmal die Schritte, die im Schnitt 600.000 (oder mehr) Bits pro Sekunde gehen:

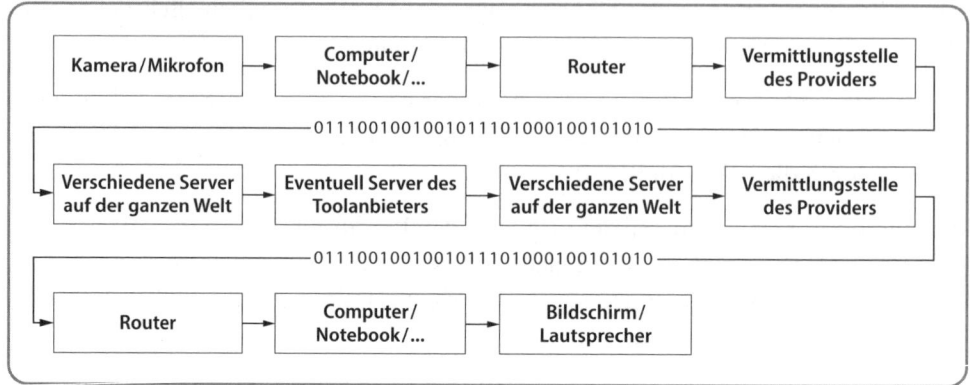

Was hier jetzt noch nicht erwähnt wurde: All das funktioniert auch über so genannte Mobile Daten. Das ist eine Verbindung, wie man sie vom Smartphone kennt, wenn man außerhalb eines WLans unterwegs ist und im Internet surft. Zu bedenken gibt es dabei, dass bei Videokonferenzen eine große Datenmenge pro Sekunde transportiert werden muss und es daher über mobile Daten leider immer noch zu Verbindungsabbrüchen kommen kann. Oder dass das eigene Datenvolumen für den Monat sehr schnell aufgebraucht ist. Über Verbindungen wie LTE oder 4/5G ist es aber technisch möglich und einigermaßen stabil.

Sie als Coach können vieles dafür tun, dass ein erfolgreiches Video-Meeting zustande kommt, aber in manchen Bereichen liegt es manchmal leider nicht in Ihren Händen. Dazu kommen später ein paar Beispiele für das, was alles nicht funktionieren kann. Wenn Sie so wollen, erwartet Sie ein „Best-of IT-Probleme" bei Videokonferenzen. Zuerst schauen wir uns aber an, wie Sie grundlegend eine funktionierende Videokonferenz aufbauen und welche Tools Sie dazu benötigen.

5.2 Aufbau einer Videokonferenz

Fangen wir als bei der Hardware an. Sie brauchen ein Endgerät, das zum einen internetfähig ist und zum anderen einen Bildschirm hat. Dies können beispielsweise folgende Geräte sein:

- Computer / Mac
- Notebook
- Tablet / iPad
- Smartphone
- …

Auch sollte das Endgerät den technischen Anforderungen der jeweiligen Videokonferenz-Tools entsprechen. Die nötigen Informationen dazu finden Sie auf den Internetseiten der verschiedenen Anbieter.

Tipp: Die Anforderungen an die Technik, die Sie benötigen, sollten Sie unbedingt vorher überprüfen! Falls Ihr Endgerät jetzt noch keine integrierte Kamera, Lautsprecher und Mikrofon hat, müssen diese noch „passend" zu Ihrem Gerät angeschlossen werden. Wenn Sie also beispielsweise noch einen alten Computer mit einem externen Bildschirm daheim haben, ist es wahrscheinlich, dass dieser noch keine Kamera hat.

Ein Tipp, um die erste Falle zu umgehen: Achten Sie beim Kauf einer externen Kamera darauf, dass diese einen Anschluss hat, der noch zu Ihrem Endgerät passt. Zurzeit gibt es Anschlüsse an Computern oder Notebooks für USB 2.0 / 3.0, aber noch nicht alle haben einen USB-C Eingang. Wenn Sie nun eine Kamera mit USB-C-Anschluss kaufen, werden Sie diese nicht anschließen können. Es gibt Adapter, die eine Verbindung herstellen können, aber je mehr Geräte und Adapter man hat, desto mehr kann man vergessen oder kann, natürlich im ungünstigsten Moment, kaputt gehen. Lassen Sie sich deshalb von einem Fachhändler beraten oder recherchieren Sie im Internet, welches das für Sie passende Equipment ist. Des Weiteren sollte das Endgerät mit dem Internet verbunden sein. Das heißt, es muss entweder mit einem LAN-Kabel an Ihrem Router angeschlossen oder via WLan / Mobile Daten verbunden sein. Achten Sie dabei darauf, dass die Verbindung gut ist. Falls Ihr Router im Keller steht und Sie im Dachgeschoss mit Ihrem Notebook versuchen, ein Video-Meeting zu starten, kann es schon schwierig werden, wenn Sie keine WLan Verstärkung in Ihrem Haus oder in Ihrer Wohnung haben. Wie gut Ihre Verbindung im Moment ist, können Sie mit verschiedenen kostenlosen Tools herausfinden. Als Beispiel empfehlen wir die Seite ↗ https://www.wieistmeineip.de/speedtest (Stand 2020). Diese liefert Ihre aktuelle Download- und Upload-Geschwindigkeit (Abbildung 30). Die Download-Geschwindigkeit im unteren Bild gibt an, wie viele Daten Sie pro Sekunde an Ihr Endgerät erhalten, die Upload-Geschwindigkeit und wie schnell Daten von Ihrem Endgerät ins Internet hochgeladen werden.

Abbildung 30: Verbindungsgeschwindigkeit

Dabei ist Kbit/s eine andere Schreibweise für kbps, wie es oben eingeführt wurde. Sie können davon ausgehen, dass in diesem Fall die Datenmenge für das Tool Zoom reichen würde, da dieses nur 600 kbit/s für qualitativ hochwertige Videos benötigt. Ein Check der Verbindungsgeschwindigkeit vor einer Videokonferenz lohnt sich, da diese je nach Tageszeit unterschiedlich sein kann. Je nachdem, wie viele Personen gerade über Ihren Internetanbieter mit dem Internet verbunden sind, kann sie sehr stark schwanken. Vor allem in Wohngebieten sind die Abend- und Morgenstunden hoch frequentiert.

Nachdem nun auch die Verbindung zum Internet hergestellt ist, geht es darum, die Software startbereit zu machen. Die meisten Tools sind mittlerweile sehr benutzerfreundlich, wenn es darum geht, das Webmeeting zu starten. Dazu kann man im Vorfeld das Webmeeting planen und dann erzeugen die meisten Tools einen Link, den man dann nur noch anklicken muss, um direkt im Video-Konferenzraum zu landen. Viele Tools bieten auch einen sogenannten Technik-Check an, bei dem überprüft wird, ob Ihr Endgerät richtig konfiguriert ist, und geben ein Feedback, ob Ihre Kamera funktioniert, Ihre Stimme über das Mikrofon übertragen wird und ob Ihre Lautsprecher einen Ton abgeben. Diesen Check sollten Sie unbedingt machen, damit im Video-Konferenzraum keine Überraschung auf Sie wartet. Wenn Ihnen das Tool ein Feedback gibt, dass alles OK ist, können Sie den Video-Konferenzraum betreten und sind von Ihrer Seite aus erstmal gut vorbereitet.

Wie beschrieben, ist es in den meisten Fällen so, dass entweder Sie als Coach oder Ihr Klient die Video-Konferenz im jeweiligen Tool einrichten müssen. Wenn Ihr Klient das macht, müssen Sie einfach auf den bereitgestellten Link klicken und Sie gelangen in den Video-Konferenzraum oder starten eine Video-Konferenz, z. B. via Skype. Dies kann beispielsweise der Fall sein, wenn Ihr Klient ein Business-Coaching möchte und seine Firma ihm vorgibt, welches Tool verwendet werden muss. Das kann mehrere Gründe haben, zum Beispiel das Thema Datenschutz, mit dem wir uns in Kapitel 5.6 beschäftigen. Achten Sie in dem Fall im Vorfeld darauf, dass Ihr Equipment den Anforderungen entspricht.

Falls Sie für die Organisation des Video-Konferenzraums verantwortlich sind, müssen Sie sich für ein Tool entscheiden – einige Tools werden später vorgestellt – und dieses einrichten. Bei den meisten Tools registriert man sich auf einer Webseite und erhält einen Login. Manche Tools laufen rein auf Internetseiten, wie beispielsweise Edudip, andere wiederum installieren ein kleines Programm auf Ihrem Endgerät, um es direkt von dort zu starten, wie Zoom oder Skype. Als Coach registrieren Sie sich bei einem Tool und planen dort die Coachingsitzung. Wenn Sie beispielsweise Skype verwenden, muss Ihr Coachee ebenfalls Skype auf seinem Endgerät haben und Sie müssen sich gegenseitig als „Kontakt" hinzugefügt haben, dann können

Sie sich gegenseitig „anrufen". Bei anderen wiederum legen Sie in dem Tool einen virtuellen Konferenz-/Webinarraum an, meistens dadurch, dass Sie Zeitpunkt und Dauer der Sitzung angeben und ob diese aufgezeichnet werden soll. Danach erhalten Sie einen Link, mit dem die Videokonferenz gestartet werden kann und den Sie an Ihren Klienten weitergeben können. So funktioniert es in den meisten Tools, auch wenn sie im Einzelnen unterschiedlich aussehen und vielleicht die Buttons anders bezeichnet sind. Zu den jeweiligen Tools und wie diese genau funktionieren, gibt es gute Anleitungen oder Video-Tutorials im Internet. Jedes einzelne Tool hier vorzustellen, würde den Rahmen des Buchs sprengen, aber wir werden Ihnen jetzt einen kleinen Überblick über die gängigsten geben, die zum Zeitpunkt der Bucherscheinung auf dem Markt sind. Die meisten dieser Tools funktionieren nicht nur in einer 1/1-Konstellation, sondern ermöglichen es, ganze Gruppen in einer Videokonferenz zusammenzuschalten.

5.3 Tools für eine Videokonferenz

Nachdem nun die grundlegenden Vorbereitungen für eine Videokonferenz getroffen sind, steht noch die Entscheidung an, welches Tool man verwenden sollte. Videokonferenz-Tools sind während des Corona-Ausbruchs und den damit verbundenen Home-Office-Installationen immer mehr in den Fokus gerückt. Und damit sind auch immer mehr Tools auf dem Markt gekommen und es werden in Zukunft auch noch mehr werden. Das macht die Auswahl nicht immer einfach, vor allem, wenn das Ganze noch unter den Gesichtspunkten Benutzerfreundlichkeit (Usability), Zuverlässigkeit, Kosten und Datenschutz betrachtet wird. Die wohl bekanntesten Tools sind im Moment:
- Zoom
- Skype
- GoToMeeting
- Jitsi
- Microsoft Teams
- Cisco Webex
- Edudip
- …

Neben diesen namhaften Tools gibt es noch eine Reihe kleinerer Anbieter, die sich auch speziell an Therapeuten wenden, da diese Therapien über die Tools bei den Kassenärztlichen Vereinigungen absetzen können. Dafür gibt die KBV (Kassenärztliche Bundesvereinigung) auf ihrer Webseite eine Liste mit zertifizierten Anbietern heraus: ↗ https://www.kbv.de/html/videosprechstunde.php (Stand 2020).

Ihnen jetzt ein Tool mit allen Funktionalitäten vorzustellen, wäre nicht zielführend. Die Tools entwickeln sich so schnell weiter und es kommen gefühlt wöchentlich neue Updates und neue Funktionen hinzu. Vor allem aber ist die Oberfläche, also an welcher Stelle welcher Button erscheint, sehr variabel. Das heißt, wenn Sie dieses Buch in der Hand halten und jetzt an dieser Stelle angekommen sind, wären die Beschreibungen hier wahrscheinlich schon wieder nicht mehr aktuell.

Dennoch möchten wir Sie anhand eines Beispiels an zwei gängige Tools heranführen. Im Mai 2020 war gerade der erste Höhepunkt der Corona-Pandemie und Reisen zu Fortbildungen waren zu der Zeit nur sehr schwer möglich oder auch einfach nicht erlaubt. Aus diesem Grund veranstalteten wir einen Online-Kongress mit 16 Referenten aus drei verschiedenen Ländern und über 400 Teilnehmern, von denen im Schnitt 300 immer live dabei waren. Der Kongress lief unter dem Motto „Emotions for a Change" und ging über zwei volle Tage:

Bei der Auswahl des Tools hatten wir uns mehrere Kriterien gesetzt, die erfüllt werden mussten. Ein Hauptgrund für die Auswahl war die Funktionalität, das Webinar direkt über das Tool abrechnen zu können. Das heißt, die Teilnehmer sollten auf der Plattform selbst eine Bezahlfunktion vorfinden, sodass wir uns nicht mehr um die Zahlungsmodalitäten kümmern mussten, was bei 400 Teilnehmern sehr viel Kapazitäten einspart.

Abbildung 31: Online-Kongress Emotions for a Change

Aus diesem Grund haben wir uns für Edudip entschieden, ein Tool aus Deutschland, das genau die gewünschte Funktionalität bietet. Edudip tritt für den Veranstalter als Verrechnungsstelle auf, dafür zahlten wir eine Provision, die sich nach der Höhe des Preises für die Teilnehmer richtete. Allerdings war die Funktionalität nur für die Abrechnung mit Verbrauchern gedacht, was im Nachgang doch noch zu sehr viel Arbeit führte. Der Hintergrund ist, dass wir auch Unternehmer aus Österreich als Kunden hatten, die eine gültige Umsatzsteuer-ID besitzen und über das Reverse-Charge-Verfahren somit eigentlich nur den Netto-Betrag hätten zahlen müssen. Den Punkt sollten Sie beachten, wenn Sie ausländische Business-Kunden haben.

Edudip ist ein browserbasiertes Tool, das heißt, die Teilnehmer erhalten einen Link, der eine Internetseite öffnet. Dort buchen die Teilnehmer das Webinar und erhalten eine Rechnung. An dem Tag, an dem das Webinar startet, bekommen die Teilnehmer dann automatisch nochmal eine Erinnerung mit dem Link für das Webinar. Als Teilnehmer meldet man sich dann wieder auf der Internetseite an und kann in den Webinarraum treten. Als Administrator ist es möglich, einzelne Teilnehmer zu Moderatoren zu ernennen, damit diese die Funktionalitäten eines Speakers nutzen können. Dies sind z. B. Funktionen wie Bildschirmfreigabe, um eine Präsentation zu zeigen, Umfragen zu erstellen oder Teilnehmer stumm zu schalten. Damit haben wir die einzelnen Referenten zu den jeweiligen Zeiten berechtigt. Auch bietet das Tool, wie viele andere, die Möglichkeit, das Webinar aufzuzeichnen.

Zwei Tage vor dem Kongress haben wir mit den Referenten einen Technik-Check veranstaltet, damit uns während des Webinars keine bösen Überraschungen erwarten und nach etwas Übung hat es auch bei allen wunderbar funktioniert. Am ersten Kongresstag hat auch alles geklappt, bis auf ein paar kleine Probleme, aber der zweite Tag hielt eine Überraschung parat. Wir konnten zu einer gewissen Uhrzeit keine Teilnehmer mehr zu Moderatoren ernennen. Das heißt, wir konnten unsere Referenten nicht mehr dazuschalten.

Wir haben in dem Moment einen Timeslot mit einem Referenten getauscht und alles versucht, das Tool wieder zum Laufen zu bekommen, aber in der Mittagspause mussten wir eine Entscheidung treffen. Nach Rücksprache mit den restlichen Referenten haben wir uns dazu entschieden, das Webinar-Tool zu wechseln. Das bedeutete, innerhalb von 30 Minuten einen neuen Webinarraum aufzubauen und mit 300 Teilnehmern umzuziehen.

In dem Moment hatten wir uns für das Tool Zoom entschieden, da dieses vielen Referenten bekannt war und wir kein weiteres Risiko durch Unwissenheit eingehen wollten. Zoom ist ein Tool aus Amerika, was für Fragen des Datenschutzes relevant ist. Während der Corona-Pandemie wurde Zoom zu einem der bekanntesten Tools für Webinare und Meetings. Das Tool bietet gegenüber Edudip noch weitere zusätzliche Funktionen, wie etwa so genannte Break-Out Rooms, in denen man Kleingruppenarbeit machen kann, oder einen virtuellen Hintergrund, mit dessen Hilfe man plötzlich „von einem Strand" aus ein Webinar halten kann. Zoom ist im Gegensatz zu Edudip nicht browserbasiert, sondern installiert eine Applikation auf dem Endgerät eines Benutzers, was für Nutzer eine zusätzliche Komplikation darstellen kann. Jedenfalls haben wir es geschafft, dass in der halben Stunde an die 300 Teilnehmer aus Edudip zu Zoom wechselten. Das funktioniert auch nur, weil die Tools für Teilnehmer mittlerweile sehr benutzerfreundlich sind (für Moderatoren und Administratoren zählt das nicht unbedingt) und sich doch von den Funktionen sehr ähneln.

Zoom kommt auch in einem anderen Kontext zum Einsatz, der im nächsten Kapitel beschrieben wird.

Vor dem Hintergrund der beschriebenen Erfahrungen empfehlen wir Ihnen, sich mehrere Tools anzuschauen. Dann werden Sie feststellen, dass Sie, wenn Sie zwei bis drei Tools kennen, nach kurzer Zeit mit fast allen umgehen können. Dies ermöglicht Ihnen mehr Flexibilität und Sie werden nicht mehr von plötzlichen Updates überrascht.

In 2021 haben wir dann den Kongress „Emotions for a change" wegen der guten Resonanz am 1. Mai noch einmal wiederholt – diesmal ausschließlich über Zoom. Das Motto hieß diesmal: „Power of Life – mit positiven Emotionen hast Du ein Leben lang den ewigen Frühling." Es gab Vorträge in mehreren Sprachen. Die deutschen, französischen, italienischen, spanischen und russischen Vorträge wurde live auf Englisch übersetzt, das war durch Zoom problemlos möglich. Mit dem Ticket konnten die Teilnehmer live teilnehmen – außerdem war das Ticket noch vier Monate mit dem Zugang zu allen 36 Vorträgen in unserem wingwave-Shop ↗ http://www.wingwave-shop.com verfügbar.

5.4 Online-Seminarbetrieb

Neben dem Einzel-Coaching oder großen Online-Konferenzen gibt es auch die Möglichkeit, kleine Seminare durchzuführen. Falls in den Seminaren Kleingruppenarbeit gewünscht ist, stehen hierfür im Moment noch nicht viele Tools zur Verfügung, die die Funktionalität der Kleingruppen-Räume oder Unterkonferenz-Räume bieten – man spricht hier auch von „Breakout-Räumen". Diese Funktion wird aber in Zukunft immer wichtiger und daher mutmaßlich vermehrt angeboten werden. Bekannt sind im Moment dafür Zoom, Alfaview und Microsoft Teams. Anhand eines Beispiels mit einer Seminareinheit, die wir im Mai 2020 durchgeführt haben, möchten wir darauf eingehen, welche weitere Funktionen im Online-Coaching/-Seminarbetrieb eingesetzt werden können und welchen man in solch einem Kontext besondere Aufmerksamkeit schenken sollte.

Wir nutzten zu der Zeit das Tool Zoom, das neben den Break-Out Rooms, also Kleingruppen-Räumen, auch die Funktionalität eines „virtuellen Hintergrunds" bot. Mit einem virtuellen Hintergrund ist es möglich, sein eigenes Kamerabild, das die anderen Teilnehmer sehen, so zu manipulieren, dass der Hintergrund nicht mehr das eigene Arbeitszimmer, sondern ein Strand auf Bali, Berge, Meer oder einfach auch ein Bild des eigenen Firmenlogos sein kann. Wir nutzten dies beispielsweise für eine Intervention mit Submodalitätenarbeit. Dazu bekamen die Teilnehmer von uns verschiedene Hintergründe per Mail zugeschickt, die sie dann selbst bei sich einstellen konnten. Um die Funktionalität des virtuellen Hintergrundes zu verwenden, ist es sinnvoll, sich einen so genannten „Greenscreen" zu besorgen. Dieser wird hinter Ihnen aufgestellt und ist einfarbig, meistens in einem Grünton, wie der Name es schon verrät, aber es gibt ihn auch in anderen Farben. Oft handelt es sich um einen undurchsichtigen Stoff, der aufgehängt werden kann oder sogar schon mit einem Gestell geliefert wird. Damit ist es für das Tool sehr leicht zu erkennen, was Hintergrund ist und was Vordergrund. Das Tool „ersetzt" den Hintergrund dann durch das Bild, das Sie gewählt haben. Der Einsatz des virtuellen Hintergrunds funktioniert auch ohne einen Greenscreen, doch dann kann es immer wieder zu „Bildfehlern" kommen, da der Hintergrund nicht einfarbig ist und es für das Tool schwer ist zu erkennen, welche Fläche jetzt ersetzt werden soll.

Neben dieser Funktionalität ist einer der Hauptaspekte in einem Seminar die Kleingruppenarbeit und diese sollte online möglichst einfach über die Bühne gehen. Bei Zoom ist es möglich, als Veranstalter Break-Out-Rooms anzulegen, die nichts anderes sind als kleine, separate Webinar-Räume unter einem großen Webinar-Raum, in dem beispielsweise das Plenum oder die Vorträge abgehalten werden. Als Veranstalter (oder in Zoom auch „Host" genannt) können Sie dann Teilnehmende den einzelnen Break-Out-Rooms zuweisen. Sie können alle Break-Out-Rooms selbst betreten, wenn Sie mal reinschauen wollen oder von einem Teilnehmenden gerufen werden, was für den Teilnehmenden einfach über einen Button möglich ist.

Ab einer gewissen Anzahl an Teilnehmenden empfehlen wir Ihnen dringend, jemanden als Co-Host an Ihre Seite zu holen, der Ihnen bei dem administrativen Aufwand hilft. Dieser kann neben dem technischen Support am Telefon für Teilnehmende und der Beobachtung des Chats inklusive des Sammelns von Fragen auch die Administration für die Kleingruppen übernehmen. Damit kann sich der Vortragende mehr auf den Inhalt konzentrieren und ist weniger mit der Technik beschäftigt. So können etwa Teilnehmende im Chat Feedback geben oder Fragen stellen, die dort vom Co-Host gesammelt und dann im Anschluss in die Runde gestellt werden.

Eine weitere Möglichkeit für eine Interaktion mit den Teilnehmenden ist die Arbeit mit Pinnwänden/Whiteboards oder Umfragen/Quiz. In Zoom ist es beispielsweise möglich, ein sogenanntes Whiteboard freizugeben, auf dem jeder Teilnehmende mit anderen interagieren kann und jeder andere Webinarteilnehmer das angezeigt bekommt. Bei Edudip kann man beispielsweise auch eine Umfrage oder ein Quiz für die Teilnehmer erstellen und auch gleich die Ergebnisse sehen. Alle Webinar-Tools bieten mittlerweile eine Menge an Möglichkeiten, um ein Seminar auch online durchführen zu können. Auch hier gilt wieder: Nehmen Sie sich Zeit, um die Tools kennenzulernen und spielen Sie vorher etwas mit den Tools herum, bevor Sie damit etwas Produktives machen möchten.

Wenn Teilnehmende dabei sind, die in unterschiedlichen Sprachen sprechen, ist die Dolmetsch-Funktionalität interessant. Diese gibt es in verschiedenen Tools wie Alfaview oder Zoom. Auch hier gilt: Wenn das Buch erscheint, wird die Funktion sehr wahrscheinlich auch schon von anderen Tools angeboten. Dabei wird der Hauptredner für den Teilnehmenden, der eine Übersetzung möchte, stumm geschaltet und er hört die Stimme des Dolmetschers. So kann man auch Teilnehmende aus verschiedensprachigen Ländern haben, was für große Konferenzen von beträchtlichem Vorteil sein kann.

Ein Tipp, den Sie auch beherzigten sollten, wenn Sie vor größeren Gruppen sprechen und ein etwas längeres Webinar ansteht: Pudern Sie Ihr Gesicht (wie man es von Fernsehmoderatoren kennt) etwas ab. Dann glänzen Sie nicht so stark, was bei ungünstigen Lichtverhältnissen sehr lustig aussehen kann oder den Eindruck erweckt, Sie seien aufgeregt – obwohl das vielleicht gar nicht stimmt!

Nun haben wir uns angeschaut, welche Tools mit welchen Einsatzmöglichkeiten es gibt. Aber bei jedem Einsatz eines Tools kann es natürlich auch zu Problemen technischer Art kommen. Damit beschäftigen wir uns im folgenden Kapitel.

Seminar- und Kongress-Veranstaltungen – das „Drumherum"

Seminar- und Kongressteilnehmer freuen sich trotz Online-Kontakt – oder gerade deswegen – auch über „haptische" Erlebnisse: anlässlich des Online-Events verschickte Briefe oder Pakete, gern auch mit kleinen Geschenken wie Süßigkeiten, Teebeuteln, Schreibern usw. Man kann sie vor oder nach einer Veranstaltung verschicken – beispielsweise zusammen mit einem Teilnahmezertifikat. Auf jeden Fall ist das Feedback immer sehr positiv.

Weiterhin schätzen es die Teilnehmer, wenn man ihnen auch zwischen den Programmpunkten einer ganztägigen Veranstaltung Treffpunkte und Austauschmöglichkeiten anbietet. Das kann ein extra Zoom-Raum sein oder auch eigenständige Tools wie beispielsweise das Tool „Wonder" (↗ http://wonder.me) oder die „Whova-App".

Sehr empfehlenswert ist auch die Nutzung eines Feedback-Tools. Einige Plattformen – wir erwähnten hier schon Edudip – bieten diese Möglichkeit integriert an. Natürlich gibt es auch eigenständige Tools wie beispielsweise Mentimeter, mit denen man auch spontan und schnell Umfragen und Abstimmungen durchführen kann.

5.5 Best of IT-Probleme und Lösungen

Eigentlich suggeriert die Überschrift des Kapitels etwas Falsches. „Im Zweifel ist immer die IT schuld, dass es nicht funktioniert." Eine schöne Ausrede, aber leider nicht immer richtig. In diesem Kapitel schauen wir uns die gängigsten Fehler an und zeigen Ihnen, wie Sie Ihren Klienten unterstützen können und so doch noch ein funktionierendes Online-Coaching gelingen kann. Vorab sei schon gesagt, dass manchmal nichts hilft und man den Termin verschieben oder zum Telefon greifen muss. Dies tritt vor allem bei Hardware-Problemen auf oder wenn Ihr Internetanbieter gerade keine stabile Internetverbindung zur Verfügung stellt.

Mein Computer geht nicht an / fällt aus

Auch wenn es zu einfach klingt, lassen Sie als erstes Ihren Klienten überprüfen, ob das Gerät am Strom angeschlossen ist. In vielen Fällen ist das schon die Lösung des Problems. Es kommt auch immer wieder vor, dass Klienten vergessen, ihr Notebook an dem Strom anzuschließen und der Akku irgendwann auf 0 ist. Wenn das nicht die Lösung ist, wird es aus der Ferne schwer, das Problem zu erkennen, da dann meistens ein Hardware-Problem vorliegt.

Der Ton ist weg oder erst gar nicht da – Lautsprecher oder Mikrophon geht nicht

Dieses Problem kann mehrere Ursachen haben und kommt am häufigsten vor. Ein möglicher Grund ist, dass der Ton am Endgerät ausgestellt ist. Manchmal kommt der User aus Versehen auf der Tastatur auf eine Funktionstaste, die den Ton stumm schaltet. Das erkennt man daran, dass neben dem Lautsprechersymbol 🔇 ein kleines x erscheint. Bei einem Windows-Rechner sehen Sie das in der Menüleiste, standardmäßig unten rechts, bei einem Mac 🔊 ist es dagegen oben rechts eingeblendet und hat kein zusätzliches Zeichen. Sehen die beiden Symbole so aus, ist der Ton ausgeschaltet. Die beiden Symbole sind auch noch für einen anderen Fall interessant, deswegen sollten Sie sie im Hinterkopf behalten. Wenn der Ton ausgeschaltet ist, suchen Sie zunächst entweder unter den Funktionstasten auf der Tastatur die Taste, auf der ein ähnliches Symbol abgebildet ist. Durch Drücken dieser Taste kann das Problem schon gelöst sein. Oder Sie klicken dort auf das Symbol, wo Sie es auf dem Bildschirm sehen und die Lautstärke kann wieder angepasst werden.

Eine weitere mögliche Fehlerquelle ist gegeben, wenn Sie mehrere Audioausgänge haben. Das kann der Fall sein, wenn Sie an einem Notebook arbeiten und ein Headset angeschlossen haben. Dann können Sie mit Klick auf die oben gezeigten Symbole auch auswählen, auf welchem Kanal der Ton abgespielt werden soll. Dies ist auch die Lösung, wenn der Ton anstatt auf dem Headset auf dem normalen Lautsprecher des Endgerätes ausgegeben wird. Manchmal sind auch noch mehrere Ausgänge angezeigt. Dann können Sie entweder am Namen erkennen, welchen Sie jetzt auswählen müssen oder Sie probieren einfach durch.

Ein ähnlicher Fall kann in den Tools selbst auftreten. Sollte der Audioausgang nicht richtig eingestellt sein, dann kann es daran liegen, dass in den Einstellungen der jeweiligen Tools etwas nicht stimmt. Dies lässt sich testen, indem Sie versuchen über das Gerät Musik zu hören – wenn dies gelingt, liegt das Problem mit großer Sicherheit im Tool.

Die meisten Tools haben Einstellungen, in denen verschiede Konfigurationen angepasst werden können. Bei einem Technik-Check wird das zuvor schon überprüft, aber dennoch kann hier ein Problem vorliegen. Um dies zu überprüfen, gehen Sie in die Einstellungen der jeweiligen Tools. Die sind meistens gekennzeichnet durch Symbole wie ein Zahnrad, drei übereinander gelagerte Striche, drei Punkte oder dieses Zeichen: ︿. Bei sehr vielen Tools ist es auch möglich, sich selbst, das heißt das eigene Mikrofon, stumm zu schalten und sein Video-Bild abzuschalten. Dazu gibt es bei benutzerfreundlichen Tools Symbole auf dem Bildschirm und manchmal sind dort auch die Einstellungen der Audio- und Videoeinstellungen zu finden. In diesen ist es wiederum möglich, die Auswahl der Ein- und Ausgabe-Geräte einzustellen.

Wie schon erwähnt, ist es in den meisten Tools möglich, die Übertragung des Audio- und Videosignals durch einen einfachen Klick im Tool zu stoppen. Es kann aber auch vorkommen, dass derjenige, der die Konferenz organisiert hat, erst einmal alle Teilnehmer auf Stumm geschaltet hat. Dann muss der Organisator die Stummschaltung für die Teilnehmer aufheben, damit der Ton übertragen werden kann. Diese Option ist sehr oft in den Grundeinstellungen, bei der Vorbereitung des Konferenzraumes, zu finden.

Eher selten kommt es vor, dass die Tools oder auch Apps auf dem Endgerät keinen Zugriff auf die Mikrofone haben. Es gibt in Windows und Mac die so genannten Datenschutzeinstellungen (siehe Abbildung 32). Dort kann man für viele Funktionen, wie Kamera, Mikrofon oder Position des Geräts, einstellen, welche App oder welches Tool auf die Funktion zugreifen darf. Das heißt, an dieser Stelle kann geregelt werden, dass beispielsweise Zoom oder Skype keinen Zugriff auf das Mikrofon hat und damit ist dann natürlich auch die Übertragung in das Konferenztool unterbrochen. Auch kann es vorkommen, dass der Browser (Firefox, Safari, Opera, Chrome) keinen Zugang zum Mikrofon hat. Das kann durch einen unabsichtlichen Klick bei einer Einstellungsabfrage passiert sein und man merkt es nicht, da man es im Alltag nicht nutzt. Dann weiß man natürlich auch nicht, an welcher Stelle man das wieder ändern kann. Dies ist vor allem bei Tools relevant, die nur in einem Browser funktionieren, wie beispielsweise Edudip.

Abbildung 32: Datenschutzeinstellungen Windows 10

Analog zu den Berechtigungen auf Betriebssystem-Ebene (Windows, Mac) gibt es diese auch in den einzelnen Browsern. Die meisten Browser sind aber so eingestellt, dass der Benutzer gefragt wird, sobald eine Anfrage des Konferenztools kommt, ob das Tool auf das Mikrofon oder den Lautsprecher zugreifen darf. Das wird bei den meisten Browsern durch ein so genanntes Pop-Up gelöst, also ein kleines Fenster, in dem man den Tools die Erlaubnis zum Zugriff erteilen kann. Ein sehr beliebter

Fehler ist, dort auf „Verbieten" zu klicken, da das Fenster von vielen Benutzern nicht beachtet wird. Dieser Fall ist allerdings nur für Tools wichtig, die im Browser gestartet werden und nicht als Programm, das direkt vom Endgerät startet.

Ein weiteres Problem kann auftreten, wenn man ein Headset verwendet. Wir empfehlen Headsets zu nutzen, wenn man sehr viele Nebengeräusche wie Straßenlärm oder ähnliches hat, da damit die Nebengeräusche herausgefiltert werden. Bei manchen Headsets gibt es, entweder an den Seiten oder am Kabel, eine Lautstärkeneinstellung. Und wenn diese auf ganz leise oder stumm steht, wird natürlich auch kein Ton wiedergegeben. Daran denkt man meistens immer erst als Letztes und ist dann ärgerlich, wenn man viel Zeit mit dem Ausprobieren anderer Lösungswege versucht hat.

Bild- / Video-Probleme

Als Nächstes kann es bei Videokonferenzen zu Bild- / Video-Problemen kommen. Dies äußert sich in einem verpixelten Bild oder in Standbildern, die mehrere Sekunden brauchen, bevor das nächste kommt oder die Videoübertragung weitergeht. Wenn natürlich gar keine Bildübertragung stattfindet, können Sie zunächst identisch wie bei den Audio-Problemen vorgehen. Wir gehen davon aus, dass die Internetverbindung vorhanden ist. Ist das der Fall, dann können Sie wieder die Auswahl der Video-Kamera in den Einstellungen des jeweiligen Tools überprüfen und wenn das nicht hilft, die Berechtigungen in den Datenschutzeinstellungen oder in den Browsern kontrollieren. Dort kann sich auch wieder etwas eingeschlichen haben, das die Verbindung verhindert / unterbricht.

Falls das Bild aber verpixelt ist oder es Standbilder gibt, liegt es sehr wahrscheinlich an der Internetverbindung oder an den Servern des Anbieters. Überprüfen Sie dann über den oben genannten Speedtest, wie gut die Internetverbindung ist. Wenn der Test eine ausreichende Down- und Upload-Geschwindigkeit anzeigt, ist wahrscheinlich die Verbindung zu den Servern der unterschiedlichen Anbieter schlecht. Als Tipp nebenbei, wenn Ihr Klient im Garten auf einer Finca und das auch noch mitten auf einer Insel sitzt, kann es aufgrund des eher schlechten Empfangs auch zu Standbildern kommen. Fragen Sie dort am besten Ihren Klienten, wie er denn mit dem Internet verbunden ist!

Wenn die Verbindung zum Server stockt, bedeutet dies, dass von den 600 kbps vielleicht nicht alle ankommen oder aber, dass der Server des Anbieters einfach im Moment überlastet ist und die Daten nicht gut genug weiterleitet oder oder oder ...

Wie Sie sehen, können viele unvorhersehbare Ereignisse auftreten. Welche genau das sind, ist dann aus der Sicht eines Anwenders nicht mehr oder nur schwer nachvollziehbar. Was dann noch hilft, ist, die Verbindung neu aufzubauen. Wenn Sie ein Tool verwenden, welches rein im Browser läuft, dann aktualisieren Sie die Seite neu. Dazu klicken Sie in dem Browser auf folgendes oder ein ähnliches Zeichen neben der Zeile, in der die Website-Adresse steht: ↻. Damit wird die Seite neu geladen, das heißt, Ihr Endgerät verbindet sich neu mit den Servern und fragt die Inhalte erneut ab. Sie können sich das vorstellen, als mache Ihr Endgerät einen neuen Weg zu dem Server auf, auf dem die Datenpakete hin- und hergeschickt werden.

Wenn das allerdings auch nichts hilft, ist die Wahrscheinlichkeit groß, dass der Fehler beim Tool liegt und spätestens dann ist es gut, sich eine Alternative überlegt zu haben. Es ist immer noch so, dass Tools manchmal überlastet sind oder Ihr Internetprovider einen Ausfall hat und überhaupt kein Internet da ist.

Bild- / Video- / Ton-Probleme Teil 2

Zum Schluss erwähnen wir noch einen Fall, der zwar eher selten auftritt, aber doch hin und wieder bei Verbindungsschwierigkeiten weiterhilft. Wie wir schon gehört haben, braucht die Videokonferenz etwas Bandbreite, das heißt Datenübertragungsmenge. Wenn nun das Bild anfängt zu ruckeln oder der Ton abgehackt ist, kann es auch vorkommen, dass die Bandbreite nicht ausreicht. Das muss nicht unbedingt am Internet liegen. Indirekt liegt es natürlich schon daran, aber wenn der Videokonferenz-Teilnehmer neben dem Videokonferenz-Tool noch viele andere Anwendungen offen hat, die auf das Internet zugreifen, verbrauchen die auch Bandbreite und das kann ebenso zu solchen Phänomenen führen. Das bedeutet: Am besten schließen Sie so viele Anwendungen wie möglich, wenn Sie ein Videokonferenz-Tool verwenden. Oder aber, das Tool kommt bei der Verwendung eines Greenscreens mit der Berechnung des Hintergrundes nicht mehr hinterher und geht dadurch mit der Qualität etwas herunter.

Sie sehen also, dass es viele Stellen gibt, an denen sich überall „Fehler" verstecken können und zu welchen Lösungsansätzen Sie greifen können, um die Videokonferenz doch noch zu retten. Viele davon lassen sich im Vorfeld durch die Test-Funktionen der einzelnen Tools überprüfen. Diese sollte man am besten nicht erst fünf Minuten vor der Sitzung durchgehen, da sonst die Zeit sehr knapp ist, um vielleicht noch eine Lösung zu finden.

Auch empfehlen wir bei dem ersten Termin mit dem Klienten einen „Technik-Check" durchzuführen. Schicken Sie Ihrem Klienten die Einladung zu dem Meeting und bitten Sie ihn, den Technik-Check mit dem Tool durchzuführen. Aus Erfahrung können wir sagen, dass das leider nicht alle machen und das führt bei der ersten Sitzung dann zu ein paar Minuten „Technik-Talk". Mit den aufgeführten Tipps können Sie möglicherweise helfen. In der folgenden Tabelle sind noch einmal die wichtigsten Probleme und Lösungen zusammengefasst.

Tabelle: Lösungsideen für mögliche Probleme

Problem	Lösungsideen
Computer geht nicht an	Ist der Computer am Strom angeschlossen?
Ton / Mikrofon funktioniert nicht	Lautsprecher auf laut gestellt? Richtigen „Ausgang / Eingang" im Tool oder im Betriebssystem gewählt? Berechtigungen in den Datenschutzeinstellungen überprüft? Stummschaltung im Tool / PC überprüft?
Video / Kamera funktioniert nicht	Richtigen Videoeingang gewählt? Berechtigungen in den Datenschutzeinstellungen überprüft?
Bild und Ton hacken	Internetverbindung überprüft? Andere Tools, die auf die Internetverbindung zugreifen, geschlossen? Verbindung zum Tool neu aufgebaut / Seite neu geladen? Greenscreen abgeschaltet?

5.6 Datenschutz im Online-Coaching

Das Thema Datenschutz begleitet uns immer, wenn wir uns mit IT befassen. Aber was heißt das eigentlich und was bedeutet es für das Online-Coaching? Im Grunde geht es darum, dass Ihre Daten nicht an unbekannte Dritte weitergeben werden dürfen und jeder das Recht auf seine eigenen Daten hat. Die Frage ist dann immer: „Was will denn ein anderer mit meinen Daten?" Und darauf eine Antwort zu geben, ist manchmal nicht ganz so einfach. Aber fangen wir erstmal damit an: Wie wir weiter oben gelernt haben, werden die Daten durch das Internet in der ganzen Welt rumgeschickt. Und zwar nicht nur ein paar Aufzeichnungen, sondern, wenn es gut läuft, jeder Ton und jedes Bild von den beteiligten Personen einer Videokonferenz. Stellen Sie sich einfach vor, Sie machen Ihr Coaching mit Ihrem Klienten mitten auf einem offenen Platz in einer Innenstadt und jeder, der möchte, kann dabei zuhören. Nun ist es aber nicht so, dass es Menschen sind, die bei den Übertragungen im Internet zuhören und Ihre Daten abgreifen, sondern Systeme. Das heißt, es läuft automatisch und ohne dass jemand aktiv werden muss.

Und warum wird so etwas gemacht? Informationen sind die Währung des 21. Jahrhunderts. Unternehmen, Regierungen, Länder usw. versuchen, möglichst viele Daten zu sammeln, um diese analysieren und auswerten zu können. Beispielsweise verdient das soziale Netzwerk Facebook damit sein Geld. Facebook verkauft die Daten von Nutzern an Unternehmen, die ihnen dann zielgerichtete Werbung posten, wenn Sie mal wieder auf einer Webseite unterwegs sind. Die Daten werden dann von unterschiedlichen Plattformen gesammelt und analysiert. Solange das nur Unternehmen machen, kann man immer noch sagen: „Naja, dann bekomme ich wenigstens Werbung, die mich interessiert und nicht alles andere." Was ist aber, wenn die Daten zu Versicherungen oder Regierungen kommen? Und Sie plötzlich nicht mehr in ein Land einreisen dürfen, weil Sie irgendwann mal was gegen das Land gepostet haben? Oder Länder versuchen, durch gezielte Falschinformation Wahlen zu beeinflussen? Das mag vielleicht noch wie Fiktion klingen, in manchen Ländern ist es aber heute schon Realität. Aus diesem Grund ist es wichtig, sich mit dem Thema Datenschutz auseinanderzusetzen. Dazu gibt es das sogenannte Datenschutzrecht und viele Datenschützer, die Sie engagieren können und die Sie beraten und Ihnen Tipps geben, im Zweifel sogar für Sie haften. Wir können nur die Empfehlung aussprechen, sich einen externen Datenschützer an Bord zu holen.

In Europa gibt es seit 2016 die so genannte Datenschutzgrundverordnung (DSGVO), die 2018 in Kraft getreten ist. Seitdem sieht man fast auf jeder Webseite einen so genannten Cookie-Banner, den man bestätigen muss. Dass den Text fast keiner wirklich durchliest und einfach auf Zustimmen klickt, zeigt schon, dass viele sich noch nicht wirklich mit Datenschutz befassen. Wenn man sich die weiteren Informationen durchlesen würde, dann könnte man eine Menge darüber erfahren, was die DSGVO beinhaltet. Die DSGVO „schützt die Grundrechte und Grundfreiheiten natürlicher Personen und insbesondere deren Recht auf Schutz personenbezogener Daten" (Kap. 1 Art. 2, DSGVO).

In Kapitel 3 der DSGVO geht es um die Rechte der betroffenen Person wie beispielsweise Löschungspflicht, Informationspflicht und Auskunftsrecht. Das sind schon sehr umfangreiche Rechte für einen Nutzer. Das Problem an der DSGVO ist jedoch, dass diese nur für und in EU-Staaten gilt. Das heißt, wenn Ihre Daten erst einmal aus der EU draußen sind, dann ist die DSGVO nicht mehr anwendbar. Gerade Anwendungen aus den USA, wie beispielsweise Zoom, fallen in diese Kategorie. Dafür gab es bis Mitte 2020 das sogenannte Datenabkommen EU-US Privacy Shield zwischen den USA und der EU, das allerdings mit dem sogenannten Schrems II-Urteil am Europäischen Gerichtshof gekippt wurde. Damit gibt es Stand heute keine DSGVO-konforme Regelung, wie mit den Daten datenschutzkonform umgegangen werden soll, die einmal die EU verlassen. Aus diesem Grund empfehlen Datenschützer auch, nur Tools zu verwenden, deren Server in der EU stehen. Viele der Tools passen sich mittlerweile aber an das Urteil an und stellen Möglichkeiten bereit, diese doch noch zu verwenden. So ist es in Zoom nun auch möglich einzustellen, dass die Daten über Server in der EU geleitet werden. Für Sie als Coach ist das wichtig zu wissen, damit Sie sich gegenüber Ihrem Klienten absichern.

Aber was bedeutet das nun für ein Online-Coachings, die Sie mit Ihren Klienten durchführen wollen? Sie müssen Ihre Klienten informieren, wie mit den Daten umgegangen wird und welche Rechte die Coaching-Kunden haben. Das funktioniert so, dass Sie Ihrem Kunden eine Datenschutzerklärung zukommen lassen, die von diesem bestätigt werden muss. Am besten ist an dieser Stelle eine Unterschrift via Scan oder Post. Wie genau die Datenschutzerklärung aussieht, ergibt sich aus dem verwendeten Tool. Es gibt Online-Generatoren, die Sie dabei unterstützen, so eine Erklärung aufzusetzen. Wir empfehlen Ihnen trotzdem, sich professionelle Hilfe bei einem Datenschützer zu holen und die Erklärung zumindest prüfen zu lassen.

Ein weiterer Punkt, den Sie beachten müssen, ist die sogenannte Auftragsvereinbarung (AV), die auch Teil der DSGVO ist. In Artikel 28 Absatz 1 wird erwähnt, dass der Verantwortliche, also Sie, nur mit Auftragsverarbeitern arbeitet, „die hinreichend Garantien dafür bieten, dass geeignete technische und organisatorische Maßnahmen so durchgeführt werden, dass die Verarbeitung im Einklang mit den Anforderungen dieser Verordnung erfolgt und den Schutz der Rechte der betroffenen Person gewährleistet". In der Praxis bedeutet es, dass Sie mit den Herstellern der Tools, die DSGVO-konform sind, einen sogenannten AV-Vertrag abschließen müssen. Welche Inhalte dieser haben muss, können Sie aus dem Artikel 28 Absatz 3 der DSGVO entnehmen.

Auch hier gilt: Es gibt von den meisten Herstellern der Tools schon fertige AV-Verträge. Beispielsweise ist es so, dass Sie automatisch einen AV-Vertrag mit Zoom abschließen, sobald Sie die Nutzungsbedingungen bei der Registrierung Ihres Accounts akzeptieren. Bei Edudip können Sie den AV-Vertrag auf einer Webseite ↗ https://av.edudip.com (Stand 2020) abschließen. Bei Jitsi, welches aus Datenschutzsicht das im Moment beste Tool ist, ist unter gewissen Umständen gar kein AV-Vertrag notwendig, da das Tool nur auf Ihren Servern läuft und so die Daten gar nicht bei dem Tool-Hersteller verarbeitet und weitergeleitet werden. Dafür ist das Tool im Vergleich zu anderen noch nicht ganz so benutzerfreundlich für Veranstalter und Benutzer.

Wie Sie sehen, müssen Sie sich also im Vorfeld eines Online-Coachings mit ein paar Themen auseinandersetzen, an die man im Präsenz-Coaching nicht denken muss. Das Thema Datenschutz spielt dabei natürlich eine große Rolle und ist im Moment sehr in der Diskussion, weil das EU-US Privacy Shield gekippt wurde und viele „benutzerfreundliche" Tools aus den USA kommen. Momentan gibt es jede Woche neue unterschiedliche Entscheidungen zu den verschiedenen Tools von verschiedenen Datenschützern. Das liegt auch daran, dass die Tools natürlich versuchen, sich an die DSGVO anzupassen, um den europäischen Markt nicht zu verlieren. Von daher können wir Ihnen nur raten, sich bei der Tool-Auswahl zu informieren, ob das Tool im Moment DSGVO-konform ist oder nicht.

5.7 Fernabsatz-Gesetz im Online-Coaching

Zum Abschluss dieses Kapitels gibt es noch einen weiteren Punkt, dem man beim Online-Coaching Aufmerksamkeit schenken sollte: das so genannte Fernabsatzrecht und dort vor allem das Widerrufsrecht. Wenn Sie mit einem Klienten, der kein Business-Kunde ist, einen Termin ausmachen, dann greift das Widerrufsrecht. Im Rahmen des Fernabsatzrechts (Coach und Kunde treffen sich zum Vertragsabschluss nicht persönlich) können Coaching-Kunden ihre Vertragserklärung hinsichtlich eines Online-Coachings (Termine, Preise) innerhalb von 14 Tagen ohne Angabe von Gründen in Textform (z. B. Brief, Fax, E-Mail) widerrufen. Die Frist beginnt nach Erhalt dieser Belehrung in Textform in Form eines Links in der E-Mail zu Ihren AGBs. Zur Wahrung der Widerrufsfrist genügt für den Kunden die rechtzeitige Absendung des Widerrufs. Beträgt der zeitliche Abstand zwischen der Terminvereinbarung für ein Online-Coaching und dem Online-Coaching-Termin weniger als 14 Tage, sollten Sie als Coach Ihren Kunden dazu auffordern, auf einer Ausführung des Online-Coachings zum vereinbarten Termin zu bestehen. Der Coaching-Kunde muss darauf hingewiesen werden, dass er oder sie damit das Widerrufsrecht verliert – vorausgesetzt, dass die Dienstleistung vollständig erbracht wird.

Akzeptiert der Coaching-Kunde diesen Verlust des Widerrufsrechts per Mail und bestätigt Ihnen, dass er auf sein Widerrufsrecht verzichtet, gilt die Termin- und Preisvereinbarung zum Online-Coaching als rechtlich verbindlich, auch wenn der Zeitabstand zwischen Terminvereinbarung und Online-Termin weniger als 14 Tage beträgt. Eine solche Klausel sollten Sie unbedingt in Ihre AGBs mit aufnehmen. Damit haben Sie auch eine bessere Handhabe gegenüber Kunden, die sehr kurzfristig ihre Termine absagen. Es ist immer ärgerlich, wenn Termine sehr kurzfristig abgesagt werden, während andere Kunden auf einen Termin warten.

Mit diesen Tipps und Tricks im Bereich Online-Coaching wissen Sie nun, wie Sie sich vorbereiten können und woran Sie denken sollten. Ein wichtiger Punkt ist, dass sich dieser Bereich derzeit sehr dynamisch verändert. Vieles, das hier auf spezifische Tools und Rechte bezogen wurde, war zum Zeitpunkt der Recherche gültig, kann aber zum Zeitpunkt Ihrer Lektüre schon überholt sein. Nehmen Sie sich daher die Zeit, wenn Sie mit dem Online-Coaching starten wollen, sich in den Bereichen Tools, Datenschutz usw. noch einmal zu informieren, was im Moment „State of the Art" ist.

6. Marketing: Kommunikation und Positionierung von Online-Coachings im Internet

von Lola Siegmund

Die Nachfrage und das Angebot bezüglich Online-Coaching sind durch die zunehmende Digitalisierung vieler Lebensbereiche und der steigenden Akzeptanz dieser Medien in den letzten Jahren deutschlandweit und international gewachsen. Im Jahr 2020 bekamen viele Coaches (oft unfreiwillig durch Corona) den endgültigen Anstoß, eine Digitalisierung ihres Angebots umzusetzen oder dieses noch zu erweitern. Dies ist im positiven Sinne als große Chance verstehbar, denn durch die Globalisierung und die technischen Möglichkeiten hat sich vielen Coaches dieser Bereich schon lange angeboten – häufig fehlte aber die Dringlichkeit, das Angebot anzupassen und Not macht eben erfinderisch.

Als Coach haben Sie aus Ausbildung und Praxis viele Techniken und Erfahrungen im Repertoire, die Sie zur Umsetzung erfolgreicher Coachings befähigt. Natürlich ist es auch online wichtig, einen gut ausgerüsteten Methodenkoffer zu besitzen, um flexibel auf die unterschiedlichen Themen und Settings reagieren zu können. Bewährte, bekannte und wissenschaftlich validierte Methoden schaffen Vertrauen und Orientierung im „Angebots-Dschungel" und helfen dem Coaching-Kunden dabei, die richtige Entscheidung für eine bestimmte Methode zu treffen. Wir konnten auf unserer Methoden-Seite ↗ https://www.wingwave.com durch das Tool „Google Anlaytics" nachvollziehen, dass sich die Besucher der Seite gern zwei, drei Verläufe von Beispielcoachings durchlesen, um sich eine Session mit dem Coach besser vorstellen zu können.

Im Rahmen dieser Informationen gibt der Coach – auch beim Präsenz-Coaching – keine Heilversprechen und vor allem auch keine Erfolgsgarantien. Es versteht sich von selbst, dass Sie als seriöser Coach stets mit dem bestmöglichen Engagement und einer soliden Fachkompetenz kreativ und individuell mit Ihren Kunden arbeiten. Zum öffentlich sichtbaren Angebot gehören Transparenz bezüglich des Angebots der Methoden, des Settings: durchschnittliche Dauer, Kosten, Datenschutz, technische Voraussetzungen, maximale Personenanzahl und Altersgruppen. Haben Sie unterschiedliche Angebote (z. B. Therapie und Coaching) oder Zielgruppen (z. B. Jugendliche und Business-Kunden), sollten Sie diese bei Ihrem Auftritt deutlich differenzieren und möglichst auf unterschiedlichen Unterseiten darstellen.

Und last but not least: Ein wichtiger Erfolgsfaktor für jedes Coaching – das beweist auch die Forschung – ist eine gute Coaching-Allianz. Das ist die tragende Beziehung zwischen Coach und Coachee, die wir den Humanonline-Faktor nennen. Auch im Online-Coaching wünschen sich viele Kunden nicht nur, von A nach B zu kommen, sondern darüber hinaus einen sympathischen, motivierenden Begleiter und Ratgeber. Es sind also sowohl Ihre methodischen Kompetenzen als auch Ihre authentische Persönlichkeit und Ihre individuellen Akzente als Coach von großer Bedeutung für die meisten gelungenen Coaching-Prozesse. Zufriedene Klienten werden Sie gern empfehlen – das ist auf lange Sicht das beste Marketing! Weiterempfehlung macht einen erfolgreichen Coach letztlich aus, ob nun mit oder ohne Internet. Online-Marketing ist dann zusätzlich ein wirksames Tool, um Neukunden zu gewinnen.

6.1 Machen Sie sich sichtbar – im wahrsten Sinne des Wortes

Weil es also auch um die Ausstrahlung Ihrer Person geht, sorgen Sie für gute Fotos oder gar Videos, damit sich die Coaching-Kunden eine Vorstellung von Ihrer Person machen können. Investieren Sie in einen guten Fotografen. Es gibt sogar Fotografen, die sich auf „Foto-Coaching" spezialisiert haben. Die wingwave-Coaches und Profi-Fotografen Martina und Markus Jäger haben beispielsweise dazu ein sehr wirksames Konzept entwickelt. Hier wird nicht nur gepudert und gut beleuchtet, sondern es wird vor allem Ihre positive Mimik, Gestik und Körperhaltung bei der Foto-Session herausgearbeitet. Sehen Sie hier ein „Vorher-Nachher"-Beispiel:

Abbildung 33: Foto-Coaching durch die Fotografen und wingwave-Coaches Martin und Markus Jäger: Vorher-Nachher-Effekt

Buchen Sie auf jeden Fall einen Termin bei einem guten Fotografen, der Sie in Aktion „einfangen" kann und es vermag, Ihre Persönlichkeit – auch nonverbal – durch Ihre individuelle Körpersprache darzustellen. Hierfür ist es wichtig, dass Sie sich wohl fühlen – bereiten Sie auch selbst diesen Termin gut vor, nehmen Sie sich ganz bewusst dafür frei. Ihr Auftritt darf prägnant sein und auffallen – eventuell ist auch der Besuch bei einem Styling-Experten sinnvoll, der Sie bezüglich des Outfits und Ihres gesamten visuellen Auftritts berät. Bedenken Sie: Wie in einem „Live"-Gespräch zählt oft der erste oder letzte Eindruck ganz besonders für einen „positiven Nachhall" im Erleben des Coaching-Kunden.

6.2 Marketing-Mix

Gerade beim Entwickeln neuer Möglichkeiten Ihres Berufsfeldes oder zu Beginn der haupt- oder nebenberuflichen Tätigkeit sollte natürlich erst einmal ein Grundstamm an zufriedenen Kunden entstehen. Sie müssen also zunächst auch neue Klienten akquirieren oder den Kundenstamm mit einem neuen Konzept überzeugen. Auch jene Kunden, die an Präsenz-Coaching-Sitzungen gewöhnt sind und nun die Möglichkeiten des Online-Coachings in Anspruch nehmen möchten, müssen zusätzlich abgeholt und professionell über das Angebot beraten werden. Heutzutage ist es eigentlich ein „Muss", neben einem Live-Auftritt mit Flyer und Visitenkarte einen Internetauftritt zu gestalten. Dann könnten Sie beispielsweise Ihre Stammkunden auf den neuen Homepage-Auftritt hinweisen. Zu einem gelungenen Marketing-Mix gehören dann noch Vorträge, eigene Artikel in Printmedien, vielleicht sogar ein selbst publiziertes Buch und durchaus auch Anzeigen in Zeitschriften. Viele Zeitschriften bieten bereits eine Sichtbarkeit ihres Contents in digitaler Form mit im Paket an. So können Sie auf diesem Wege auch in Newslettern oder im Social Media-Bereich der Magazine erscheinen. Auch Flyer können mittlerweile bei einigen Anbietern gleich beim Druck mit zur Vermarktung im digitalen Bereich des jeweiligen Anbieters bestellt werden.

Live-Vorträge statt „Schnuppercoachings"

Ob nun präsent oder online: Wir möchten Sie dazu motivieren, sich potenziellen Neukunden und auch dem Kundenstamm in Vorträgen, vor allem Live-Coaching-Events, vorzustellen. Da lernen die Menschen Sie persönlich kennen, Sie können über Ihr Angebot erzählen und vielleicht auch ein kleines Live-Coaching zeigen, was immer sehr gut ankommt. Wenn Sie live ein Online-Coaching anbieten, machen Sie das schon bei der Werbung bekannt und stellen Sie die Themen vor, zu denen Sie das Coaching durchführen könnten: Auftrittsangst, Lernblockade, Kommunikationsthemen. Dann sind die „Freiwilligen" schon eingestimmt.

Wir raten dringend davon ab, kostenlose „Schnupper-Coachings" anzubieten, denn Vorträge sind hier eine gute Alternative. Wir finden es nicht richtig, dass sogar einige Coaching-Verbände Schnupper-Coachings empfehlen – schließlich gibt es beim Frisör auch keine Probefrisur oder beim Anwalt keine Probeberatung. Wir haben schon festgestellt, dass es „Schnupper-Coaching-Hopper" gibt; das sind Personen, die sich bei mehreren Coaches hintereinander zum Schnupper-Coaching anmelden. Möchte ein Coaching-Kunde einmal Ihre Räume kennenlernen, können Sie sich ja mal mit ihm oder ihr zu einem gemeinsamen Kaffee oder auch einem Online-Infogespräch verabreden.

Lancieren von Presseartikeln

Wenn Sie die Presse über Ihre Arbeit informieren, bereiten Sie auch einen Artikel von etwa einer Seite über sich und Ihre Arbeit vor, der dann vom jeweiligen Journalisten als Basistext genutzt werden kann. Einige Zeitschriften bieten Ihnen auch an, selbst einen Artikel zu verfassen. Entgegen unseren Ausführungen zuvor ist es sinnvoll, Journalisten doch ein Schnupper-Coaching anzubieten, damit diese sich Ihre Art der Arbeit besser vorstellen können. Verabreden Sie immer ein Probelesen – nicht um die „Schreibe" des Journalisten zu überprüfen – es geht nur um den Check, ob fachlich alles richtig dargestellt ist. So gab es einmal einen wunderschönen Hochglanzartikel über wingwave-Coaching, in dem auch der Myostatiktest erwähnt wurde. Alternativ nennen wir diesen auch „O-Ringtest". Im Artikel war dann aber vom „Ohrring-Test" die Rede.

Anzeigen in Printmedien

Es kommen durchaus ab und zu auch Coaching-Kunden über Printanzeigen in die Coaching-Praxis. Das müssen nicht immer gleich teure Anzeigen in Hochglanz-Magazinen sein – auch in sogenannten „Wochenblättern" können Sie mal gefunden werden. Seien Sie vorsichtig, wenn Sie angerufen und dazu akquiriert werden, eine Anzeige als Coach in einer Zeitschrift zu schalten. Oft verspricht man Ihnen, dass im Blatt passend zur Anzeige auch ein Artikel über Coaching erscheinen wird. Meistens stimmen sich die Anzeigen-Agenturen aber gar nicht mit den Redaktionen ab – oder die angeblichen Hefte finden gar nicht den Weg in die Arztpraxen, wo sie angeblich ausgelegt werden sollen. Erkundigen Sie sich vielleicht ein bisschen mehr über ein Magazin oder versuchen Sie, mit der Redaktion zu sprechen, ob der angekündigte Artikel wirklich erscheinen wird. Natürlich gibt es auch seriöse Anzeigenverkäufer.

Ein Buchprojekt planen

Nach wie vor macht es auf potenzielle Coaching-Kunden einen guten Eindruck, wenn die Coachin oder der Coach ein Buch geschrieben hat. Das geht im Selbstverlag oder auch als Autor bei einem Buchverlag. Wenn Sie einem Buchverlag eine Buchidee verkaufen möchten, sollten Sie dieses auf keinen Fall bereits fertig geschrieben haben. Schreiben Sie lieber ein Exposé, über fünf bis zehn Seiten, in dem man das Konzept, die Aufteilung der Inhalte und eine Idee von Ihrer „Schreibe" bekommt. Auf diese Weise kann man schon ins Gespräch kommen und gemeinsam mit dem Verlag und möglichen Lektoren eine sinnvolle Buchplanung vornehmen. Dazu gehören auch so „banale" Themen wie die Anzahl der Seiten, die das Buch haben soll oder ob Abbildungen farbig oder schwarz-weiß gedruckt werden sollen, denn all diese Details haben auch einen Einfluss auf die Preis- und Vertragsgestaltung.

6.3 Die „Landing-Page" – ein Zuhause für Ihre Online-Kunden

All Ihre Bemühungen, Kunden auf unterschiedliche Weise anzusprechen, münden darin, eine so genannte Landing-Page zu erreichen. Diese ist das „Zuhause Ihres Angebots", wo Sie alle Informationen bereithalten und von der aus es letztlich zur Buchung Ihres Angebots kommt. Berufsverbände, Vereine oder Methodenseiten besitzen häufig Coach-Finder oder einen Ort für Profile, auf denen Sie Ihr Foto und Ihr Portfolio zeigen können.

Wenn Sie die Möglichkeit haben, sollten Sie zusätzlich eine Homepage erstellen oder erstellen lassen. Hierfür gibt es Bausätze zum Selbermachen. Wenn dies für Sie einen hohen zeitlichen Aufwand bedeutet, lohnt es sich, diese bei einem Experten anfertigen zu lassen, denn: Die Homepage ist die Visitenkarte für Ihr Internetmarketing! Der erste Eindruck: möglichst wenig Text und ansprechende Visualisierung. Neukunden schätzen einen übersichtlichen Einstieg mit eher kurzen, prägnanten Texten und einer klaren visuellen Blickführung, welche durch Farben, Bilder und Aufbau des Inhalts geleitet wird. „Dahinter" können sich zum Weiterlesen dann auch vertiefende Texte befinden, die auch Fachbegriffe genauer erläutern. Neuromarketing-Experten werden Sie gern bei der Gestaltung Ihrer Homepage beraten! Es gibt auch Funktionen, um den Verkehr (Traffic) auf Ihrer Homepage und die Verweildauer bei bestimmten Bereichen zu analysieren.

Oft ist es auch schon hilfreich, unterschiedliche Bekannte, Freunde, Kunden und Familienmitglieder dabei zu beobachten, wenn diese zum ersten Mal Ihre Seite betrachten. Beobachten und hinterfragen Sie die Reaktionen auf den Inhalt und die Darstellung! Wo guckt die Person als Erstes hin? Findet sie schnell Ihre Angebote? Wird das neue Online-Angebotssetting gut dargestellt und schnell gefunden? Und wie ist es mit dem „Call to Action" (z. B. der Aufforderung zur Terminvereinbarung) – oder ist der Homepage-Besucher frustriert, weil z. B. Termine versteckt sind und der Besuch daher zu viel Zeit in Anspruch nimmt? Wie wirken Farbgebung und Bilder? Lösen diese die gewollte emotionale Reaktion oder Assoziation bei der Test-Person aus? Werden die Texte verstanden? Stellt die Homepage Sie selbst als Person mit Ihren individuellen Stärken und Ihrer persönlichen Ausstrahlung authentisch dar?

Jedem Töpfchen sein Deckelchen ...

Sprechen Sie mit Ihrem Auftritt differenziert die Zielgruppen an, die Sie mit Ihrem Online-Coaching Angebot erreichen möchten? Besorgen Sie sich vielleicht in Foto-Datenbanken wie Fotolia oder iStock entsprechende Personenfotos, auf denen Vertreter „Ihrer" Zielgruppe interessiert, begeistert oder mit einem Wohlgefühl mit oder vor einem Monitor gezeigt werden.

Bildmaterial und Farben – Das A und O Ihres Internetauftritts

Einige Coaching-Methoden, die Sie in Ihrem Repertoire nutzen, bieten vielleicht im Internet bereits einen umfangreichen Auftritt – bestehend aus Logo, Bildmaterial und Texten, welche Sie nutzen oder deren Aktivitäten Sie – falls es die Absprache erlaubt – mit veröffentlichen können. Achten Sie hierbei auf die vertraglich festgelegten Rahmenbedingungen und genaue Quellenangaben.

Entwickeln Sie selbst gestaltete visuelle Welten: Gerade im Internet zählt die emotionale Reaktion auf Farbigkeit, Helligkeit und die Stimmigkeit der Nachricht Ihres Bildmaterials oft genau so viel oder sogar mehr als ein gelungener Text.

Wie schon gesagt – sorgen Sie vor allem für attraktive Fotos und Videos Ihrer eigenen Person.

Erklär-Videos

Wir selbst haben sehr gute Erfahrungen mit von Illustratoren gestalteten Erklär-Videos gemacht. Die Menschen lieben einfach kleine Comics. Man kann die Videos auf der Homepage einbinden und auch beispielsweise auf YouTube veröffentlichen.

Abbildung 34: Erklär-Video

6.4 Google Adwords und Ranking in Suchmaschinen

Ist die Homepage fertig, können Sie die Inhalte mit dem Tool „Google Adwords" bewerben. Hier geht es dann um die Auswahl von Keywords, welche die Suchmaschine mit der Homepage in Verbindung bringt. Gerade dann sind die Suchmaschinen am besten in der Lage, Ihre Homepage zu finden – wenn im Text die wichtigsten Keywords öfter vorkommen. Dann „denkt" die Suchmaschine, dass Ihre Homepage zum Keyword besonders viele interessante Informationen bereithält. Hier sollte man sich aber auch einmal von einem *Suchwort-Experten* beraten lassen. Und es sei erwähnt, dass auch Google Adwords individuelle und sehr gute Beratung anbietet, wenn Sie dort einen Telefontermin vereinbaren.

Google Analytics

Es lohnt sich auch, auf einer Homepage das Tool „Google Analytics" einzurichten. Hier können Sie – wie schon erwähnt – nachvollziehen, wie oft und wie lang Interessenten Ihre Seite besucht haben und welche Inhalte besonders lange betrachtet wurden. Wir bekamen beispielsweise den guten Tipp, dass man sich nicht nur von Keywords finden lassen kann. Google Adwords kann auch nach Zielgruppen filtern, die Ihre Homepage interessant finden könnten. Wir vermarkten beispielsweise die wingwave-Ausbildung an schon ausgebildete Coaches. Tritt nun ein Coach im Internet mit einer Homepage auf, wird Google Adwords diesem User speziell unsere wingwave-Anzeige vorstellen.

6.5 Social Media: Ein Grashalm wächst nicht schneller, wenn man daran zieht – bleiben Sie authentisch!

Wenn Sie sich bereits dazu entschlossen haben, einen Social Media-Auftritt einzurichten, bereits ein Profil besitzen oder dieses nun erstellen möchten, sollten Sie achtsam in sich gehen und für sich definieren, was Ihr Ziel für die Nutzung dieser Kanäle sein soll. Sie sollten für sich ein Zeitkontingent festmachen, in dem Sie aktiv sein wollen. Wenn Sie vielbeschäftigt sind, fehlt Ihnen natürlich die Zeit, ständig online zu sein. Auch wenn Sie jemanden für Ihre Social Media Arbeit beauftragen, sollten Sie zumindest am Anfang viel Zeit einplanen, um sicherzustellen, dass Sie und Ihre Inhalte wirklich kompetent und in Ihrem Sinne dargestellt werden.

Möchten Sie „lediglich" für ihre Kunden auffindbar sein und sich selbst und Ihre Methoden darstellen? Oder möchten Sie ein Influencer (jemand, der ein großes Publikum erreicht und dieses beeinflusst) werden und zum Star-Coach aufsteigen? Beide Ziele schließen sich nicht gegenseitig aus. Allerdings sollte zunächst ein solides Grundkonzept stehen, bevor der Social Media-Markt im Sturm erobert werden kann. In meinem Workshop „Mein Coaching-Konzept – machen Sie sich selbst zur Marke" erlebe ich häufig eine Blockade bei dem Thema Online-Marketing. Guerilla-Marketing, vertriebspartnerbasiertes Marketing – diese Begriffe sagen Ihnen nicht so viel? Das macht nichts! Natürlich können Sie sich Schritt für Schritt in diesen Bereich einlesen, Kurse belegen oder sich beraten lassen. Das ist sicherlich eine gute Investition! Allerdings ist und bleibt Ihre Kernkompetenz das (Online-)Coaching und das möchte Ihr Kunde buchen. Daher sollten Sie auch in Ihrem Werbeauftritt die von Ihnen vermittelten Werte klar definieren und sich als Coaching-Experte für den Menschen und seine Bedürfnisse in den Mittelpunkt stellen. Viele Coaching-Kunden, gerade aus dem hochpreisigen Segment, kennen sich sehr gut mit Marketingstrategien aus und fühlen sich eher abgeschreckt oder erleben es als unprofessionell, wenn sie durch ein allzu aggressives Marketing angesprochen werden. Oft wird das Vermarkten von psychologisch fundierten Methoden mit denselben Mitteln wie denen aus dem Vertrieb von z. B. Nahrungsmittelpulvern verwechselt. Dies kann zwar zu einem kurzen Lauffeuer und vielleicht sogar schnellem Gewinn führen, hat aber langfristig den eigentlichen Sinn Ihrer Wertschöpfung, nämlich zur Potenzialentfaltung Ihres Coaching-Kunden beizutragen, verfehlt. Mit dem alten Sprichwort „Ein Grashalm wächst nicht schneller, wenn man daran zieht" ist gerade im Coaching-Bereich viel gesagt. Nachhaltige Erfolge brauchen Zeit und eine angenehme Umgebung zum Wachsen, damit Sie später einen schönen Garten vor Ihrem Haus haben, an dem die Menschen gern vorbeigehen und bei dem sie verweilen.

Behalten Sie die Ruhe. Gerade im Coaching-Bereich sind viele Kunden zufrieden, wenn sie nach nur zwei bis fünf Coaching-Sessions ihre Ziele erreichen können. Sie benötigen den Coach nicht als ständige Bezugsperson – Sie sind also kein Therapeut. Wir haben es schon erlebt, dass Coaching-Kunden sich nach mehreren Jahren wieder Termine holten – das Coaching hatte ihnen „seinerzeit" gut getan und sie melden sich wieder mit einem aktuellen Anliegen. Ist ein Coaching-Kunde zufrieden mit Ihrem Coaching, wird sie oder er dies nicht nur einer weiteren Person berichten, sondern drei oder vier Menschen. Die erzählen dies wieder weiter – das nennt man einen Schneeball-Effekt. Fragen Sie immer bei einem Neukunden, wie Sie oder er auf die Idee kam, bei Ihnen einen Termin zu buchen. Manchmal beziehen sich die Neu-Interessenten auf einen ehemaligen Coaching-Kunden, den Sie vor vier oder fünf Jahren das letzte Mal gesehen haben!

Social Media – learning by doing

Es gibt eine Vielzahl von Social Media-Plattformen, die sich stets erweitert und deren Beliebtheit und altersgruppen-spezifische Nutzung variiert. Das zu Google gehörende Videoportal YouTube, WhatsApp, Facebook und Instagram, Linkedin und Xing – das sind in dieser Reihenfolge die laut Statista (Stand August 2020) die meist genutzten Social Media-Kanäle in Deutschland. Während Jugendliche besonders viel Zeit bei YouTube verbringen, ist bei der mittleren Altersgruppe in Deutschland Facebook, gefolgt vom dazugehörigen Instagram, die meist genutzte Social Media-Plattform. Es empfiehlt sich, die unterschiedlichen Kanäle für sich zu erkunden, um ein Gefühl dafür zu entwickeln, welche Plattform einem am meisten zusagt. Profile und Beiträge können mittlerweile gut und schnell gelöscht oder unsichtbar gemacht werden – es lohnt sich also, es selbst auszuprobieren. Das Gute ist: Sie können Posts auch schon vorbereiten und dann Termine einrichten, zu denen diese dann automatisch erscheinen. Und es gibt die Möglichkeit, Plattformen zu synchronisieren: So kann ein identischer oder leicht abgewandelter Post mit identischem Wortlaut zeitgleich beispielsweise auf Facebook und Instagram erscheinen.

Ihr Auftritt im Social Media – Tipps aus der Praxis für die Praxis

Wenn Sie einen Social Media Auftritt gestalten, gilt es zunächst zu entscheiden, was für eine Art von Profil sie nutzen möchten. *Private Profile* eignen sich dazu, privaten Kontakt zu Freunden und Kollegen aufrechtzuerhalten. Auch Kunden nutzen diese Möglichkeit gern, um sich Ihnen „nahe zu fühlen". Posts müssen nicht immer direkt etwas mit Ihrem Coaching-Angebot zu tun haben. Sie können auch einmal über Erkenntnisse über das Sozialverhalten von Krähen berichten – so finden die Besucher Ihre Inspirationen interessant und abwechslungsreich und können doch darauf rückschließen, dass Sie beispielsweise ein Kommunikationsexperte sind. Wenn Sie Ihr privates Profil dafür nutzen möchten, Ihr tatsächliches privates Leben zu teilen (Partybesuche, Beiträge, welche für Kunden verwirrend sein könnten wie z. B. politische Witze), lohnt sich die Erwägung, dieses nicht öffentlich, sondern nur für tatsächliche Freunde sichtbar zu machen. Das ergibt vor allem bei Facebook Sinn, weil hier nur ein begrenzter Teil an „Freunden" erlaubt ist und bezahlte Werbung nur bei Unternehmensseiten und Personen öffentlichen Lebens möglich sind.

Man kann auf diesen Kanälen unterschiedliche Seiten und auch Gruppen unterhalten oder selbst daran teilnehmen. Sollten Sie sich für mehrere Auftritte gleichzeitig entscheiden, machen Sie sich unbedingt einen „Social Media-Plan": Wann möchten Sie auf welcher Seite mit einem Post erscheinen? Planen Sie von vornherein so, dass Sie das gewählte Pensum auch realisieren können. Es wirkt komisch, wenn Sie zunächst schwungvoll mit drei Posts pro Woche starten – und dann stellt sich später heraus, dass Sie eigentlich nur einmal pro Woche Zeit dafür haben. Stellen Sie fest, dass ein Beitrag besonders gut angenommen wird, können Sie ihn ab dann bewerben. Es ist ein großer Vorteil, beispielsweise gegenüber Print-Anzeigen, dass Sie die Resonanz auf Ihre Veröffentlichungen zunächst beobachten können und erst dann Geld investieren.

Erfolge sprechen sich herum: Mund zu Mund und Bildschirm zu Bildschirm

Ob wir es gut finden oder nicht – die Kommunikation in unserer Gesellschaft verändert sich. Laut Statista Studien (2020) ist der weltweite Trend des Social Media-Gebrauchs in Deutschland eindeutig angekommen. Bei einer durchschnittlichen Verweildauer auf sozialen Netzwerken von 79 Minuten pro Tag ist es offensichtlich, dass sich sowohl der Marktplatz als auch die sozialen Treffpunkte mehr und mehr in das Internet verlagern. Dies wird auch durch Faktoren wie die Corona-Pandemie 2020 begünstigt. Die sozialen Medien eröffnen einen breite Landschaft, um Kontakte zu knüpfen und wiederzufinden, interkollegialen Austausch vorzunehmen und Kunden zu gewinnen.

Das Beste, was Ihnen passieren kann, ist, dass Ihre Kunden gute Rezensionen für Sie verfassen. Dies kann namentlich oder anonym in schriftlicher Form, als Bewertung im Internet oder sogar als Video geschehen. Sogenannte Testimonials in Video-Form eignen sich besonders gut, weil YouTube zu einem der meist genutzten Social Media-Kanälen gehört und es große Wirkung hat, wenn zufriedene Kunden „live" berichten.

Es empfiehlt sich auch, immer wieder auf den Plattformen Freundschaften zu pflegen, „Like" zu drücken oder einen Kommentar zu schreiben, wenn die Personen aus Ihrem Netzwerk selbst einen Beitrag posten.

Vorsicht vor Trollen

Wo sich viele Menschen einen Platz teilen, ist auch immer ein Nährboden für negative Bewertungen und Mobbing – das ist völlig normal und sollte sportlich gesehen werden. Auch im Bereich Coaching gibt es leider unprofessionelle Vertreter oder auch mal unzufriedene Kunden, welche die sogenannte Netiquette nicht kennen oder diese missachten. Ich empfehle Ihnen, sich auf den Hilfeseiten der sozialen Netzwerke, auf denen Sie sich bewegen, den meist sehr gut ausgearbeiteten Hilfe- und Informationsbereich gut durchzulesen und Ihr Profil dementsprechend zu sichern. Außerdem sollten Sie auch Ihre Kundenbewertungen im Blick haben und gegebenenfalls angemessen auf die Kritik eingehen. Im Regelfall gilt aber im Internetbereich: Füttern Sie keine Trolle! D. h.: Schenken Sie diesen Personen möglichst wenig Aufmerksamkeit oder schützen Sie Ihr Profil vor derartigen Angriffen.

6.6 Newsletter und Blogs

Mit Newslettern können Sie Ihre Kunden regelmäßig über Ihre Angebote informieren oder auch äußere Anlässe zum Thema machen: Es wird Frühling, Herbst oder Winter – was hat das mit einem zielführenden Coaching zu tun? Hier gilt es zu beachten, dass die Empfänger des Newsletters ihre Zustimmung zur Versendung gegeben haben müssen und dass die Empfänger auch die Möglichkeiten erhalten, die Newsletter abzubestellen. Dies Prozedere entfällt, wenn die Newsletter zu anderen Zwecken – beispielsweise zum Austausch mit Business-Vertragspartnern – vertraglich zur Grundlage der Kommunikation bestimmt wurden.

Wenn Sie einen Blog ins Leben rufen, gilt das Gleiche wie für die Social Media Plattformen: Überlegen Sie sich gut, wie oft und regelmäßig Sie den Blog bedienen können. Starten Sie lieber mit nur einem oder zwei Beiträgen im Monat, um dann zu checken, ob Sie die Regelmäßigkeit einhalten können.

7. Online-Coaching in der Praxis: Arbeit mit NeuroRessourcen in unterschiedlichen Methoden

In diesem Kapitel stellen wir vor, wie Coaches mit verschiedenen Methoden beim Online-Coaching gezielt NeuroRessourcen in den Prozess einweben können. Die Arbeit mit NeuroRessourcen ist ein integratives Modell, das mit jeder Coaching-Methode kombiniert werden kann. Durchgängig legen wir immer wieder Wert auf die Skalierung der Fortschritte und den Bodyscan – unabhängig von der Methode. Kann ein Coaching-Kunde über das „Körper-Echo" keine Antwort geben – was ab und zu mal vorkommen kann –, bitten wir manchmal einfach darum, die Hand leicht auf den Brustkorb zu legen, während er oder sie über positives Erleben oder Zielvorstellungen redet. Bei negativen Emotionen arbeiten wir ohne Körperberührung und belassen es bei einer Skalierung auf der Minus-Seite der Skala des subjektiven Erlebens. Der Sinn dieser Maßnahmen ist es, immer den Tastsinn in das Online-Erlebnis zielorientiert mit einzubeziehen.

Und immer, wenn wir sehen, dass die Coachees ihre Schultern lockern und sich aufrichten, sprechen wir das an und bitten darum, die Bewegung noch einmal bewusst zu wiederholen, weil diese Motorik – wie schon beschrieben – immer mit einem aktiven SC einhergeht. Das steigert für viele Menschen das Wohlgefühl auf der Skala des subjektiven Erlebens oft nochmals um mindestens einen Punkt.

Von den Coaching-Methoden her bevorzugen wir sowohl online als auch präsent ein Dual-System, das wir Autoren Cora Besser-Siegmund und Harry Siegmund schon 1991 in unserem Buch *Coach Yourself* vorgestellt hatten (Besser-Siegmund & Siegmund, 2003). In diesem Buch geht es vor allem auch um die „Teamarbeit" der verschiedenen Persönlichkeitsanteile eines Menschen und um die Entwicklung eines zielfreundlichen Denkstils der Coachees. Wir nennen dieses Dual-System „Erfolg haben können und dürfen":

- Können: Habe ich die Fähigkeiten, um mein Ziel erreichen?
- Dürfen: Gibt es von meinem Team der inneren Persönlichkeitsanteile grünes Licht und die Erlaubnis, dieses Ziel zu erreichen? Oder sprechen innere Einwände dagegen?

Wir vergleichen diesen dualen Prozess mit einer Person, die gern Auto fahren möchte. Viele junge Menschen können schon mit 13 oder 14 Jahren Auto fahren – aber der Gesetzgeber misstraut der persönlichen Reife eines so jungen Menschen. So darf sie oder er noch nicht auf der öffentlichen Straße unterwegs sein. Ab 18 Jahren darf ein junger Mensch schon auf öffentlichen Straßen Auto fahren. Allerdings ist es nicht so, dass jeder Mensch automatisch am Morgen seines 18. Geburtstags schon Auto fahren kann. Hier fehlen dann das Fahrtraining und der Führerschein. Ein zielführendes Coaching verbindet beide Anliegen: Die Potenzialentfaltung und zusätzlich die Auflösung von „limitierenden Blockaden", welche den Coaching-Kunden daran hindern, die vorhandenen Ressourcen „auszuleben". „Ausleben" ist übrigens ein sehr schönes Wort für die Beschreibung von Coaching-Effekten. Die Möglichkeiten des Menschen finden sich nicht nur in seinem Inneren, sondern die Person kann sie „auf die Straße bringen".

Das Thema „Potenziale nicht auf die Straße bringen" ist allen bekannt: Der Schüler kann zuhause seine Vokabeln auswendig – aber leider nicht mehr im Test, sie kommen „einfach nicht heraus". Der Sportler erzielt im Training seine Höchstleistung – aber nicht im Wettkampf. Und der Manager kämpft in einem Meeting um ein wichtiges Thema – aber wann fällt ihm sein bestes Argument gegenüber den Gesprächspartnern ein? Erst im Flur, nachdem das Meeting beendet ist und alle weg sind. „Wieso habe ich das nicht gesagt?" Wir haben Potenziale, können sie aber nicht immer so in die Verwirklichung bringen, wie wir es uns wünschen. Unsere Potenziale sind in unserem Gehirn angelegt. Dabei verwaltet vor allem das Großhirn mit seinem Langzeitspeicher unseren Erfahrungsschatz. Wenn nun ein abgespeichertes Thema in unserer Lerngeschichte mit einer hemmenden, lähmenden oder „kopflos" machenden Emotion wie beispielsweise Wut verwoben wurde, ruft das Thema immer auch eine Alarm-Aktivität der Amygdala auf. Wir verlieren den „klaren Kopf" und den Zugriff auf die feinmotorische Körpersteuerung – die man beim Klavierspielen, Sporttreiben und auch beim Reden dringend benötigt. Wir fühlen uns blockiert, als würde das Gehirn einfach „Stopp!" sagen, wenn das Potenzial sich melden möchte.

Die Themen für Online-Coachings sind mit den Themen beim Präsenz-Coaching nahezu identisch:
- Zielmotivation für das Realisieren von Erfolgen
- Abbau von Stress-Resonanzen hinsichtlich vergangener oder zukünftiger Erlebnisse
- Ressourcen-Coaching für die Potenzialentfaltung und Kreativitätssteigerung
- Coaching für Konfliktstabilität
- Coaching für Auftrittssicherheit
- Coaching für einen Ich-stärkenden intrapersonellen Dialog
- Fähigkeiten-Coaching zur Unterstützung zielführender Lernprozesse
- Coaching für soziale Kompetenz – beispielsweise mit systemischer Aufstellungsarbeit
- Resilienz-Coaching

Das Einzige, was online gar nicht oder nur eingeschränkt funktioniert, ist die Nutzung des Myostatiktests als punktgenauen Themenfinder und als Kompass auf dem Weg zum Coaching-Ziel. Damit wirkt und bleibt Präsenz-Coaching dann doch präziser und sicherlich auch schneller. Hier kann es zeitsparender sein, für ein Präsenz-Coaching einfach „live" anzureisen, weil mit weniger Sessions ein Ziel unter Umständen schneller erreicht werden kann.

In diesem Methoden-Kapitel stellen wir eine Reihe von Möglichkeiten des Online-Coachings vor, die einem Menschen systemische Coaching-Erfolge ohne innere „Stopps" bescheren können: Sie wecken Potenziale und erlauben dem inneren Persönlichkeitssystem eines Menschen, mit vereinten Energien mitzumachen.

7.1 Das Zürcher Ressourcen-Modell (ZRM)

Wenn sich ein Coaching-Konzept besonders gut auch für Online-Coaching eignet, dann ist es das Zürcher Ressourcen-Modell (ZRM). Es wurde von den Psychotherapeuten Maja Storch und Frank Krause Anfang der 1990er-Jahre eigentlich als Selbstmanagement-Methode entwickelt. Das ZRM eignet sich aber auch hervorragend, um einen Coaching-Kunden durch gut definierte Phasen hindurch zu seinem Coaching-Ziel zu begleiten (Meyer et al., 2021). Dabei spielen kognitive Fähigkeiten – wie beispielsweise eine Zielformulierung –, emotionale Motive und vor allem auch der körperliche „Wohlfühlaspekt" eine wichtige Rolle. Man kann mit dem Kunden Arbeitsblätter zu den verschiedenen Coachingphasen durchgehen, mit denen sie oder er dann im Selbstcoaching weiterarbeiten kann (Storch & Krause, 2017a).

Zu den kognitiv formulierten Zielen suchen sich die Coaching-Kunden Ressourcenbilder heraus, damit sie sich nicht nur intellektuell, sondern auch emotional von ihrem Zielerleben „bewegt" fühlen. Dazu gibt es ressourcen-aktivierende Bildkarten, die man dem Kunden auch online zeigen kann, damit er oder sie ein attraktives Ziel mit einem positiven Bild verknüpfen kann (Storch & Krause, 2017b). Man kann aber auch in jedem Coaching mit selbst gewählten Bildmotiven des Coachee arbeiten oder online über „Google Bild" gemeinsam mit dem Coachee Zielbilder heraussuchen. Wir selbst haben für unser Kinder- und Jugendlichen-Coaching eine Reihe von besonders kinderfreundlichen Bildern und Fotos erstellt. Haben die Coaching-Kunden ihre ressourcevollen Zielbilder gefunden, vertiefen wir dieses Zielerlebnis in der Online-Session noch mit dem SPEM-Coaching „Ziele im Blick behalten", wie wir es in Kapitel 2 vorgestellt haben.

Im Jahr 2020 haben wir im Rahmen unseres jährlich stattfindenden wingwave-Kongresses das Zürcher Ressourcen-Modell mit über einhundert Teilnehmern zwei Tage lang erlebt – u.a. trat Maja Storch als unsere Speakerin auf und die wingwave-Lehrtrainerin und ZRM-Trainerin Sigrid Trebo präsentierte einen integrativen Workshop mit der Integration „ZRM und wingwave" unter der Überschrift „Würmli trifft Schmetterling". Das „Würmli" verkörpert im ZRM unsere Sensibilität für negatives und positives subjektives Erleben – vor allem auch hinsichtlich der körperlichen Gefühlsqualitäten. Die ZRM-Formate können – wie schon erwähnt – online gut mit der wingwave-Methode kombiniert werden, vor allem auch mit der „Untermalung" der Themenarbeit mit der wingwave-Musik. Die präsent anwesenden Teilnehmer haben dann beispielsweise gegenseitig mit dem Myostatiktest die Auswahl der für sie zutreffenden Ressource-Karten geprüft. 80 Teilnehmer nahmen online an diesem Seminar teil, hier kamen dann auch wieder der Bodyscan und die Einordnung des subjektiven Erlebens auf einer Skala zum Einsatz. Wir konnten hervorragend auch in Gruppen online mit dem ZRM arbeiten – mit gegenseitiger Inspiration zu den ZRM-Arbeitsblättern.

Ein ZRM-Arbeitsblatt beschäftigt sich mit Hindernissen auf dem Weg zum Ziel. Zu diesem Part führen wir präsent dann das „klassische" wingwave-Coaching mit dem Auffinden der blockierenden Emotionen und dann dem „Winken" zum Auflösen der Stressblockierung durch. Online kann man zu den definierten Hindernissen oder Blockaden dann mit Tapping-Interventionen oder mit dem Einsatz der wingwave-Musik arbeiten, beispielsweise mit dem wingwave-Achtsamkeitscoaching.

Obwohl das ZRM-Material so ausführlich und sofort praktisch einsetzbar gestaltet ist, empfehlen wir unbedingt die ZRM-Ausbildung, um mit allen Möglichkeiten der Methode flexibel präsent und online arbeiten zu können. Diese Aussage gilt natürlich auch für die Anwendung der Methode wingwave-Coaching – hier speziell für das Originalformat mit dem Myostatiktest im Präsenz-Coaching.

7.2 wingwave-Coaching

Viele Coaches und Klienten fragen uns, ob wir beim Online-Coaching auch den Myostatiktest einsetzen können, für den die Methode unter anderem so bekannt ist. Das ist online unserer Meinung nach nicht möglich und keinesfalls empfehlen wir, dass sich die Coachees selbst an den Fingern ziehen. Schließlich hat der Mensch nicht zwei Gehirne und ein schwacher Muskeltonus ist dann immer in beiden Händen „unterwegs", auch in der Hand, die den Zug ansetzt. Wir bevorzugen online das Coaching mit der wingwave-Musik oder die Kombination mit dem „Butterfly-Tapping":

Hier kreuzt der Coachee seine Unterarme vor dem Brustkorb und „tappt" abwechselnd links und rechts sanft die Schultern, während wir sprachlich einen Achtsamkeitsprozess, eine Imaginationsübung oder eine „Story-Telling"-Intervention auf der Basis von Metaphern durchführen. Das erläutern wir später noch detailliert.

„Buddy-Coaching" mit wingwave

Eine Online-Variante mit dem Myostatiktest ist bei wingwave dennoch möglich, aber wir setzen sie recht selten ein. Das ist ganz einfach die Gestaltung des wingwave-Prozesses mit assistierenden Personen. Das Coaching mit assistierenden „Buddys" hat sich auch schon vielfach im bilingualen wingwave-Coaching bei der Durchführung von wingwave in einer dem Coach fremden Sprache bewährt – hier übernimmt der „Buddy" dann die Rolle des Übersetzers. Der Begriff „Buddy" heißt so viel wie „Kumpel" und wird vor allem im Tauchsport genutzt. Taucher gehen nie allein unter Wasser, sondern nur in Begleitung eines „Mit-Tauchers", so entsteht ein „Buddy-Team". Buddy-Coaching im Online-Setting ist natürlich ideal, weil wir hier zusätzlich zum Coaching-Geschehen auch noch den zwischenmenschlichen Oxytocin-Zauber nutzen können, der beim Myostatik-Test im Sinne der Haptik-Psychologie auch ein ressourcevolles Wirkelement der wingwave-Methode darstellt.

In diesem Fall ist der „Buddy" dann kein Übersetzer, sondern übernimmt auf Anweisung des Coaches den Myostatiktest. So kann man nahezu 1:1 den gewohnten wingwave-Prozess durchlaufen, den wir auch aus der Live-Begegnung kennen. Buddy-Coaching bietet sich an, wenn der Coachee den wingwave-Coach und den wingwave-Prozess in der „Live-Situation" schon in mehreren Sitzungen kennengelernt hat. Außerdem sollte der „Buddy" wirklich eine Vertrauensperson sein, die der Coachee selbst ausgewählt hat. Dann sollten Sie vor dem Coaching den Satz testen: „Es ist ok, dass mein Buddy X/Y (Namen sagen lassen) mit mir den Muskeltest durchführt." Fällt dieser Satz schwach aus oder funktioniert das Testen am Ende überhaupt nicht, greift der wingwave-Coach auf die anderen wingwave-Online-Tools zurück.

Achtsamkeitscoaching mit der wingwave-Musik

In den letzten 20 Jahren wurde der Begriff „Achtsamkeit" immer bekannter. Heutzutage haben Achtsamkeitstrainings Einzug in Kindergärten, Schulen und Chefetagen von Großkonzernen gehalten – um nur einige Beispiele zu nennen. Es gibt viele Bücher mit Selbstcoaching-Anleitungen zum Thema Achtsamkeit, beispielsweise den Titel *Achtsamkeitsübungen – Experimente mit einem anderen Lebensgefühl* von dem

Arzt und Psychotherapeuten Michael Huppertz (Huppertz, 2015). Bei der Achtsamkeit geht es um das „Eintauchen" in das Hier und Jetzt der Wahrnehmungen, Gefühle, auch Gedanken. Sie werden so angenommen, wie sie sich gerade im Bewusstsein melden – ohne Bewertung, die Sinneserlebnisse dürfen in jeder Form einfach da sein. Das hat nichts mit Konzentration, sondern vielmehr mit einem agilen „Flow-Erlebnis" und Offenheit zu tun – fast das Gegenteil von Konzentration. Bekommen die Wahrnehmungen die „Flow-Erlaubnis", kommen und gehen sie wie Wellen vorüber – so die Idee. Das Ergebnis ist dann ein Freiheitsgefühl in der Gegenwart.

Mit der wingwave-Musik können wir beim Online-Coaching sehr gut Achtsamkeitscoachings durchführen, um Stresswahrnehmungen aufzulösen und die Erlebniswelt der Coachees ins Positive zu öffnen. Dabei hilft auch die spezielle Komposition dieser Musiksorte durch den Musiker Lars Luis Linek und des Tontechnikers Johannes Hoffmann.

Eine positive Wirkung der wingwave-Musik konnte in drei Forschungsarbeiten bestätigt werden. Zum einen wurde die „Musik pur" bei sportlicher Aktivität mit „Sport ohne Musik" und „Sport mit Mozart" verglichen, wobei die wingwave-Musik am deutlichsten durchgehend die Pulsrate senkt – auch in der Aktivität (Nasse, 2013). In einer weiteren Studie aus dem Jahr 2020 zeigte sich, dass Mountainbike-Fahrer bei einem Rennen schneller am Ziel sind, wenn sie zuvor nur fünf Minuten lang die wingwave-Musik auf der wingwave-App gehört haben (Klein, 2020). Auch hier hörte eine weitere Gruppe eine „neutrale" Entspannungsmusik – und war signifikant später am Ziel als die „wingwave-Gruppe". Dann wurde die wingwave-Musik noch als „Beiwerk" in zwei Studien zur Reduktion von Prüfungsangst und Redeangst eingesetzt. Hier diente sie den Probanden bei der Leistungsvorbereitung und beim Lernen. Mehrere Hautwiderstandsmessungen zeigen, dass die wingwave-Musik innerhalb von zwei bis drei Minuten das „Arousal" eines Menschen, also das Erregungsniveau des Nervensystems, senkt.

Eine neue Gehirnscanstudie mit dem fMRT-Verfahren konnte zeigen, dass die hin- und herwandernden Töne bei den getesteten Probanden eine verbesserte Zusammenarbeit – also Konnektivität – zwischen den Gehirnhälften und weiteren Gehirnregionen bewirken konnte. Der Effekt trat bei einem Mono-Ton nicht ein (Rousseau, Sarah Boukezzi, & et al., 2020). Insofern kann man nachvollziehen, warum das Hören der Musik die Körperbeherrschung und das Lernvermögen von Menschen verbessern kann.

In einer Hamburger Grundschule dürfen Schüler die wingwave-Musik beispielsweise beim Bearbeiten von Mathe-Aufgaben und weiteren schriftlichen Tätigkeiten einsetzen.

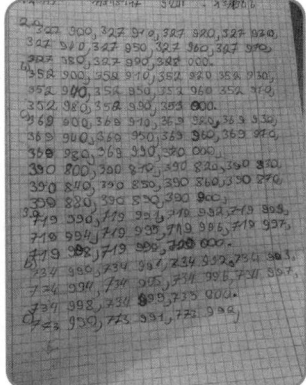 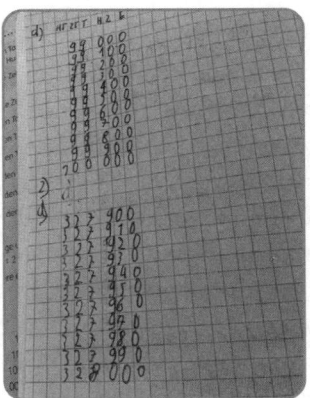 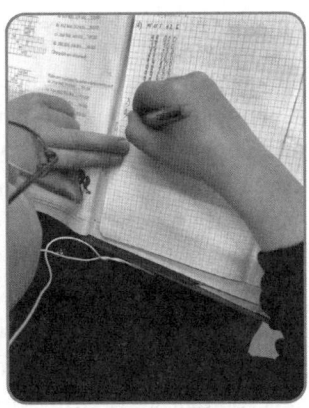

Abbildung 35: Erweiterung des Zahlenraums auf eine Million, links ohne, mittig und rechts mit Musik: mit der wingwave-Musik geht es ruhig und konzentriert voran. Fotos: Josefine Grünberg, Grundschullehrerin, Mental Coach und wingwave Coach

Wegen der mehrfach erwiesenen positiven Wirkung der wingwave-Musik ist es sinnvoll, sie direkt im Online-Coaching einzusetzen. Weiterhin ist die Musik in Verbindung mit der wingwave-App ein Selbstcoaching-Tool, was sehr gern von den Coaching-Kunden eingesetzt wird.

Die „Zutaten" der wingwave-Musik sind:
- Abwechselnde Rechts-Links-Impulse
- Überwiegend der Einsatz „echter" Instrumente
- 63 Beat pro Sekunde, das ist etwas schneller als der Ruhepuls
- Optimale Regelung von Höhen und Tiefen von einem Tontechniker, was immer für eine „Beruhigung" der Neurobiologie sorgt

Achtsamkeitscoaching mit der wingwave-Musik – aus Stressgefühlen wird Ressource-Erleben

Technische Vorbereitung

Die oder der Coaching-Kundin oder -Kunde haben die wingwave-App und Stereokopfhörer bereit liegen. Während der Intervention hören sie die Stimme des Coaches über den Lautsprecher des Laptops. Laptop oder Computer des Coachees sollten also über einen externen Lautsprecher verfügen.

Thematische Vorbereitung

Der Coachee berichtet über ein Blockadenthema. Beispielsweise leidet Maximilian, ein junger Architekt, darunter, dass er sich immer so „klein mit Hut" fühlt, wenn er mit seinem neuen Chef spricht. Der Chef ist Inhaber eines Architekturbüros, sehr erfolgreich, sehr selbstbewusst, sehr laut. Bevor die Intervention beginnen kann, soll Maximilian sich eine ganz bestimmte Situation heraussuchen, die typisch für die für ihn schwierigen Momente mit dem Chef ist. So ein Fokus ist sehr wichtig, damit die Klienten immer wieder an einer Ausgangssituation prüfen können, wie gut das Coaching schon funktioniert haben könnte. Maximilian beschreibt eine Szene, in der er am Tisch sitzt, der Chef kommt und schaut auf seine Arbeit und sagt laut: „Und was soll das jetzt?" Maximilian leidet darunter, dass er in diesem Moment kaum ein Wort herausbringen kann. Wir einigen uns darauf, dass wir diese innerlich vorgestellte Szene nun „Fokus" nennen. Dann bittet der Coach, dass Maximilian seine zum Fokus passende Emotion beschreibt. Ihm werden mehrere Emotionswörter angeboten und er sucht sich sofort heraus: „Hilflosigkeit".

Die unangenehmen Emotionsqualitäten

- Wut, Ärger, Empörung, Genervt-Sein
- Angst, Beunruhigung
- Trauer, Verlustschmerz
- Hilflosigkeit, Ohnmacht, Ausgeliefertsein
- Schock
- Nicht-Fühlen
- Überraschung, Verwirrung, „falscher Film"
- Schuld, Verantwortung
- Scham, Kränkung, Beleidigung, Entwürdigung, Beschmutzt-Sein/ „blamiert bis auf die Knochen"
- Ekel, Hass, Abscheu, Widerwille, „Grusel"
- Langeweile, Unterforderung
- Desinteresse, emotionale Kälte

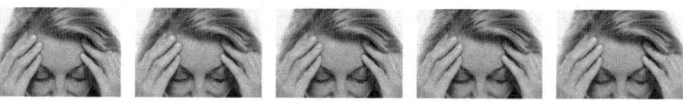

Abbildung 36: Die subjektiv unangenehmen Emotionsqualitäten

Dann kommen wieder die Fragen nach dem Bodyscan und der Skalierung: „Ich fühle mich schwach, vor allem in den Schultern und das unangenehme Gefühl liegt bei −6."

Belief-Check „Coping"

„Coping" heißt auf Deutsch „bewältigen". Wir bevorzugen diesen Begriff aus der Verhaltenspsychologie, weil er die Agilität eines ressourcevollen Zustands betont: Der Mensch wartet nicht nur ab, wie die Welt um ihn herum sich entwickelt, sondern er nimmt aktiv am Geschehen teil, geht vielleicht sogar kreativ auf Probleme zu, um sie zu lösen.

Coach zu Coachee: „Denken Sie jetzt an das Stress-Thema und die Fokus-Situation. Nun sagen Sie sich selbst innerlich den Satz: ‚Ich komme sehr gut damit zurecht' – wie glaubwürdig ist dieser Satz jetzt beim Denken an den Stress?" Der Coachee nennt eine Zahl zwischen 1 und 7: 1 = komplett unzutreffend, 7 = vollständig richtig. Erwartungsgemäß nennt hier der Coachee meistens eine niedrige Zahl auf besagter „Glaubwürdigkeitsskala". Maximilian sagt: „Da gebe ich nur eine ‚1', der Satz trifft überhaupt nicht zu!" Bei Erlebnissen aus der Vergangenheit, die der Coachee überwinden möchte, checken wir den Satz: „Ich habe das Erlebnis gut verkraftet".

Musik-Vorbereitung

Maximilian setzt die „Musik auf die Ohren", für eine Minute wird die Musik gehört, dann Soundcheck durch den Coach: „Maximilian, wie gut können Sie die Musik und meine Stimme gleichzeitig hören?" Nach dem Soundcheck hört der Coach die Musik für eine Minute. Er kann sich aussuchen, ob er mit geöffneten oder geschlossenen Augen hören möchte.

Intervention: Achtsamkeitsflow

Coach zu Coachee: „Denken Sie an die Situation mit ihrem Chef. Spüren Sie in das Körperecho hinein und denken Sie an die Emotion: Da ist Hilflosigkeit, die Schultern sind schwach, Hilflosigkeit, schwach, Hilflosigkeit, schwach, ..." Der Coachee soll die Verbalisierungen der emotionalen Erlebnisinhalte wie ein „Mantra" im Rhythmus der Musik hin- und herdenken, bis eine Änderung eintritt, z. B.: „Jetzt rutscht das Gefühl in den Rücken" ... Alles wird achtsam angenommen und es geht weiter zum nächsten Wort-Mantra: „Es rutscht ... es rutscht ...". Der Coach gibt das neue Wort-Mantra immer wieder langsam im Takt vor. Wir sagen auch: „Tun Sie das Wort zwischen die Ohren und die Musik löst es langsam wie einen Bonbon auf."

Wenn der Coachee tief atmet, sich anders hinsetzt etc. fragt der Coach: „... und was ist jetzt?" Beispielsweise setzt Maximilian sich plötzlich ein bisschen gerader hin. Sprachlich wird immer weiter begleitet, bis das erste positive Wort auftaucht:

„… das Gefühl fließt immer weiter den Rücken herunter". Also heißt das nächste Wort-Mantra: „Es fließt, es fließt …" Sollte der Coachee sagen: „Entspannt sich", bietet der Coach gleich ein Zielwort an: „Welches Wort passt noch dazu? ‚frei', ‚leicht', ‚löst sich'?" Wie schon erwähnt: Das Wort „entspannt" enthält die „Spannung", das ist ungünstig.

Maximilian macht sich immer gerader, das kann man auch verbalisieren. Der Coach macht darauf aufmerksam: „Sie setzen sich jetzt gerade hin, wie ist das?" – „Ja, ich richte mich auf und meine Schultern fühlen sich stärker an." Das wird das nächste Achtsamkeits-Mantra: „Ich richte mich auf, die Schultern sind stark …" Maximilian lockert die Schultern, bewegt sie. Der Coach bittet ihn, diese Bewegungen ein paarmal bewusst zu wiederholen, denn dies ist ein Zeichen dafür, dass der SC „online" ist und somit das agile Reaktionsvermögen des Coachee gestärkt wird. Plötzlich grinst Maximilien und spielt weiter mit Wort-Assoziationen: „Ich richte mich auf, ich mach alles richtig!" Und was fühlen Sie, wenn dieser Gedanke auftaucht? „Ich bin klar im Kopf!", ist die Antwort. Neues Mantra: „Mein Kopf ist klar und leicht."

Wenn die emotionale und körperliche Situation immer besser wird, benennen wir nochmals den Fokus: „Nun denken Sie noch einmal an die Ausgangssituation, an den Fokus. Wie ist das jetzt, wenn Sie an den Chef denken?" – „Es ist ein gutes Gefühl, ich fühle mich selbst deutlich größer und finde seine laute Stimme plötzlich harmlos. Der tönt halt gern herum. Das Wichtigste ist: Ich habe das Gefühl, dass ich jetzt locker antworten kann, beispielsweise: ‚Ich kann Ihnen genau erklären, was ich hier mache, wollen Sie mal sehen?'" Wir prüfen noch einmal den „Coping Belief": „Ich kann gut mit dieser Situation umgehen". „Jetzt gebe ich dem Satz die höchste Zahl, die ‚7'", sagt Maximilian, „er fühlt sich jetzt vollständig richtig an." An dieser Stelle sei schon erwähnt, dass sich Maximilians Verhältnis zum neuen Chef sehr gut entwickelte und dass dieser ihm zwei Wochen später sogar das Feedback gab, er würde so oft gute Laune ausstrahlen, was dem Betriebsklima gut tun würde.

Wenn sich die Resonanz auf das Thema bis mindestens bei –1, 0, oder gar im Plus-Bereich bewegt, schreiben wir mit dem Coachee zusammen ein paar positive Wörter und Sätze aus dem Achtsamkeitsflow auf, die zum guten Zustand passen. Daraus entwickeln wir zum Schluss noch eine „Magic-Talk-Memo", die wir zusammen modifizieren. Beispielsweise möchte Maximilian den Satz „Ich mache alles richtig" noch ergänzen mit „Ich habe alles gut durchdacht". Das würde ihm dabei helfen, selbstbewusst zu seiner Arbeit zu stehen. „Diskutieren kann man dann immer noch und ich würde natürlich auch etwas ändern, wenn der andere eine bessere Idee hat. Aber zunächst möchte ich zu dem stehen, was ich produziert habe." Bei Maximilian ist das Ergebnis:

- Ich sehe und höre meinen Chef.
- Gefühle, die in meinen Schultern sind, fließen den Rücken herunter.
- Ich mache mich gerade, ich richte mich auf.
- Ich mache alles richtig, ich habe alles gut durchdacht.
- Mein Kopf ist klar und leicht.
- Ich kann gut mit meinem Chef und seiner Art umgehen.

7.3 Hypnose

Im NeuroRessourcen-Kapitel haben wir schon ausführlich über Hypnose geschrieben. Beim Online-Coaching setzten wir das Verfahren vor allem ein, um zukünftiges Handeln erfolgreich zu bahnen. Nehmen wir als Beispiel Lena, die auf einem Kongress einen Vortrag halten möchte. Davor hat sie Lampenfieber. Wir sammeln alle Sinneseindrücke, die in diesem Kontext auf sie einwirken, hier nur ein paar Beispiele:

- Der Blick auf die Uhr – kurz bevor der Vortrag beginnt
- Publikum, Publikumsgröße, Publikumsreaktionen
- Räumlichkeiten, auch Besonderheiten wie „Raum verdunkelt" oder „Bühne"
- Technik wie Mikrofon, Powerpoint-Präsentation
- Die einzelnen Themeninhalte
- Das eigene Outfit, das Selbstbild im Spiegel

Auf Basis dieser Zutaten schreiben wir eine „Erfolgsstory". Wir wählen die „Du-Form", auch wenn wir den Coachee ansonsten siezen. Wir verabreden noch, dass der Coach zum Abschluss der Erfolgsstory langsam von „10" bis „0" rückwärts zählen wird und dass jede Zahl Lena wieder der Gegenwart näher bringt, bis sie sich mit „0" im Hier und Heute wieder in der Coaching-Session befindet.

Die Story verläuft in einer Verkettung von Mini-Erfolgen: „Du schaust auf die Uhr, atmest tief durch und während Du tief atmest, spürst Du irgendwo eine innere Sicherheit." Dieses „vage" Formulieren nennt man auch „Hypno-Talk": Wir lassen offen, wo genau „irgendwo" im Körper sein soll – umso leichter kann der Coachee sich selbst schnell aussuchen, zu welcher Körperzelle „irgendwo" und das Wort „Sicherheit" jetzt gerade am besten passt. Diesen „Hypno-Talk" nach dem „Milton-Modell" sollte man natürlich man in guten Hypnose-Ausbildungen erlernen. Der Arzt und Psychotherapeut Milton Erickson gilt als Begründer der modernen, non-direktiven Hypnose-Verfahren, die den Klienten durch „sprachliche Eleganz" und weniger durch Befehle in die „innere Welt" schicken (Erickson, 2013).

So verweben wir mit dem Hypno-Talk jeden Schritt, auch das Betreten der Bühne, die Sicht auf das Publikum, den Hall der eigenen Stimme beim Sprechen durchs Mikrofon mit Lenas Wunsch-Gefühlen: Gelassenheit, Sicherheit, Humor, Zuversicht usw. Dann wird Lena ihren Auftritt im inneren Erleben mit allen Sinneswahrnehmungen und ressourcevollen Gefühlen lebhaft durchspielen. Dazu wird Sie vom Coach möglichst intensiv in die Welt der internalen Wahrnehmung begleitet. Vorher wird Lena noch gefragt: „Möchten Sie lieber mit geöffneten oder geschlossenen Augen in Trance gehen?" Allein diese implizite Fragetechnik ist schon wieder eine Hypnose-Induktion: Es steht gar nicht in Frage, *dass* Lena sich auf eine Trance-Reise begeben wird, es wird nur besprochen, *wie* sie es gern machen würde. Lena möchte gern mit geschlossenen Augen nach innen gehen. Entsprechend wählt der Coach eine Hypnose-Induktion aus, die gut zu „geschlossenen Augen" passt. Außerdem wird der PC zur Trance-Einleitung mit einbezogen.

Eine von vielen Hypnose-Induktionen: Die „Katapult-Technik" – auch zum Selbstcoaching geeignet

Sie wissen, wie ein Katapult funktioniert? Man zieht einen Gegenstand an einem elastischen Band zunächst *in die entgegengesetzte Richtung* des eigentlichen Ziels – also vom Ziel weg – und lässt dann Band nebst Gegenstand einfach los. Der Rest erledigt sich von allein: Der Gegenstand fliegt auf sein Ziel zu. Und je stärker man zuvor zurückgezogen hat, desto größer ist die Geschwindigkeit. Die anschließende Trance-Selbstinduktion verfolgt das gleiche Prinzip, wie man dem folgenden Text leicht entnehmen kann:

1. Sie setzen sich bequem hin und schauen mich an. Nun lösen Sie ihren Blick – Sie schauen zwar immer noch in die Mitte, aber nun nehmen Sie mit dem „weichen Blick" nur die Ränder vom Bildschirm wahr. Registrieren Sie, wie so ein leichter Trance-Zustand entsteht.

Abbildung 37: Der „weiche", defokussierte Blick, „Träumer-Blick"

2. Nun schließen Sie die Augen. Spüren Sie das angenehme Gefühl an den Augäpfeln, wenn diese von den Augenlidern bedeckt und geschützt werden.
3. Nun öffnen Sie wieder die Augen. Schauen Sie sich ganz bewusst im Raum um – 15 Sekunden lang. Suchen Sie sich einen Gegenstand aus, der Ihnen besonders gut gefällt.
4. Schließen Sie die Augen, atmen Sie tief und ruhig durch und schauen Sie sich den Gegenstand mit dem inneren Blick weiter an. Spüren Sie die Ruhe, welche sich durch ein regelmäßiges Atmen im Körper auszubreiten beginnt. Lassen Sie den Atem im Körper fließen.
5. Jetzt öffnen Sie wieder die Augen. Schauen Sie sich im Raum um. Prüfen Sie, ob der Gegenstand noch da ist. Spannen Sie alle Muskeln bewusst an.
6. Schließen Sie die Augen und lockern Sie wieder alle Muskeln. Fühlen Sie, wie angenehm das Lockern aller Muskelfasern jetzt im Körper wirkt. Genießen Sie die Ruhe. …
7. Nun öffnen Sie wieder die Augen. Suchen Sie sich einen Punkt, auf den Sie schauen. Dann zählen Sie mit geöffneten Augen laut langsam bis „drei".
8. Nun schließen Sie wieder die Augen und zählen innerlich ganz langsam von null bis zehn. Und bei jeder Zahl, die Sie zählen, fühlen Sie sich ein kleines bisschen wohler.

Die Außenwelt ausblenden

Der Clou an der Katapult-Technik ist folgender: Je öfter man immer wieder die Augen öffnet, desto größer wird der innere Widerstand gegen jegliche Außenorientierung. Man möchte die Augen immer lieber einfach geschlossen behalten und die innere Ruhe genießen. Bei jedem Augenschließen fällt man dann etwas tiefer in Trance. Das ist der Katapult-Effekt. Man spricht hier auch von der „fraktionierten" Trance-Induktion. Man kann dieses Vorgehen auch ansonsten nutzen, um ganz einfach mal in Trance zu gehen und „die Seele baumeln" zu lassen, in dem man „ganz woanders" ist, beispielsweise einfach an einem schönen Ort.

Setzen Sie das Vorwärts-Zählen bis zehn stets als letzte Katapult-Aufgabe ein, bevor Sie ganz in die Trance übergehen. Zum Schluss mag man dann gar nicht mehr die Aufmerksamkeit nach außen richten und fühlt sich so richtig „kuschelig" in einer angenehmen Trance. Der Coach sagt nun zu Lena: „Legen *Sie* wieder die Fingerspitzen aneinander, während meine Stimme *Dich* in die Zukunft begleitet." Im Satz werden „Sie" und „Du" schon gemischt.

Hypnose und Storytelling: Der Zukunftserfolg

Nun begleitet der Coach Lena in der „Du-Form" zum Redeauftritt. Lena erlebt Ihre Performance innerlich mit guten Gefühlen. Weil das Gehirn in diesem Zustand ähnlich arbeitet, als würde Lena das Erlebnis real durchleben, ergibt sich – paradoxerweise – eine Erinnerungsspur im Gehirn an den gelungenen Auftritt. Zum Schluss begleitet die Stimme des Coaches Lena wieder zurück zur Online-Session: Es wird langsam rückwärts gezählt und bei jeder Zahl kehrt Lena langsam ins Hier und Jetzt zurück. Zum Schluss wird aus der Trance herausgeführt, wie sie begann: „Sie werden gleich die Augen öffnen und wieder den Rahmen des Bildschirms sehen. Und bei null schauen wir uns wieder an und begrüßen uns in der Gegenwart." Hier wird also allmählich wieder zum „Sie" übergegangen. Weil Lena gebeten wurde, bei der Trance-Zukunftsreise die Fingerspitzen aneinanderzulegen, kann sie diese Geste später als gefühlten „Erinnerungsanker" benutzen, wenn sie die Rede weiter vorbereitet oder durchdenkt.

Danach spricht Lena noch die Erfolgsstory mit der eigenen Stimme in die „Magic Talk"-Funktion der wingwave-App und hört sie ab dann zusammen mit der wingwave-Musik beim „Magic Walk" oder „einfach so".

7.4 Perfect Online Talk – für Einzel- und Gruppencoachings

Ein einfaches und schnell wirksames neurolinguistisches Tool für Veränderungscoaching lernten wir Anfang der 1990er-Jahre in einem Workshop für Kurzzeit-Verfahren mit dem NLP-Begründer John Grinder kennen. Er empfahl uns, über gelungene Veränderungen aus der Vergangenheitsperspektive zu sprechen – so als sei der Change schon erfolgreich abgeschlossen.

Dazu kann sich der Coach online sogar mit Teams und großen Gruppen in einen „Zukunftsraum" begeben und die Vorgabe machen: „Wir schreiben das Jahr XY und unser erfolgreicher Auftritt / unsere erfolgreiche Produkteinführung ist seit ein paar Monaten abgeschlossen. Wir unterhalten uns jetzt darüber, welche Hürden und Schwierigkeiten es gab und wie wir es miteinander geschafft haben, unser Ziel dennoch zu verwirklichen."

Wenn wir über ein Thema im Perfekt sprechen – also im grammatikalischen Modus der abgeschlossenen Vergangenheit –, beanspruchen wir weitaus mehr Gehirnkapazität, als wenn wir in die Zukunft denkend im Futur oder Konjunktiv sprechen: „Wir könnten den und den Umsatz erzielen", anstatt rückblickend: „Und dann haben wir unser Umsatzziel erreicht." Die Erklärung ist einfach: Im Perfekt besprochene

Inhalte vermitteln im Denken und Körpererleben ein Gefühl von Wirklichkeit – es ist ja passiert! Zumindest reden wir in der Regel nur im Perfekt, wenn es sich um reale Ereignisse handelt. Diesen Gewohnheitseffekt nutzen wir im Coaching für die Etablierung eines Wirklichkeitsgefühls für Themen, die real noch vor uns liegen – wie beispielsweise Lenas Kongress-Rede. Gleichzeitig müssen die Menschen beim rückwirkenden „Perfekt-Reden" sehr kreativ sein, denn die Entwicklung der angeblich stattgefundenen Erfolgsgeschichte beruht auf zum Erfolg passenden Ideen und Fantasien.

Wegen der idealen Nutzung der gesamten Gehirnkapazität haben wir dieser rückwirkenden Erzählung einer Erfolgsgeschichte den Namen „Perfect Talk" gegeben, ein Begriff, der sowohl das Vorgehen beschreibt als auch die verblüffend gute Wirkung dieses Tools. Die meisten Coachees, die es ausprobiert haben, berichten über neue Ideen für ihre Ziele, über ihre motivierende Handlungsenergie und einen Zuwachs an Zuversicht und Entschlossenheit.

7.5 Virtual Reality Light – Submodalitäten-Arbeit aus dem NLP (Neurolinguistisches Programmieren)

Die Arbeit mit Virtual-Reality-Brillen – kurz genannt VR-Brillen – hat in den letzten Jahren auch beispielsweise in der Verhaltenstherapie Einzug gehalten. Die 3D-Brillen lassen die Anwender konkret Achterbahn fahren, in die Tiefe stürzen, sie werden von Dinosauriern bedroht und begegnen hautnah Spinnen. Die Gefühle, die dabei entstehen, sind ebenso intensiv wie bei der „Exposition in vivo", wie wir sie in Kapitel 3 zum Thema „multisensorische Verfahren" beschrieben haben. Dort haben wir auch darüber berichtet, dass in den 1970er- und frühen 1980er-Jahren dann die „Exposition mit Ablenkung" als Alternative zu dem stark konfrontierenden „Klassiker" der Exposition in die Verhaltenstherapie Einzug hielt – viele Therapeuten waren nämlich der Meinung, dass das Verfahren gar nicht so „hart und grausam" (das sind unsere übertriebenen Worte) durchgeführt werden müsse, um beispielsweise Ängste abzubauen. Vielmehr setzen die bifokalen Verfahren auf eine „Durchmischung" von einem Stress- oder Angstreiz mit dem Erleben von selbstwirksamen Verhaltensmöglichkeiten.

Die Ergebnisse der wingwave-Forschung zeigen an vielen Beispielen, dass tatsächlich auch nur ein „Buzzword" – wie beispielsweise „Putzfrau", „Akquise" oder „Schiedsrichter" – ausreicht, um die „Problemphysiologie" eines Coaching-Kunden hervorzurufen. Und wie schon erwähnt: Auch das Wort „Schmerz" allein reicht aus, um bei Probanden das Schmerzzentrum zu aktivieren. Dieses Phänomen erklärt sich durch das Vorhandensein einer so genannten neuronal angelegten „Schmerz-Neuromatrix". Dieser Begriff stammt von dem kanadischen Psychologie-Professor und Schmerzforscher Ronald Melzack (Melzack, 1999). Der Begriff „Neuromatrix" beschreibt, dass der psychophysiologische Gesamtzustand eines Menschen durch eine Fülle von Faktoren zustande kommt: Denken, Fühlen, Handeln. Dabei „funkelt" dann bei einem Schmerzerleben nicht etwa nur isoliert das Schmerzzentrum – sondern eigentlich das ganze Gehirn. Und auch das Wort „Schmerz" ist ein Bestandteil der Gesamtmatrix. Durch diesen Begriff kann die komplette Schmerz-Neuromatrix aktiviert werden.

Ein kleiner Trigger – beispielsweise ein Wort – ist also auch laut Gehirnforschung völlig ausreichend, um eine mit einem Problemthema einhergehende Neuromatrix „online" zu bringen – und das kann vollständig für die Durchführung eines stressreduzierenden Coachings reichen. Unser Anliegen ist es daher nicht, den Problemzustand eines Menschen im Coaching so stark wie möglich hervorzurufen – schon gar nicht beim Online-Coaching, wenn wir keine körperliche Nähe zum Klienten haben können. Online-Coaching muss kein Kino-Thriller sein, um einen kreativen Change-Prozess anzuregen. Daher sprechen wir von „Virtual Reality light", wenn wir beschreiben wollen, dass Stresstrigger auch „soft" angeboten werden können.

Es gibt beim Online-Coaching die erlebnisaktivierende Möglichkeit, den Bildschirm zu teilen. Hier können Coach und Coachee zusammen Fotos und vielleicht auch 2D-Videos heraussuchen, um sich auf visueller Basis mit einem Thema zu beschäftigen. Wollen wir beispielsweise die „Konfliktstabilität" eines Coachee stärken, kann der Coach verschiedene Fotos von „Emotionsgesichtern" vorbereiten, die man dann online gemeinsam anschaut, um dann in Anlehnung an die „Response" der Klienten auf die Bilder, Fotos oder Filme stresslindernde Interventionen durchzuführen. Hier eignet sich sehr gut das Achtsamkeits-Coaching mit der wingwave-Musik oder eine „Klopftechnik" für die Auflösung von Stress-Resonanzen auf die dargebotenen Bilder.

Sehr gut eigenen sich auch die sogenannten „Submodalitäten-Interventionen" aus dem Neurolinguistischen Programmieren, vor allem für den „visuellen Kanal". Mit Submodalitäten meint man die Einstellungsdetails einer Sinnesebene, die unterschiedliche emotionale Reaktionen auslösen können, hier ein paar Beispiele:

- farbig / schwarzweiß
- Bild groß / Bild klein
- nah dran / weit weg
- bei Bewegung: Film läuft in Zeitlupe / Film läuft im Zeitraffer
- Farbfilter, die sich vor das Bild legen: blau, rosa, grün, lila etc.

Wir arbeiteten mit Jörg, einem erfahrenen Profi-Handballspieler, der dafür bekannt war, dass er im Spiel stets besonnen und cool taktierte – entsprechend viele Tore warf er auch. Es gab nur ein Problem: Er regte sich entsetzlich über jeden Schiedsrichter auf, der seiner Meinung unfaire Entscheidungen traf. Seine Empörung war dann immer so groß, dass er für den Rest des Spieles nur noch einen Bruchteil seines Leistungsvermögens abrufen konnte. Schiedsrichter waren sein erklärtes Feindbild. Und das war auch das Coachingthema: „Ich möchte mich dadurch nicht mehr derartig aus dem Takt bringen lassen."

Wir sammelten im Internet Fotos von Schiedsrichtern, wir fanden sogar eines von einem Schiedsrichter, den Jörg in besonders schlechter Erinnerung hatte. Dann erstellten wir einfach eine JPG-Sammlung mit sich verändernden Fotos. Das geht beispielsweise einfach und schnell mit dem Foto-Programm von Microsoft. Man kann die veränderten Fotos auch in eine Powerpoint-Datei einbringen – um sie größer oder kleiner zu machen. Da wir in diesem Buch nicht mit farbigen Abbildungen arbeiten können, zeigen wir drei schwarz-weiß Varianten:

Wenn die Bildreihe fertig ist, kann man beispielsweise ganz schnell dazwischen hin- und herklicken, denn jede submodale Veränderung verändert auch den Bodyscan und das Körpergefühl. Jörg hörte beim Hin- und Herklicken zusätzlich leise die wingwave-Musik. Die Coachees könnten das Butterfly-Tapping einsetzen, während sie die sprichwörtlichen „Einstellungsänderungen" der Fotos als Dia-Show sehen. So lösen wir die emotionale Fixierung auf die Erscheinung eines Schiedsrichters auf und können dann neue Gefühle – z. B. mit den „SPEMs" – in die Erlebniswelt einweben. Jörg kam am besten damit zurecht, den

Abbildung 38: Desensibilisierung der emotionalen Response auf den Schiedsrichter mit visuellen Submodalitäten

Schiedsrichter gedanklich auf den Kopf zu stellen und berichtete nach dem nächsten Spiel: „Ich musste schon schmunzeln, als ich den Schiedsrichter das erste Mal sah!"

Man kann auch eine Sammlung von verschiedenen Emotionsgesichtern bereithalten, um Coaching-Kunden für bestimmte Gesichtsausdrücke zu desensibilisieren. Hierfür gibt es eine große Auswahl an Fotos beispielsweise bei iStock oder Fotolia. Wir selbst haben einmal bei einer unserer wingwave-Ausbildungen zum Thema „sicheres Auftreten" mit einer großen Gruppe verschiedene Publikumsreaktionen fotografiert: Das Publikum schaut genervt, ist gelangweilt, leere Stuhlreihen, begeisterter Applaus ... usw. So kann man dann einen Redner, Schauspieler und Musiker auf Auftritte vorbereiten und ihm online ein stresslinderndes Emotionscoaching gegen verschiedenste Publikumstrigger zugutekommen lassen.

Virtual Reality – Modelling von Vorbildern

Für das Aneignen von neuen Fähigkeiten und Verhaltensweisen können Coach und Coachee auch gemeinsam YouTube-Videos oder Fotos heraussuchen, in denen Vorbilder – im wahrsten Sinne des Wortes – die definierten Coachingziele repräsentieren: Das kann ein selbstbewusster Auftritt eines Stars oder auch von Pipi Langstrumpf sein oder eine sportliche Performance wie Golfen oder Kiten. Hat man sich auf ein „Modell" geeinigt, kann der Coachee sich in Gedanken körperlich in das Vorbild konkret hineinversetzen, am besten in einem Trancezustand, und davon lernen, die Welt „mit den Augen des Modells, mit den Bewegungen und dem Fühlen des Modells" zu erleben. Danach kann man dann wieder in die eigene Person hineinschlüpfen und die erlebten Ressourcen mitnehmen.

Das Modell-Lernen lehnt sich an die Lehre von den Spiegelneuronen an, die im deutschsprachigen Raum vor allem von dem Gehirnforscher, Arzt und Psychotherapeuten Joachim Bauer unter dem Titel: *Warum ich fühle, was du fühlst* bekannt gemacht wurde (Bauer, 2005). Hier geht es um die Entdeckung von verschiedenen Gehirnforschern, dass bei uns Menschen bestimmte Gehirnzellen aktiv werden, wenn wir andere Menschen beobachten. Das gilt sowohl für unangenehme „Zeugen-Erlebnisse", wie die Beobachtung eines Unfalls, als auch für positives Lernen von Vorbildern, was eigentlich die intensivste Form des Lernens ist, die wir kennen. Wir würden unsere Muttersprache nicht beherrschen und noch nicht einmal aufrecht gehen, wenn wir es nicht bei unseren Sozialkontakten mit allen Sinnen beobachtet und „gemodelt" hätten. Die Fähigkeit zum „Modelling" oder das „Lernen vom Vorbild" ist eine der mächtigsten NeuroRessourcen, die wir Menschen mit auf die Welt bringen und die beim Online-Coaching mit der Hilfe von Bildern und Videos sehr gut genutzt werden kann.

7.6 Kognitive Ansätze mit „Humanonline"-Stimmen

Unter kognitiven Ansätzen versteht die Psychologie Gedankenmanagement-Techniken, bei denen sich Menschen ihre blockierenden inneren Sätze bewusst machen, um sie dann durch positive, erlaubende, Ich-stärkende Dialoge mit sich selbst zu ersetzen. Die Hypothese: Förderliche Gedanken haben einen positiven Einfluss auf unsere Psyche, unsere Gesundheit und auf die Verwirklichung unserer Lebensziele. Diese Ansätze bewegen sich vor allem auf der auditiven Ebene: Es geht hier um die „innere Ansprache". Wir erwähnten schon den „Ur-Vater" dieser Ansätze, den Verhaltenstherapeuten Albert Ellis mit seiner in den 50er Jahren entwickelten „Rational-Emotiven Verhaltenstherapie".

Parallel zu Ellis' RET entwickelten sich im gleichen Zeitraum ebenfalls Ansätze, die mit imaginativen Zielbildern, vor allem aber auch mit Sätzen arbeiten: Hier geht es in erster Linie um das „positive Denken". Es gibt viele Vertreter dieser Richtung, u. a. den Bestseller-Autor Dale Carnegie mit seinem Erfolgstitel *Sorge dich nicht – lebe!* (Carnegie, 2011). Es kamen immer neue Ansätze und Werke dieses Genres auf den Markt: Beispielsweise gibt es seit 1999 im deutschsprachigen Raum das beliebte Buch-Training *The Work of Byron Katy* (Boerner, 1999). Titel dieser Art wurden und werden bis heute in der Psychologie kontrovers diskutiert. Es wird immer wieder darauf hingewiesen, dass sensible Menschen sich auch mit der Idee überfordern könnten, dass „richtiges Denken" ihre Probleme lösen könnte. Das mag so lange hilfreich sein, wie sie Erfolge erleben oder empfinden – aber was passiert, wenn das positive Ergebnis ausbleibt? Hat man dann selbst schuld, weil man nicht intensiv genug „richtig gedacht" hat? Diese Fragen stellt u. a. der deutsche Psychotherapeut Günter Scheich in seinem Buch mit dem provozierenden Titel *Positives Denken macht krank* (Scheich, 2001).

Uns scheint der Mittelweg zwischen diesen beiden Positionen der fachlich fundierten kognitiven Verhaltenstherapie und den vereinfachenden, manchmal auch reißerischen Erfolgsversprechen der Welt des positiven Denkens bzw. des „richtigen Denkens" eine brauchbare Orientierung zu sein.

Tatsache ist nun einmal, dass der „intrapersonelle Dialog" uns Menschen ständig begleitet. Wir „sagen" uns selbst, dass wir morgens aufstehen sollten, schicken uns selbst zur Arbeit und kommentieren innerlich unsere Taten und die Erlebnisse mit der Umwelt. Insofern ist es sinnvoll, diese automatischen Gedanken einmal zu analysieren und kritisch zu prüfen, ob sie uns Kraft geben oder „herunterziehen". In der Folge können wir eine Reihe von „Kognitionen", also „innere Ansprachen an uns selbst", entwickeln, die uns motivieren, trösten oder sogar aufheitern können. Dabei sind tatsächlich die so genannten „SMART"-Kriterien, wie wir sie für die Zielformulierungen in Kapitel 4 vorgestellt haben, ein sehr guter Leitfaden für die Formulierung Ich-stärkender Sätze. Man lernt den Umgang mit diesen Kriterien in der Regel in guten Coach-Ausbildungen – aber, wie schon erwähnt, wir empfehlen auch die Lektüre des Buchs *Coach Dich ...* des RET-Begründers Albert Ellis als Inspiration (Ellis, 2004).

Aber die Ausformulierung und Verinnerlichung von „funktionalen Kognitionen" für die Selbstmotivation und ein gutes Selbstwertgefühl sind nicht das komplizierteste Anliegen bei der Entwicklung von nützlichen inneren Dialogen. Ein großes Problem für die Coaching-Kunden ist immer der „Rückfall" in die eine ungünstige „Stimmungsmache" beim Selbstgespräch, gerade in Stresssituationen. „Das schaffe ich nie!" ist nur eine Variante, es kommen dann noch richtige Beleidigungen dazu wie „Ich Idiot" oder „Du blöde Kuh – hast es mal wieder vermasselt." Dabei sind noch nicht einmal die Formulierungen das hartnäckigste Problem. Generell schenken Coach und Coachee bei Gedankenmanagement-Interventionen dem Klang der inneren Stimme zu wenig Beachtung. Erst die nonverbalen Parameter einer Stimme – wie Klang, Satzmelodie, Lautstärke, Geschwindigkeit geben den entscheidenden „psychischen Touch", auch bei Grübeleien. Die innere Stimme dominiert nicht nur mit unfreundlichen Worten, sondern sie klingt dabei vorwurfsvoll, hysterisch, jammernd, kommt mit einem lauten Befehlston daher oder spricht sogar verächtlich „von oben herab". Das Ergebnis: Der Mensch ist mit seiner eigenen inneren Stimme überhaupt nicht „humanonline", sondern reagiert auf sich selbst wütend, verzagt oder beleidigt. Es entsteht ein „neurobiologischer Kurzschluss": Man stresst sich selbst, ängstigt sich selbst, lähmt sich selbst.

Die hier erwähnte wichtige Wechselwirkung zwischen Inhalt und Ton einer Botschaft erfolgt auch zwischen den zwei Hörzentren – genannt Hörcortex. Sie sind für verschiedene Interpretationen von Hörreizen zuständig: die linke Seite für die inhaltliche Bedeutung („Was ist das?") und die rechte Seite für die Interpretation, wie die Botschaft gemeint ist („Wie ist das?"), also etwa bei der Frage, ob ein schlichtes „Ja" freundlich, genervt oder gelangweilt gesprochen wurde (Ohler, 2006). Das führt in „der Welt draußen" oft zu paradoxen Szenen, auch im zwischenmenschlichen Bereich. Beispielsweise schimpfen Eltern genervt mit Ihrem Kind: „Los, nun sag ordentlich ‚Guten Tag!'" Vom Wortverständnis her kann das Gehirn mit dem Satz schon etwas anfangen – aber der interpretierende, emotionale Hörcortex speichert ab: „Guten Tag sagen geht mit einer schrecklich angespannten Stimmung einher!" Es besteht nur eine geringe Chance, dass das Kind irgendwann aus einem freudigen Antrieb heraus andere Menschen begrüßen möchte. Es heißt ja auch: „Der Ton macht die Musik."

Gibt es ein Stressthema mit dem selbst durchgeführten intrapersonellen Dialog, dann ist das problematisch. Denn man kann nicht bei sich selbst ausziehen, wir können uns nicht von uns selbst scheiden lassen oder sagen: „Ich kündige!" Hier kommen wieder wirkungsvolle Techniken aus der Submodalitätenarbeit ins Spiel.

Negative Stimmqualitäten in bedeutungslose Luft verwandeln

Lassen Sie Ihren Coaching-Kunden nicht nur beschreiben, *was* der Wortlaut der inneren Gedanken ist, sondern auch *wie* sie oder er sich selbst anspricht. Dabei hilft zur Inspiration die Liste der „auditiven Submodalitäten", die dann auch für die Gestaltung einer „funktionalen", positiven inneren Sprache zur Hilfe genommen werden kann.

Auditive Klangqualitäten: „Der Ton macht die Musik."

Welche Stimme sagt dieses Wort oder den Satz vor dem geistigen Ohr?	Die eigene, die Stimme von Frau, Mann oder Kind? Vielleicht sogar mehrere Stimmen auf einmal?
Wenn nicht die eigene Stimme:	Woher kennt man diese innere Stimme?
Lautstärke:	Laut oder leise?
Tonhöhe des Klangs:	Hoch, mittel oder tief?
Akustische Besonderheiten:	Z. B. „Echo"
Tempo der Aussprache:	Schnell, langsam, gedehnt?
Wortmelodie:	Geschwungen oder eintönig; vielleicht sogar gesungen?
Stimmqualität im Negativen:	Jammernd, drohend, militärisch, unheimlich? Usw.
Stimmqualität im Positiven:	Freundlich, aufmunternd, anfeuernd, fröhlich, flüsternd (wie ein schönes Geheimnis)? Usw.
Klangquelle im Raum:	Wort klingt von hinten, vorne, oben, neben einem, wie „Stereo" (Raumklang)

Der Coach lässt den Klienten eine Weile lang innerlich die unangenehm wirkende innere Stimme ein paar „Ansagen" machen. Dann wird der Coachee gebeten, mit dieser Negativ-Stimme ein paar Änderungen und deren Emotionsresonanz zu testen.

- Lassen Sie die Wörter von einer anderen Stimme sprechen, vielleicht von einer Micky-Maus.
- Die Stimme spricht plötzlich ganz, ganz schnell – oder auch ganz, langsam, als wenn sie gleich einschläft.
- Die Stimme singt ihre Vorwürfe und Befürchtungen oder Beschimpfungen vor.
- Es ändert sich die Klangquelle: Ganz hinten in der linken untern Ecke ist ein kleiner Lautsprecher, aus ihm heraus tönt die Stimme. Oder man stellt den inneren Lautsprecher nochmals woanders hin – oft reagieren die Coachees dann eher mit Desinteresse auf die negative Stimme, ganz unabhängig davon, wie engagiert diese spricht. Es ist einfach ein kleines „quakendes" Radio aus ihr geworden.
- Und ein kleines Radio kann man auch leiser drehen.

Der Coaching-Kunde sucht sich aus, welche Maßnahme am schnellsten zur emotionalen Erleichterung führt. Damit arbeitet sie oder er dann selbstwirksam weiter, wenn die nicht so schönen Gedanken sich wieder melden wollen. Sie werden also nicht abgewehrt – sondern wirkungsvoll entkräftet. Eine Kundin beschrieb den Effekt so: „Es ist, als würden sich die Wörter und Sätze in bedeutungslose Luft verwandeln."

Der Ton macht die Musik! Die innere Stimme als NeuroRessource

Die gute Nachricht ist: Jeder erwachsene Mensch managt sich selbst durch die eigenen „inneren Ansagen". Diese Fähigkeit bringt jede Person schon mit in ein Coaching, sie ist eine NeuroRessource. Diese Tatsache wird dann durch die Entwicklung einer positiven, Ich-stärkenden Stimme mit der inneren Ansage realistischer Ziele genutzt. Wir greifen hier nostalgisch auf einen technisch veralteten Vergleich zurück. Ein Mensch hat einen sehr schönen, hochwertigen Plattenspieler, den das Coaching unangetastet lässt – der Plattenspieler symbolisiert die NeuroRessource „Selbstgespräch". Der Coach ist dem Coachee nur dabei behilflich, eine alte, zerkratzte Platte mit schlecht aufgenommener Musik gegen eine neue Platte mit erfreulichen, erbaulichen oder positiv mitreißenden Klängen auszutauschen.

Gern arbeiten wir hier auch mit „Modell-Lernen" und fragen den Coachee: „Haben Sie in Ihrem Leben schon einmal einen Menschen getroffen, der Ihre positiven Energien weckt? Wo man sich ermutigt fühlt? Jemanden, der eine ‚mitreißende' Art hat?

Dann machen wir jetzt ein Experiment. Stellen Sie sich bitte vor, Sie würden einen störenden Flüchtigkeitsfehler machen. Aber anstatt sich selbst zu beschimpfen, legen Sie vor dem geistigen Ohr die ‚Tonspur' mit diesem positiven Vorbild ein. Lassen Sie seine oder ihre Stimme auf die Panne eingehen – in einer Art, die hilft, darüber hinwegzukommen und neuen Mut zu sammeln."

Jeder Mensch hat in seinem Leben schon eine Vielzahl von Personen getroffen, die eine positive Wirkung auf das persönliche emotionale Erleben haben: Freunde, Lehrer, Stars. Dabei ist es egal, wie die Person genau spricht: ob leise und anteilnehmend oder laut und mitreißend. Wichtig ist, dass die Art zu sprechen Ihnen persönlich Mut macht und neue Kräfte weckt. Es dürfte selbstverständlich sein, dass der Coachee die entsprechende Person schätzen und respektieren sollte. Nur dann aktiviert die mental ablaufende „Tonspur" auch die körperlichen und geistigen Kraftquellen. Übrigens können diese „Energie-Vorbilder" auch Schauspieler in Filmrollen oder sogar Fantasie- oder Märchengestalten – wie beispielsweise Asterix – sein. Hauptsache, sie erzeugen als Stimmen-Imagination auf der Gefühlsebene die gewünschten Energien.

7.7 Magic Words – aus Stress-Wörtern werden Agil-Wörter

„Magic Words" ist eigentlich eine Selbstcoaching-Methode, die aber auch in jedem Coaching sehr effektiv eingesetzt werden kann (Besser-Siegmund, 2001). Auch hier arbeiten Coach und Coachee mit Submodalitäten, vor allem auf der visuellen Ebene, wie hier ein einfaches Beispiel zeigt.

Abbildung 39: Magic Words: die „lähmende" und die agil machende Wirtschaftskrise

Betrachten Sie einmal abwechselnd diese beiden „Wirtschaftskrisen" und spüren Sie dabei in Ihren Körper hinein: Sie werden sofort feststellen, dass die beiden Wörter beim Bodyscan ein unterschiedliches „Köper-Echo" in der inneren Resonanz auslösen. Die erste Abbildung wirkt so alarmierend und gleichzeitig lähmend wie das Stresswort „Lord Voldemort" aus der Harry Potter-Geschichte, die zweite Darstellung löst eher eine nüchterne, agile Reaktion aus: „Aha, soso, Wirtschaftskrise, dann lass uns nach Lösungen und neuen Wegen suchen."

Wir haben schon beschrieben, dass Wörter per se einen Stress auslösen können, denken Sie an die Beispiele mit den Begriffen „Schmerz" oder „Putzfrau". Wörter können aber auch sehr starke positive Reaktionen auslösen – beispielsweise versucht die Werbung, Markennamen emotional mit guten Gefühlen „aufzuladen" – wenn es wirkt, nennt man das „Neuromarketing". Lösen Wörter starke Emotionen aus, spricht man in der Gehirnforschung von „Buzzwords". Allerdings ist der blitzschnelle Reaktionseffekt auf „Buzzwords" vor allem bei Begriffen nachzuweisen, die mit unangenehmen Emotionen in Verbindung stehen. Die bereits erwähnte Psychologin und Gehirnforscherin Louisa Kulke fand mit ihrem Team heraus, dass mit negativen Emotionen verwobene Wörter schon nach 100 Millisekunden eine erste Reaktion im Gehirn auslösen (Kulke et al., 2018). Mit positiven Assoziationen verknüpfte Buzzwords werden vom Gehirn zwar nicht ganz so schnell erkannt wie negativ aufgeladene Begriffe, doch werden sie laut Kulke und Team deutlich schneller gelernt, was für den Marketing-Experten und für Schüler, Studenten und Lehrer eine wichtige Botschaft ist.

Die wingwave-Forschung konnte zeigen, dass Probanden bei stressbeladenen Wörtern deutlich weniger Muskelkraft in den Händen generieren können, als wenn sie „Ressource-Wörter" denken, hören oder aussprechen. Mit einem von der Deutschen Sporthochschule Köln speziell für diese Forschung entwickelten Gerät kann dieser Effekt messbar dargestellt werden.

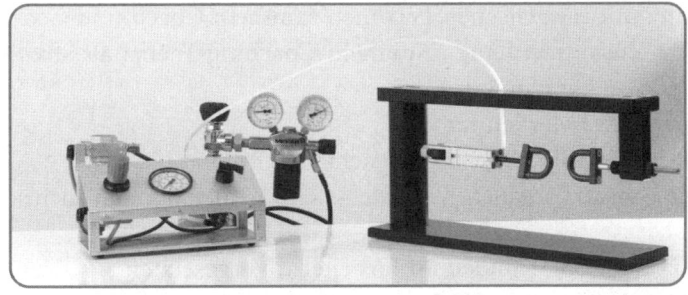

Abbildung 40: Gerät zur Durchführung des Myostatiktests mit der Fingerkraft

Mit der Magic Words-Methode verändern Coach und Coachee stressbeladene Schlüsselwörter, die als linguistische Stellvertreter für ein problematisches Thema wirken, in „Agil-Wörter". Durch eine neue Emotionscodierung über die Submodalitäten werden die ehemaligen Stresswörter nun Trigger für Gelassenheit, Machbarkeit, Entschlossenheit oder auch Humor – je nachdem, welcher Effekt für den Coachee zur Erreichung seines Ziels wichtig ist. Sogar das Wort „Problem" kann dann plötzlich Kreativität und Tatenlust wecken, die Steuererklärung wird „vom Elefanten zur Mücke" und der Name des Gegners puscht den Sportler zur Höchstleistung.

Kinder reagieren sehr gut auf die Magic Words-Methode, sie lieben beispielsweise die „lustige Angst".

Abbildung 41: Magic Words für Kinder: die „lustige Angst"

Beim Coaching mit erwachsenen Personen sammeln Coach und Coachee ein paar Wörter, die im Zusammenhang mit einem Coaching-Thema als stressende „Buzzwords" wirken. Das könnten sein:
- Ein Produkt- oder Markenname
- Institutionen wie „Börse", „Bankaufsicht"
- Zahlen wie Umsatzvorgaben, Verluste – denn Zahlen können auch sehr stressend wirken
- Namen von Kollegen, Kunden, Mitarbeitern, Vorgesetzten
- Begriffe wie „SAP" oder auch nur „Meeting"
- Wörter wie „Kalt-Akquise", „Reisekostenabrechnung" oder „Steuererklärung"

Im Sportbereich könnte man den Namen des „Angstgegners", Begriffe wie „Putten" oder „7-Meter-Wurf" auflisten oder auch Wörter wie „Olympiade" oder „Meisterschaft". Interessant ist, dass Sportler oft auch gestresst auf das Wort „Erfolg" reagieren oder Künstler sich beim Wort „Applaus" eher unter Druck fühlen, anstatt sich darüber zu freuen.

Hier kann man online sehr gut mit dem Modus „geteilter Bildschirm" arbeiten, das geht schon ganz simpel mit „Word" oder „Powerpoint", denn diese Programme bieten schon ein paar Submodalitäten an. Es können nicht alle visuellen Submodalitäten online umgesetzt werden, aber bei den meisten kann das sehr effektvoll funktionieren. Sehen Sie hier die Liste aller möglichen visuellen Submodalitäten:

Schreibweise des Wortes:	Gedruckt oder geschrieben?
Wenn gedruckt:	Nur Großbuchstaben oder groß und klein gemischt?
Wenn geschrieben:	Die eigene Handschrift oder die einer anderen Person? Wenn ja, von welcher?
Wenn die eigene Handschrift:	Die jetzige oder eine „jüngere" (z. B. ABC-Schützen-Schrift)?
Materielle Beschaffenheit der Buchstaben:	Mit Farbe oder Stift aufgetragen (flach) oder aus einem Material gefertigt (z. B. wie in Fels gehauen, aus Leuchtbuchstaben, mit Sahne auf eine Torte gespritzt? usw.)
Größe der Buchstaben:	Groß (wie z. B. auf einem Schild) oder klein (wie im Buch)?
Farbe der Buchstaben:	Farbig oder dunkel? Mit welchem Stift geschrieben?
Buchstabenhintergrund:	Hell, dunkel, farbig?
Formbesonderheiten:	Z. B. Buchstaben sehr spitz, fett, „krakelig" usw.
Schriftzugbesonderheiten:	Verlauf gerade, schräg, unregelmäßiges Auf und Ab usw.
Buchstaben, die aus dem Rahmen fallen:	Z. B. Einer der Buchstaben ist auffallend groß / schief usw.
Wo im Raum wahrgenommen (bezieht sich auf die Vorstellung):	Über mir, vor mir, unter mir oder seitlich von mir

Coach und Coachee können nach diesem Schema Wörter entweder imaginativ „verzaubern" oder – wie schon erwähnt – auch mit konkreten Schreibmöglichkeiten von Word- oder Powerpoint-Programmen mit den Wörtern „zaubern". Die Coachees werden immer dazu motiviert, das „verzauberte" Wort kurz vor dem geistigen Auge zu sehen, wenn sie es selbst aussprechen, es lesen oder es von anderen Personen gesagt bekommen.

Auch die wingwave-App bietet das Magic Words-Tool an. Hier können die Coachees sich aus Standard-Listen passende Stress- oder Ressourcewörter heraussuchen oder mit dem Tool „Meine Magic Words" spezifische „Buzzwords" wie vielleicht „Integralrechnung" zur „Verzauberung" eingeben.

Die meisten Coaching-Kunden berichten davon, dass der „Zauber-Effekt" nach einem Magic Words-Coaching monate- und jahrelang anhält: „Ich sehe das Wort ‚Kalt-Akquise' bis heute wie auf einem Verpackungslabel einer leckeren Eissorte – genauso, wie wir das Wort vor zehn Jahren verzaubert hatten", berichtete vor kurzem Martin, ein bis heute erfolgreich arbeitender Versicherungsagent.

7.8 Haptische Aufstellungsarbeit online mit dem CoBo (Constellation Board)

Natürlich kann man Aufstellungsarbeiten zu verschiedenen Themen zusammen mit dem Coachee auf dem Bildschirm durchführen. Es gibt beispielsweise Online-Pinnwände, die Coach und Coachee gemeinsam gestalten können. Das eignet sich auch gut für Teamcoachings.

Abbildung 42: Constellation Board mit selbstklebenden Figuren, die auch beschriftet werden können

Für das Einzel-Coaching bevorzugen wir auch beim Online-Coaching eine dreidimensionale Aufstellung, die Coaching-Kundin oder -Kunde selbst mit den Händen kreieren kann. Wenn genug Zeit und die geografische Möglichkeit gegeben ist, senden wir dem Coachee die „CoBo"-Ausrüstung zu. Auf diesem Constellation Board kann der Coachee Post-its aufstellen, die als Figuren gestaltet sind. Hier sieht man ein Foto im Rahmen eines Präsenz-Coachings. Der Coachee hält sein Constellation-Board in der Hand und der Coach testet dessen emotionale Reaktion auf das Aufstellungsergebnis.

Es gibt aber auch die Möglichkeit, „normale" Hochkant-Post-its einfach auf ein Schreibbrett oder einen vergleichbaren Untergrund aufzustellen. Coach und Coachee besprechen gemeinsam, welche Aufstellungselemente benötigt werden, um ein System aufzustellen: das Team, die Organisation, die Familie. Es können auch Elemente hinzukommen, welche das System beeinflussen: die Aktionäre, die Kunden, die „EU" – bei Familien könnte sogar ein Haustier dazugehören. Schon diese Vorbereitung ist eine Coaching-Intervention, da der Coachee die eigene Person im Geschehen immer mit aufstellt und so als Außenbetrachter zusammen mit dem Coach eher in die Expertenrolle geht.

Wenn alle Aufstellungselemente „kleben", fasst der Coachee das Brett mit einer Hand an und schiebt es im Raum herum: nach links, nach rechts, direkt auf Augenhöhe, man kann die gesamte Aufstellung auf den Fußboden stellen und von oben heraufschauen – ja, man kann es sogar umdrehen und auf den Kopf stellen. Immer wieder vollzieht der Coachee dann einen Body-Scan: Welche Position erzeugt das beste Gefühl bei der Wahrnehmung des Gesamtsystems? Es geht also zunächst gar nicht um die einzelnen Figuren, sondern um die Resonanz des Menschen auf ein komplexes System, in dem sie oder er sich häufig bewegt. Allein diese bestmögliche Ausnutzung des Gesichtsfelds trotz Bildschirm-Kommunikation erzeugt schon viele Ressourcen. „Ich kann plötzlich klarer denken, wenn an meine Firma denke", beschreibt es die Unternehmerin Elke. Oder die Menschen reagieren mit Humor, wenn das CoBo einmal auf dem Kopf steht. Hat man von der Emotionsqualität her den bestmöglichen Effekt erreicht, macht sich der Coachee ein Foto vom CoBo im entsprechenden Winkel der optimalen Wahrnehmungsposition.

Nach dieser Sicherstellung der emotionalen Balance im Umgang mit dem Gesamtsystem finden wieder im Gespräch Interpretationen, Umstellungen, Neu-Ordnungen statt.

7.9 Systemisches Coaching mit Spotting-Interventionen

Neben der dreidimensionalen „Constellation Work" gibt es natürlich auch die Möglichkeit der zweidimensionalen Darstellung eines systemischen Themas auf dem Bildschirm. Wie schon gesagt: Das kann mit interaktiven Online-Pinnwänden oder auch wiederum einfach mit einer PowerPoint-Präsentation durchgeführt werden, die der Coach dann „bedient". Hier nutzen wir unter anderem ein Format, das wir „systemisches Spotting" nennen. Auch dabei geht es wieder darum, die emotionale Erlebnisqualität von Coaching-Kundin oder Coaching-Kunde zu optimieren, bevor man sich inhaltlich mit den systemischen Themen beschäftigt. Systemisches Spotting eignet sich gut für die Bearbeitung von systemischen Themen einer kleineren Gruppe von zwei bis höchstens sieben Personen bzw. von System-Elementen. Wiederum wird die Person des Coachee mit aufgestellt, wir geben ihr ein optisch etwas größeres Symbol, um immer präsent zu haben, wer in dieser Konstellation die Hauptperson ist. In den 1980er-Jahren entdeckte der NLP-Mitbegründer Richard Bandler, dass Menschen innere Vorstellungen im mentalen Imaginationsraum auf bestimmten Raumplätzen anordnen, die sie mit einer emotionalen Wertung belegen. Nicht umsonst stehen Themen „im Mittelpunkt" oder man lässt sie „links liegen". Oder eine Sache ist „ganz oben", wenn sie wichtig ist, oder man hat den „Überblick" und das Thema befindet sich unter Augenhöhe. Und seit 2003 gibt es die vom US-amerikanischen Psychotherapeuten David Grand entwickelte Methode „Brainspotting", bei der Klienten zur Auflösung ihrer Stressthemen oder Traumata den Blick auf einen bestimmten Punkt im Raum fixieren.

Beim systemischen Spotting bringen wir nun die „Spots" mit Symbolen wie beispielsweise Kreisen in Bezug zueinander wie bei einer Aufstellungsarbeit, damit wir beim „Spotting" noch die NeuroRessource „Augenbewegung" integrieren können. Auch Aussagen wie: „Ich habe ein Problem" stellen wir bei diesem wingwave-Format mit zwei Spots auf: Die Person präsentiert sich dabei selbst von außen im Vorstellungsraum und das Problem wird zusätzlich aufgestellt. Dann prüfen wir die Resonanz auf die „Spot-Beziehung": die Person und das Problem, das sie – oder er – hat. Wir nennen das den „Zuschauer-Test". Wir bearbeiten also nicht in erster Linie das Problem, sondern die Emotionen, die dadurch entstehen, dass der Coachee überhaupt ein Problem hat, und wandeln die Aussage beispielsweise in den Satz: „Sabina hat ein Problem" oder „Sabina und ihr Problem".

Dieses Arbeiten mit Bezugspunkten bringt systemische Emotionen mit ins Spiel, die oft wichtig und nötig sind, um ein Problem-Erleben aufzulösen. Der NLP-Mitbegründer Robert Dilts bringt das Thema „Beziehung" gern auf folgende Formel: „1 + 1 = 3!" (Dilts, 2019). Damit meint er, dass jede Beziehung eine Dynamik entfaltet, die weit über die Wirkungskraft des einzelnen Faktors hinausgeht, und vergleicht dies mit der Wasserformel H_2O: „Erst wenn die Elemente Wasserstoff (H_2) und Sauerstoff (O) zusammenkommen, entsteht Wasser. Trennen wir die Elemente, ist auch das Wasser verschwunden." – Dies ist seine Metapher zum Thema, die er uns bei einem Kongress erzählte. Diese H_2O-Dynamik nutzt der Coach beim systemischen Spotting: Die Spots werden zunächst nicht einzeln „behandelt", sondern die Dynamik, die aus ihrer Beziehung miteinander entsteht.

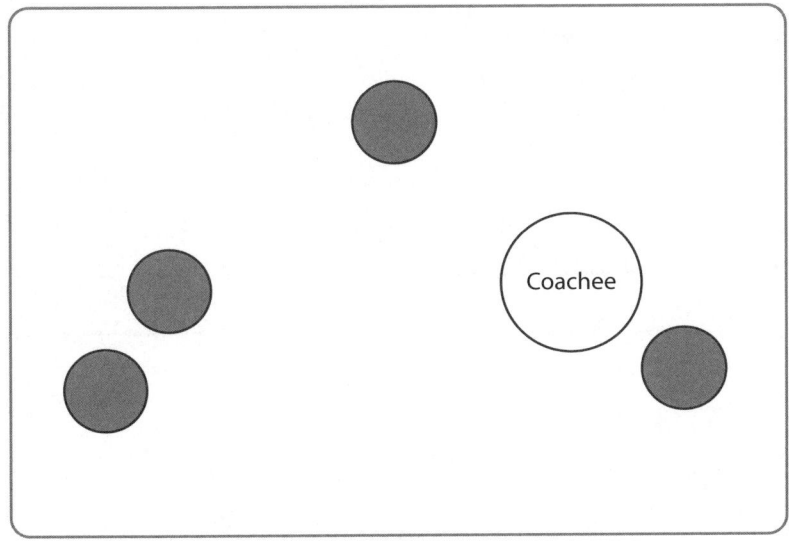

Abbildung 43: Systemisches Spotting: Die Augen wandern zwischen den Punkten hin und her.

Sind die System-Elemente aufgestellt, erforscht der Coachee mit dem Bodyscan das emotionale „Körper-Echo" auf das System, dann lässt sie oder er für maximal dreißig Sekunden die Augen zwischen den „Spots" hin- und herwandern. In der Regel setzt dann ein deutliches Durchatmen ein und die Coachees haben oft das Bedürfnis, die Spots und ihren Bezug zueinander zu verändern. Beispielsweise rückte die Coaching-Kundin den „Sabina-Spot" und den „Problem-Spot" weit auseinander und machte den Problem-Spot kleiner. Ist ein Optimum an Wohlgefühl, Gelassenheit oder auch Nüchternheit erreicht, kann auf der kognitiven Ebene mit dem Thema weitergearbeitet werden.

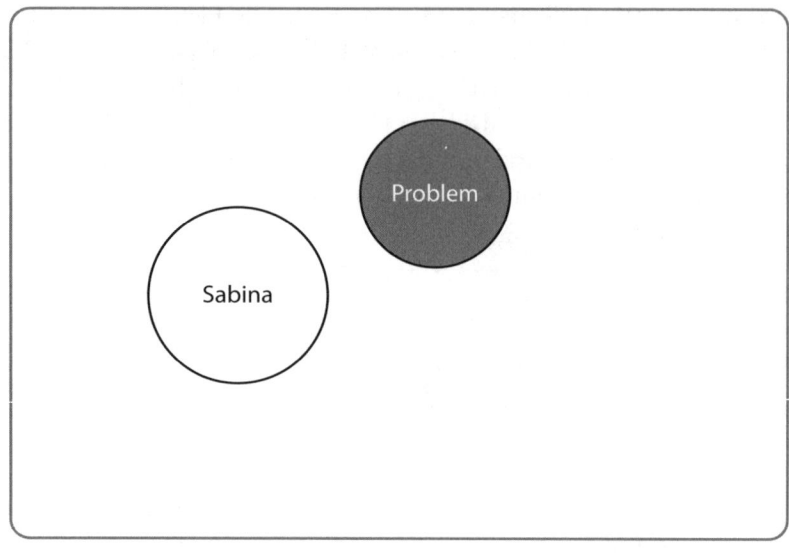

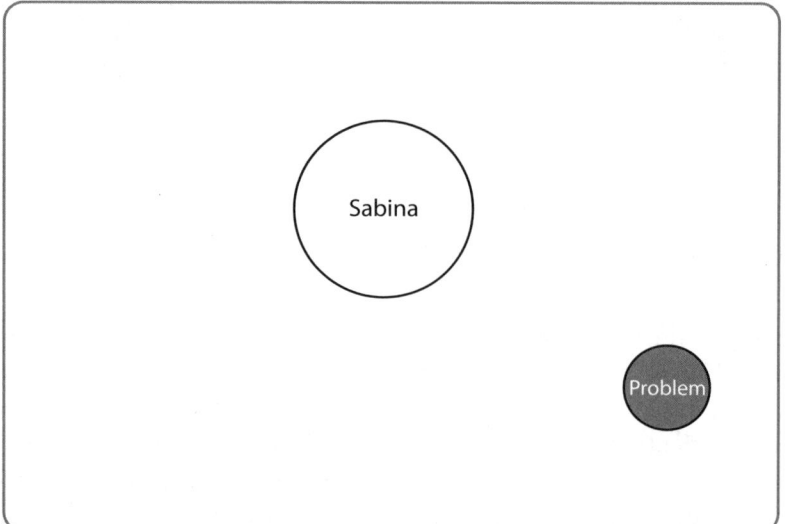

Abbildung 44: Sabina und ihr Problem: vor (oben) und nach Augenbewegungs-Set (unten)

7.10 Resilienz-Interventionen

Unter Resilienz versteht man die Fähigkeit eines Menschen, Krisen mit Kreativität zu bewältigen und sich nach erlittenen Enttäuschungen, Schicksalsschlägen oder scheinbaren Misserfolgen psychisch wieder erholen zu können. Mit „scheinbar" ist gemeint, dass resiliente Menschen auch aus Krisen lernen oder durch diese manchmal sogar positiv inspiriert werden.

Am deutschen Resilienzzentrum an der Universität Mainz untersuchte eine Forschergruppe unter der Leitung des Neurobiologen und Gehirnforschers Professor Raffael Kalisch Gehirnregionen, die – allgemeinverständlich ausgedrückt – für Fehlermeldungen zuständig sind. Sie regulieren unsere Aufmerksamkeit, wenn etwas Unerwartetes passiert, und managen passende Coping-Strategien für überraschende Erlebnisse, die „die Welt durcheinanderbringen". Anscheinend sind diese „Fehlermelder-Bereiche" bei resilienten Menschen – also bei ausgewiesenen emotionalen Überlebenskünstlern – zwar aktiv, zeigen aber keine Hyperaktivität. Das ist wohl der Grund dafür, dass resiliente Menschen besonnen und zuversichtlich mit Störquellen umgehen können. Sie registrieren zwar die Abweichung von der Erwartung, von den Werten, von der Norm, können aber diese Wahrnehmung in Denk- und Handlungsfähigkeit umsetzen (Kalisch, 2014). Kalisch veröffentlichte diese Ergebnisse unter dem Titel: „Making a mountain out of a molehill" – also: „Da macht jemand aus einem Maulwurfhaufen einen Berg". Im Deutschen kennen wir den Ausspruch, jemand würde aus einer Mücke einen Elefanten machen.

Insgesamt weiß die Stressforschung, dass Menschen mit einem hohen Arousal, also einem allgemein erhöhten Erregungsniveau des Nervensystems, verzerrte Filter für hereinkommende Reize haben – sie haben das berühmte „dünne Nervenkostüm" und kein „dickes Fell". Man kann das „Arousal" oder den Antrieb eines Menschen mit dem Trafo einer elektrischen Eisenbahn vergleichen, der die Schienen unter Strom setzen kann – für das Nervensystem sprechen wir gegenüber unseren Kunden auch von der „Mentalschwingung". Das jeweilige Level der Mentalschwingung eines Menschen entscheidet darüber, wie Reize und Erlebnisse aus der Umwelt aufgenommen werden. Ist der Trafo zu hoch aufgedreht, fahren die Züge zu schnell und „entgleisen" bei der kleinsten Kurve. Ist unsere innere Nervenschwingung zu hoch, bringt uns die kleinste Störung ebenfalls schon aus dem Konzept. Bei einer angenehmen Mentalschwingung hingegen „kriegen wir die Kurve" und schwingen uns wieder ein. Wir vergegenwärtigen dieses Reaktionsphänomen gern mit folgendem Beispiel.

Situation 1: Ein Mann schlendert als Gast durch ein Haus, welches ihm sehr gut gefällt. Er betrachtet die Bilder, die Möbel, den Blick aus den Fenstern. Plötzlich huscht eine kleine Katze an seinen Füßen vorbei. Er bekommt einen kleinen Schreck, denkt dann aber mit einem kurzen Auflachen: „Ach, das war ja nur eine Katze", fühlt sich sofort wieder ausgeglichen und setzt seinen Rundgang fort.

Situation 2: Ein paar Stunden später geht wieder ein Mann durch dasselbe Haus. Auch er betrachtet die Bilder und die Möbel. Aber dieser Mann ist ein Einbrecher. Seine Nerven sind „zum Zerreißen gespannt", er hat also eine äußerst hoch eingestellte Nervenschwingung. Plötzlich huscht wieder die kleine Katze an seinen Füßen vorbei. Er schreit auf, lässt alles stehen und liegen, stürmt aus dem Haus und erzählt hinterher, er hätte einen Tiger gesehen.

Weil also eine optimale „Trafo-Einstellung" des Arousals als wirkungsvoller Stresspuffer dient, gilt in der Stressmedizin auch die Prävention als Mittel der Wahl für die Steigerung des Resilienzvermögens. Menschen können lernen, sich immer wieder in einen Erholungsmodus zu begeben, um ihren „Trafo" auf „moderat" eingestellt zu halten. Darüber hinaus sind die REM-Phasen im Traumschlaf eine sehr wirkungsvolle Resilienzquelle. Diese NeuroRessource erwähnten wir schon. Hat ein Mensch Schlafprobleme, wäre hier auch ein Schlafcoaching eine sinnvolle Investition in das persönliche Resilienzvermögen. Aber auch für „tagsüber" eignen sich eine Fülle von bewährten Achtsamkeitsübungen oder Verfahren wie die Muskelentspannung nach Jacobson. Wir sprechen hier gern von „Erholungsverfahren", die Körper und Seele immer wieder in Balance bringen. Zuvor hatten wir schon dargestellt, dass wir das Wort „Entspannungsmethode" linguistisch nicht so ganz zielführend finden, weil hier das Wort „Spannung" enthalten ist. Wir zeigen hier zwei Erholungsübungen, die sich besonders gut für das Online-Coaching eignen, da sie die konkrete Umgebung des Coachee und bei der zweiten Übung auch in die Online-Technik zielführend mit einbeziehen.

Resilienz-Übung: Assoziationsreise als Erholungsquelle

Hinweis: Bei dieser Übung hört der Coachee die Stimme des Coaches nicht über ein Headset, sondern über den Laptop- oder PC-Lautsprecher, damit auch die auditive Raumwahrnehmung mit einbezogen werden kann.

1. Setzen oder legen Sie sich bequem hin. Lockern Sie – so weit möglich – Ihre Muskeln.
2. Nun lassen Sie den Blick im Raum umherschweifen.

3. Dann schließen Sie die Augen. Denken Sie nach: Was haben Sie eben gesehen? Ein Möbelstück, eine bestimmte Farbe, ein Bild? Benutzen Sie nun das eben Gesehene als Tagtraum-Einstieg, indem Sie darüber einige Ideen assoziieren. Hier einige Beispiele:
   - Das Möbelstück besteht aus Holz, dieses Holz war einmal ein Baum. Wo hat dieser Baum gestanden? Wie viele Sommer und Winter hat der Baum erlebt?
   - Die Farbe erinnert mich an einen bestimmten Urlaub, in dem diese Farbe vorgeherrscht hat.
   - Beim Bild könnte ich daran denken, von wem ich es eigentlich habe: Habe ich es selbst gekauft? Und wenn ja: Wo war das? Oder ist das Bild ein Erbstück von Onkel Josef? Was erinnere ich eigentlich noch von Onkel Josef? Wie waren eigentlich die Zeiten, als er geboren wurde?

4. Halten Sie die Augen geschlossen, lauschen Sie nun auf alles, was Sie in dieser Umgebung hören können und nutzen Sie wieder die „Eselsbrücken-Technik", indem Sie die verschiedenen Töne, Klänge und Geräusche als Stichwortgeber für weiteres Gedankenschweifen nutzen. Zum Beispiel:
   - Ein Auto fährt vorbei. Wer mag wohl am Steuer sitzen? Was ist wohl das Lieblings-Urlaubsziel von diesem Menschen? Eine Insel auf den Malediven? Oder die Toskana?
   - Eine Uhr tickt. Wie wurden Uhren eigentlich erfunden? Wie haben die Menschen sich ihre Zeit eingeteilt, als es noch keine Uhren gab? usw.

5. Nun machen Sie auch aus allen Wahrnehmungen die Sie fühlen, „Fühl-Geschichten":
   - Ich fühle die Luft, die ich atme. Wenn die Luft in meine Nasenlöcher hineinströmt, fühlt sie sich kühl an, wenn ich sie ausatme, fühlt sie sich warm an. Was macht die Luft in meinem Körper? Sie versorgt meine Körperzellen mit Sauerstoff ... usw.
   - Meine Füße werden von Baumwollsocken gewärmt. Baumwolle wächst doch an Büschen. Wie mag das wohl aussehen? Die Büsche blühen in warmen Ländern. Wie sieht es in diesen Ländern aus? usw.

6. Sie können jetzt natürlich – wenn Sie wollen – auch noch Geschmacks- oder Geruchsgeschichten entwerfen.

7. Spüren Sie, wie Ihr Körper in die Erholung kommt, wenn Ihre Gedanken ins Schweifen kommen. Das kommt daher, dass Sie nicht gegen die Außenwahrnehmungen angehen, sondern diese als Stichwortgeber für Ihr inneres Gedankenwandern einsetzen. Das hilft Ihnen, sich sanft von der Außenwahrnehmung zu lösen. Wenn Ihnen der gelöste Zustand angenehm genug ist, legen Sie langsam die Fingerspitzen beider Hände aneinander. Auf diese Weise ist der leichte Trance-Zustand jetzt an die Berührung der Fingerspitzen geankert.

8. Gehen Sie jetzt in Gedanken an einen besonders schönen Ort, an dem Sie sich schon einmal sehr wohlgefühlt haben. Nehmen Sie ihn wieder mit allen Sinnen wahr und tanken Sie auf: mit dem inneren Sehen, Hören, Fühlen, Riechen und Schmecken.

9. Verweilen Sie auf diese Weise fünf bis zehn Minuten bei diesen gezielten Tagträumen. Danach können Sie deutlich die Auswirkungen einer „Mini-Erholung" wahrnehmen.

10. Sie recken und strecken sich, ballen und öffnen die Fäuste mindestens drei Mal, stehen auf und bewegen sich im Raum. Die Bewegung hilft Ihnen, mit den Sinnen wieder ganz in die Außenwelt zurückzukehren.

Diese Assoziationsreise lässt sich in jeder Umgebung umsetzen und kann so in das Selbstcoaching-Repertoire des Coachee übergehen.

Resilienz-Übung: Das „Aura"-Training

Nun gibt es für Menschen, die schnell gestresst, verunsichert oder genervt von hereinkommenden Ereignissen sind, den guten Ratschlag: „Lass das doch nicht alles an Dich herankommen." Das ist vielleicht eine gute Idee, wie man stressende „Treffer" vermeiden kann – aber so leicht kann unser Gehirn dies nicht umsetzen, die Wörter haben für eine wirksame Metapher zu wenig sinnesspezifischen Gehalt. Was hier hilft, ist die konkrete Idee: „Was könnte sich denn zwischen meinem Körper und der Außenwelt befinden, damit die Außenreize nicht ‚herankommen'?"

Unter der Überschrift „Die Macht der Worte" wurde in der ZEIT die Arbeit des Sprachforschers und Neurowissenschaftlers Friedemann Pulvermüller behandelt. Dieser hatte sich mit der Frage beschäftigt, inwieweit unser Gehirn Metaphern wörtlich versteht. Laut Pulvermüllers Untersuchungen springt im Gehirn bei Metaphern wie „Es geht ganz gut" oder „Man beißt sich durch" nicht nur der präfrontale Cortex an, der für das allgemeine Einordnen einer Botschaft zuständig ist. Vielmehr zeigen sich auch Aktivitäten in den Arealen, welche die Funktion der Beine und Füße oder auch die des Kiefers steuern. Demnach erreichen wir auch mit Geschichten Gehirnareale, die eine konkrete Auswirkung auf das Körpererleben und die Körpersteuerung haben. Gibt es nun eine Idee von einem wirksamen Schutz gegen verletzende „Treffer", fühlt sich die Haut, der Magen oder der Kopf schon viel wohler an.

Hier hilft sehr gut das „Aura"-Training. Die Idee der Aura unterstellt, dass wir um den Körper herum noch so etwas wie ein durchsichtiges „Feld" haben, das aus Farben oder Licht besteht. Der Begriff stammt aus dem fernen Osten, aber auch im Deutschen gibt es die Begriffe „Charisma" oder „Ausstrahlung". Natürlich ist der Begriff „gute Ausstrahlung" nicht wörtlich zu nehmen. Denn es ist nicht damit gemeint, dass Menschen eine Lichterkette um sich herum tragen. Vielmehr wird damit ausgedrückt, dass ein Mensch einen persönlichen Raum um sich herum hat, dass ein Teil der Luft, welche die Person umgibt, noch zu ihr dazugehört und eine angenehme Energie verbreitet. Wir zeigen hier eine Übung, mit der sich Personen gezielt so etwas wie eine „bewusste Aura" um sich herum aufbauen können. Das Feedback der Coaching-Kunden ist positiv: Sie fühlen sich subjektiv freier und selbstbewusster, können aufrechter gehen und gut durchatmen. Wenn Sie dies anwenden, wird das einen angenehmen Effekt auf Ihr Erscheinungsbild ausüben. Unangenehme Dinge kommen nicht an Sie heran, sondern gehen gefühlt „gleich an den Absender zurück". Entsteht aber mit einem Kommunikationspartner eine „gute Wellenlänge" oder geschieht generell etwas Positives, lässt die Aura diese angenehme Resonanz hindurch.

Es ist wie eine moderne „mentale Sportswear" – Luft kommt durch, eklige Feuchtigkeit bleibt draußen. Die Aura ist eine äußerst wirkungsvolle Hilfe in unangenehmen Situationen: wenn Menschen einen kritisieren, benörgeln oder einen Streit anfangen, wenn stressende Nachrichten hereinkommen oder der Himmel grau ist. Man bekommt thematisch zwar mit, worum es geht, die schlechte Stimmung verbleibt jedoch Dank der Aura außerhalb Ihres Körpers. Besonders Kinder regieren sehr gut auf diese Metapher, beispielsweise wenn andere Kinder sie ärgern wollen oder der Lehrer mal nicht so gut gelaunt ist.

Wenn sich der Coach auf der Plattform „Zoom" mit seinen Kunden trifft, gibt es hier die tolle Möglichkeit, eine Aura über virtuelle Hintergründe auszuprobieren und zu testen. Da kann man verschiedene Farben oder auch Motive wie die Sonne oder einen Regenbogen testen. Das macht beiden Spaß und ist sehr ressourcevoll.

Abbildung 45: Aura-Coaching mit „Zoom"

Hier die Übungsschritte:

1. Machen Sie es sich bequem und nehmen Sie die Luft wahr, welche Ihren Körper umgibt. Diese Luft ist Ihr „persönlicher Raum".
2. Füllen Sie diesen „persönlichen Raum" in der Vorstellung mit einem angenehmen Licht, mit einer schönen Farbe oder auch verschiedenen Farben aus. Stellen Sie sich lebhaft diesen Luftmantel aus Licht und Farbe um sich herum vor.
3. Stellen Sie sich vor, dass diese Aura auch „denken" kann: Wann immer Menschen nett sind oder ein Erlebnis angenehm ist, lässt die Aura diese gute Energie zu Ihnen durchkommen. Ist das nicht der Fall, blockt die Aura eine etwaige negative Energie wie ein Energie-Feld draußen vor Ihrem Körper von Ihnen ab und schickt sie „zurück an den Absender".
4. Nachdem Sie die Aura „angezogen" haben, denken Sie ab und zu am Tag daran.
5. Integration in den Alltag: Wählen Sie zukünftig möglichst schon am Morgen einen kurzen, ruhigen Moment, um die Aura in Gedanken zu verstärken. Die gute Wirkung hält dann mehrere Stunden an – auch wenn Sie dann vom Bewusstsein her wieder Ihren Alltag wahrnehmen. Vergleichen Sie diese „optimale Einstellung" Ihrer Aura mit dem Phänomen des „Ohrwurms": Morgens hören Sie im Radio ein Musikstück und mittags wundern Sie sich, dass es immer noch in Ihnen „herumdudelt". Das Gehirn kann also morgens gut einen Impuls aufnehmen, der sich dann wie ein sinnesspezifischer Teppich über den Tag rollt. Das geht mit Bildern ebensogut wie mit Melodien.

7.11 Story-Telling und Metaphern-Coaching

Besonders wirksam für die Welt der inneren Erlebnisse sind lösungsorientierte Geschichten, die Coach und Coachee sehr gut online individuell für ein Coachingthema entwickeln können, das der Coachee derzeit mit einem Stress oder einer gefühlten Blockade verbindet. So werden sie zu Metaphern für die Auflösung der persönlichen Blockaden und sie stärken den Glauben an ein „Happy End" – auch wenn das Leben, eine Aufgabe oder ein Job mal nicht so einfach erscheinen. Mit anderen Worten: Story-Telling im Coaching fördert das Resilienzvermögen.

In den 1980er-Jahren gehörten Cora Besser-Siegmund und Harry Siegmund mit zu den damals noch wenigen Psychologen, die sich mit dem Thema „Schmerzerleben" befassten. Zu den damaligen Kollegen in diesem Bereich zählte auch der Psychotherapeut Eckard Winderl, der die Wirksamkeit von hypnotischen Geschichten auf das Schmerzerleben beforschte. Er fand tatsächlich heraus, dass bestimmte Geschichten das Schmerzerleben lindern können (Winderl, 1986). Diese Erkenntnis ist nicht nur wertvoll für Schmerzpatienten, sondern für alle Menschen, die mit der Mentalkraft von Metaphern positives Erleben und agiles Denken und Handeln steigern möchten.

Allerdings gibt es bei den Ergebnissen eine Besonderheit: Anekdoten und Metaphern, die das subjektive Erleben eines Menschen verbessern, müssen unbedingt einen sogenannten „Spannungsbogen" enthalten, sie müssen also die Struktur verfolgen, die wir von vielen alten Märchen kennen.

- Eine Hauptperson oder Hauptpersonen leben nett vor sich hin.
- Dann kommt plötzlich ein großes Problem oder gar eine Bedrohung daher.
- Die Spannung steigert sich fast ins Unerträgliche, der Zuhörer der Geschichte bangt, ob alles gut gehen wird.
- Dann kommt die erlösende „Wende zum Guten", man ist erleichtert, atmet auf, freut sich.
- Happy End: „… und sie lebten glücklich und zufrieden …"

Nur Geschichten mit dieser „Metastruktur" führten zu einer deutlichen Reduktion des Schmerzerlebens. Das weist auch auf eine NeuroRessource des Gehirns hin: Unser Gehirn liebt Regeln, die es gern abstrahiert, weil sie erlauben, die Zukunft vorherzusagen. Man spricht hier sogar vom „Zukunftssinn" des Menschen. Man hört ein Rascheln und denkt: „Oh, gleich kommt vielleicht ein Bär um die Ecke!" Das ist vielleicht nicht so schön, aber man kann schon aufgrund des Geräusches agil handeln, bevor man den Bären tatsächlich trifft. Geschichten mit einem Spannungsbogen lehren uns, dass es in einer schwierigen Lebenslage immer eine Wende zum Guten geben kann. Also scannen wir alle Möglichkeiten ab, die ein Hinweis auf eine Wende sein könnten, und sind offener dafür, sie zu finden. Eckard Winderl sagte uns in einem Gespräch: Märchen mit einem Spannungsbogen sind für Kinder ein „Hoffnungstraining".

Für die Entwicklung der individuellen Metapher halten wir auch immer ein paar visuelle Ideengeber bereit, die wir dem Coachee über den Bildschirm zeigen.

Das sind die Schritte der Intervention:
1. Der Coachee schildert ein Problem.
2. Nun sucht sich der Coachee einen sympathischen Protagonisten, der oder die in eine Erlebnisreise geschickt werden soll: ein Hase, ein Königskind, ein Baum … (Achtung: Gegenstände sollten immer Augen haben).
3. Dann sucht man für ein Problem „X", das der Klient hat, ein oder zwei „Stress-Symbole" aus und für das Ziel oder die „Lösung" des Problems ebenfalls ein oder zwei „Ressource-Symbole".
4. Nun beginnt der Coachee aus den „Zutaten" eine Geschichte mit Spannungsbogen zu erzählen. Zunächst lebt die Hauptperson zufrieden vor sich hin: „Es war einmal …". Coach und Coachee können gemeinsam Ideen entwickeln.
5. Dann kündigt sich plötzlich ein Problem am Horizont an, das Stress-Symbol wird eingeführt. Der Coach kommentiert mit Bemerkungen wie „Oh nein", „wie schrecklich" …
6. Das Problem braut sich nicht nur zusammen, es wird immer schlimmer, immer schlimmer, schlimmer geht's nicht.
7. In diesem allerhöchsten Spannungsmoment kommt die Wende zum Guten: Es kommt Rettung, plötzlich scheint die Sonne, etc. – das Ressource-Symbol hat seinen „Auftritt". Man kann erleichtert aufatmen, die angespannten Muskeln lockern sich, man sinkt wohlig in den Stuhl zurück, es tut einfach gut.
8. Und dann lebten sie glücklich und zufrieden bis an ihr Lebensende!
9. Nach der Entwicklung der Lösungsmetapher erzählt der Coachee nochmals die Geschichte. Der Coach ist der Zuhörer und geht empathisch mit. Bei Punkt 6 – wenn die Story hochdramatisch wird, tappt der Coaching-Kunde. Hier eignet sich sehr gut die Butterfly-Technik mit dem Tappen auf den eigenen Schultern.
10. Bei der erlösenden Wende zum Guten wird das jetzt gute Gefühl mit langsamen Augenbewegungen verknüpft.
11. Zum Schluss noch einmal an das Coaching-Thema denken und die Veränderung verbalisieren lassen.
12. Die Geschichte kann ebenfalls zum Abschluss mit der „Magic Talk-Funktion" der wingwave-App aufgenommen nehmen und in Kombination mit einer wingwave-Musik abgespielt werden.

7.12 Klopftechniken

Anfangs erwähnten wir schon, wie wirkungsvoll Selbstberührungen als NeuroRessourcen wirken und stellten kurz die „Klopftechniken" EFT und PEP vor. Obwohl Anleitungen beispielsweise für EFT ganz einfach im Internet unter dem Suchbegriff „EFT Ablauf" zu finden sind, schätzen es viele Coaching-Kunden doch, wenn der Coach live mit ihnen zusammen den Ablauf einmal durchspielt. Wer so ein Verfahren als Coach etwas differenzierter mit den vielen Einsatzmöglichkeiten des „Klopfens" durchführen möchte, dem empfehlen wir die PEP-Ausbildung bei dem Arzt und Psychotherapeuten Michael Bohne, der PEP auch in Coaching-Themen integriert.

Unabhängig davon, wie intensiv oder nur „nebenbei" Klopftechniken im Coaching genutzt werden, ist es sinnvoll, die Coaching-Kunden über die faszinierenden Ergebnisse der Haptikforschung zu informieren. Wir hatten anfangs schon auf das entsprechende Buch über den „Tastsinn" von Martin Grunwald hingewiesen. Dieses Know-how erhöht immer eine positive Erwartungshaltung der Coachees, wenn sie verstehen, wie effektvoll sich die kleinen selbstinduzierten „Hautverformungen" auf die mentale und körperliche Wellness auswirken – und das erhöht auch wieder die Chance, dass die NeuroRessource „Placeboeffekt" gleich noch mit in den Coaching-Prozess einfließen kann.

7.13 Vagus-Coaching

Die gleichen Ausführungen wie für die „Klopftechniken" gelten auch für das „Vagus-Coaching" – also für die vielen Möglichkeiten, unser parasympathisches Erholungssystem zu aktivieren. Auch hier kann die Vermittlung des Know-hows über die NeuroRessource „Vagus" bereits einen Interventionseffekt anstoßen. Und auch zum Thema „Vagusnerv" findet jeder Internet-User viele Selbstcoaching-Tipps, wenn man nur die Such-Wörter „Vagus Übungen" eingibt.

Hier nennen wir zusätzlich zu den schon vorhandenen Ausführungen noch ein paar weitere Möglichkeiten der Vagus-Stimulation, die der Coach dem Coaching-Kunden auch online zeigen oder vermitteln kann.

1. Gemeinsames Summen, Brummen oder Chanten des Lautes „Om" lässt den Kehlkopf vibrieren, der ganze Kopf schwingt, was wiederum den Vagus stimuliert (Habib, 2019).
2. Gurgeln stimuliert wirksam die Vagusäste im Rachenraum. Wir haben ja schon empfohlen, dass Coach und Coachee zur Vagusstimulation immer ein Glas kaltes Wasser bereit stehen haben – da kann man die Chance zum gemeinsamen Gurgeln doch gleich mit nutzen!
3. Lachen setzt natürlich automatisch ein, wenn Coach und Coachee gemeinsam Summen oder gar gurgeln. Lachen ist eine optimale Vagusstimulation.
4. Langsames Vor- und Zurückschaukeln von Kopf und/oder Oberkörper hat auch einen beruhigenden Effekt über die motorischen Kerne des Vagus. Es werden dabei die Barozeptoren (Druck-Rezeptoren in den Blutgefäßen, die den Blutdruck überwachen) der großen Halsschlagader stimuliert, die mit dem ventralen Vagus verbunden sind. Darum gibt es auch Wiegen, Schaukelstühle und Hollywood-Schaukeln.

8. Systemisches Coaching online: Teams, Paare, Familien

Für ein systemisches Online-Coaching eignen sich die schon erwähnten Online-Pinnwände: Hier können ganze Gruppen gemeinsam Themen einbringen, Themen sortieren, in eine Reihenfolge bringen. Eine Konfliktmoderation kann online genauso durchgeführt werden wie präsent: Die Systemteilnehmer können sich aussprechen, gegenseitig unter der Anleitung des Coaches sprachlich „wohlgeformte" Wünsche verbalisieren, gemeinsame Zielvereinbarungen treffen.

Man kann auch sehr gut online eine Intervention durchführen, die wir in Ableitung vom „Foto-Shooting" als „Trouble-Shooting" bezeichnen: Jeder Mensch im System kann den anderen einmal verschiedene Emotionsgesichter zeigen: traurig, gelangweilt, zufrieden, wütend, begeistert. Wichtig ist, dass jede/jeder einmal drankommt. Die anderen können Feedback geben oder bei sich selbst ein Anti-Stress-Tapping durchführen, wenn das „Emotionsgesicht" ein Unbehagen auslöst. „Trouble-Shooting" hat den Vorteil, dass die Systemteilnehmer beim nächsten Treffen ohne Coach eher mit Humor reagieren, wenn sie die „verschiedenen Gesichter" der Familienmitglieder oder Kollegen sehen. Das hat sehr effektvolle Resonanzen für ein System.

Metaphern-Coaching für Teams

Eine sehr beliebte Intervention für Teams oder alle Systeme ist ein Metaphern-Coaching, wobei dann auch die Chat-Funktion eingesetzt werden sollte, in der jeder ihre oder seine Inspirationen bei der Zusammenarbeit kurz aufschreibt. Das kann man dann einfach als Ergebnis speichern und herumschicken. Wir selbst haben dieses Format vor allem mit Teams in Firmen durchgeführt.

Zunächst gibt der Coach System-Metaphern vor und das Team entscheidet sich für eine Variante. Hier sind die beliebtesten Team-Metaphern:
- Ein Bauernhof
- Ein Zirkus
- Ein Wolfsrudel
- Ein Fesselballon
- Ein Raumschiff

Allein der Einigungsprozess auf eine gemeinsame Team-Metapher ist schon ein Team-Erlebnis für sich. Hat sich die Gruppe geeinigt, stellt der Coach ein paar Fragen zur Metapher:

1. Was ist das wichtigste Ziel eines Bauernhofs, Zirkus usw.?
2. Mit welchen Ressourcen, die besagte Metapher bietet, können wir das Ziel erreichen? Beispielsweise könnten die Teammitglieder, die sich für den Fesselballon entschieden haben, feststellen: „Wir müssen auf den Wind warten, damit wir starten können." Allerdings können Menschen bis heute noch nicht das Wetter beeinflussen. Nun kann man sich überlegen: „Bleiben wir bei der Metapher?" Denn im Fesselballon hat man einen sehr guten Überblick, das ist wiederum sehr gut. Vielleicht könnte man in der Zeit des Wartens den Ballon auf den neuesten Stand bringen. Oder: „Wechseln wir die Metapher?" Dann kann man sich für ein Schiff mit Motor entscheiden, das auf den Wind nicht angewiesen ist usw.
3. Dann kann man Ideen entwickeln, wie das jeweilige Metaphern-Projekt am besten weiterentwickelt werden kann. Beispielsweise hatte sich eines unserer Teams für die Bauernhofmetapher entschieden. Alle stellten fest, dass der Bauernhof tolle Produkte hervorbringt – dass aber die Transportwege in die Stadt nicht gut genug ausgebaut waren.

Auf diese Weise kommt wieder die anfangs erwähnte „Playfulness" ins Spiel. Wir hatten schon erwähnt, dass Menschen, die spielerisch an Themen herangehen, agiler und ideenreicher mit schwierigen Situationen umgehen können. Spielen ist auch eine NeuroRessource, die neben den Menschenkindern auch alle Säugetiere von klein auf ausleben, um sich für den geschickten Umgang mit Herausforderungen und Überraschungen zu trainieren. Wie gesagt: Alle Metaphern-Ideen werden einfach im Chat festgehalten. Im Präsenz-Coaching malen die Teams übrigens gemeinsam ein großes Bild der Metapher. Online kann man einfach bei „Google-Bild" oder in diversen Datenbanken ein Foto oder eine Illustration für die gewählte Metapher heraussuchen.

9. Drei Coachingformen: Emotionscoaching, Wissenscoaching und Fähigkeiten-Coaching

In diesem Kapitel fassen wir kurz zusammen, in welche Rubriken wir die einzeln vorgestellten Themen und Interventionen aufteilen. Das kann ein brauchbarer Anhaltspunkt für eine gute Mischung der Formate und Angebote sein.

9.1 Emotionscoaching

Bei diesem Coaching-Ansatz steht nicht die Frage im Vordergrund, welches Verhalten oder Wissen den Coachee zu seinem Ziel führt, sondern in welcher emotionalen Verfassung er sein muss, um Erfolg zu haben. Ein Kunde kann sehr wohl über alle nötigen Wissenselemente und Fähigkeiten verfügen – und dennoch treten diese Ressourcen im entscheidenden Moment nicht ausreichend in Kraft. Das Wort „Emotion" spricht hier für sich: Der Wortstamm ist das lateinische Wort „Motio", das heißt „Bewegung". Und die Emotionen sind immer der Motor, welcher das Leistungsvermögen zum Laufen bringt – oder es blockiert. Im Buch haben wir dazu Formate wie beispielsweise das Achtsamkeitscoaching mit der wingwave-Musik zur Überwindung von Blockaden, das systemische Spotting, die Aufstellungsarbeit oder die körperorientierten Klopftechniken und das Vagus-Coaching vorgestellt, um nur einige Beispiele zu nennen.

9.2 Wissenscoaching

Anders als bei den anderen „Coaching-Sorten" erfordert das Strategie- und Wissenscoaching nur wenig Interventions-Einsatz. Hier geht es nicht um den Erwerb neuer Fähigkeiten, sondern um deren sinnvolle Kombination. Die Klienten verknüpfen einzelne Verhaltensmöglichkeiten und Wissenselemente zu neuen Verhaltensmöglichkeiten. Natürlich wird hier auch gelernt, jedoch spricht man auf diesem Gebiet vom „One-Trial-Learning" oder vom „Aha-Lernen". „Aha, so kann man das machen" oder „aha, so kann ich mir das also erklären" ist dann vom Tenor her die Resonanz auf die Coaching-Intervention. Vielleicht benötigt der Kunde eine Phase der Gewöhnung an die konsequente Nutzung dieser neuen Möglichkeit, aber sowohl kognitiv als auch von den Verhaltensmöglichkeiten her ist er dem Stoff bereits im gleichen Moment gewachsen, in dem er ihn präsentiert bekommt. Dies gilt sowohl für Sach- und Fachaufgaben als auch für übergeordnete Verhaltensmöglichkeiten.

Hier geht der Coach in die Rolle eines Dozenten, der dem Kunden Wissenselemente für die Erreichung seiner Leistungsziele zur Verfügung stellt. Das können Inhalte aus der Psychologie, der Medizin oder beispielsweise auch der Völkerkunde sein. Wissenscoaching ist für Menschen in Leistungskontexten ein besonders wichtiger Motivationsbaustein für die erfolgreiche Umsetzung von Coaching-Maßnahmen. Diese Klientengruppe möchte immer erfahren, warum sie ein Verhalten zeigen oder umsetzen soll, welchen Sinn die Aktivität hat. So nützt es wenig, nur zu sagen: „Sie sollten sich nicht überfordern." Wichtig ist es, dem leistungsorientierten Coachee die genaue Erklärung der Zusammenhänge zwischen Erholungsphasen und Erfolg oder zwischen Sozialkompetenz der Führungskraft und niedrigem Krankenstand der Mitarbeiter zu erläutern. Oder das reine Know-how über NeuroRessourcen kann vom Coaching-Kunden schon als äußerst gewinnbringend empfunden werden. In den letzten Jahren ist übrigens das Interesse am Thema Gehirnforschung – wie schon erwähnt – bei der leistungsorientierten Coaching-Klientel enorm angestiegen. Vorträge mit entsprechenden Referenten sind stets gut besucht.

9.3 Fähigkeiten-Coaching

Hier stößt der Coachee an die Grenzen seiner gegenwärtigen Fähigkeiten. Lernen neuer Verhaltensweisen setzt als Einstieg eine Konfrontation mit dem Zustand des Nicht-Könnens, also eine bewusste Inkompetenz, voraus. Ein solcher Zustand wird vorübergehend von den meisten Menschen als fremd oder gar subjektiv unangenehm erlebt. Der Coach hat also die Aufgabe, den Coachee über diese unbehagliche Phase des Nicht-Könnens hinweg zu motivieren, ihm ein Ansteigen der neuen Fähigkeiten immer wieder bewusst zu machen, um so schnell das Erleben von neuer bewusster Kompetenz zu erzielen. Eigentlich geht es hier um Change-Prozesse – auch in der persönlichen Entwicklung eines Menschen, die manchmal von den Menschen als „Tal der Tränen" empfunden wird, so beschrieb es einmal eine Kollegin von uns.

Das bringt die seit Jahrzehnten bekannte „Lernkurve" des schon erwähnten kanadischen Psychologen Albert Bandura sehr gut zum Ausdruck. Bandura beschreibt hier zunächst den komfortablen Zustand des „Könnens". Der Zustand ist so ressourcevoll, dass einige Menschen nicht wahrhaben wollen, dass ihr „Können-Niveau" nicht mehr den aktuellen Anforderungen der jetzigen Realität entspricht. Wir zwei älteren Autoren, Cora Besser-Siegmund und Harry Siegmund, erinnern uns noch sehr gut an die Zeit, als die Menschen sich von Schreibmaschine auf Computer und IT umstellen mussten. Aus dieser Zeit stammt noch der Scherz: „Woran erkennt man einen Menschen, der sich noch nicht an die Computer-Arbeit gewöhnt hat? Am Tipp-Ex auf dem Bildschirm!" Es gab große Proteste gegen diesen Wandel bis hin zu Arbeitsgerichtsprozessen. Beispielsweise kämpften Journalisten in Redaktionen um den weiteren Einsatz ihrer heiß geliebten „Gabriele" – das ist der Name einer Schreibmaschine. „Gabrieles" werden sogar heute noch als neu aufgelegte „Vintage-Modelle" verkauft.

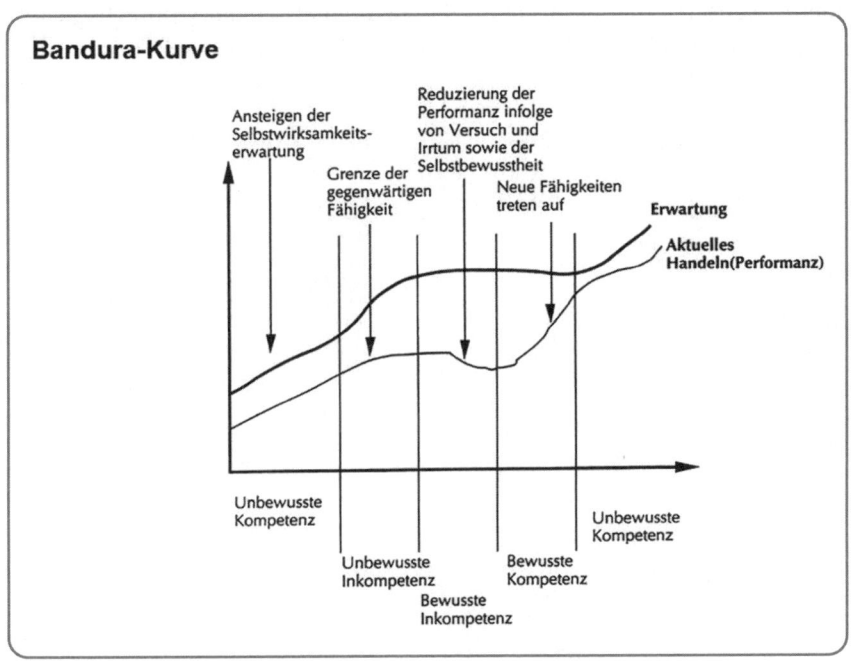

Abbildung 46: Die Bandura-Lernkurve

Das „Aufwachen in der Realität" nennt Bandura dann die „bewusste Inkompetenz". Aber wenn dann die ersten Erfolgserlebnisse beim Change- oder Lernprozess eintreten, fühlen sich die Menschen wieder wohl und sind auch stolz auf ihre neu etablierten Verhaltensmöglichkeiten. Dann entsteht die bewusste Kompetenz, die wieder ins allgemeine Verhaltensrepertoire und damit in die unbewusste Kompetenz übergeht.

Hier hat sich vor allem wingwave-Coaching für die Lernmotivation von Schülern und Studenten bewährt. Auch beim Online-Coaching könnte man Abbildungen vom Lernstoff – beispielsweise für die Vorbereitung auf das Wirtschaftsprüfer-Examen – auf den geteilten Bildschirm stellen und dazu dann ein Emotionscoaching mit der wingwave-Musik durchführen.

Wenn Coaching-Kunden Verhaltensweisen oder sogar sportliche Leistungen aktivieren wollen, eignet sich auch das „Modelling-Coaching", wie wir es im Kapitel über „Virtual Reality" beschrieben haben.

Das Einüben von Selbstcoaching-Tools wie beispielsweise der Resilienz-Übung „Assoziationsreise" oder den Ablauf eines EFT-Tappings kann man ebenfalls dem „Fähigkeiten-Coaching" zuordnen. Hier werden Mental-Prozesse gelernt, die der Coachee vielleicht bis dato noch nicht kannte. Dieses Einüben funktioniert besser, wenn ein anderer Mensch – hier der Coach – das Kennenlernen der Übung begleitet, sei es online oder präsent. Hier wirkt dann wieder der Humanonline-Faktor.

10. Online-Coaching, Selbstcoaching-Prozesse und „Blended Learning"

Doch unabhängig vom Humanonline-Faktor zwischen Coach und Coachee ist es sinnvoll, Coaching-Prozesse nach einigen Sitzungen auch in Selbstcoaching-Prozesse übergehen zu lassen. Hier erwähnen wir einige Möglichkeiten, die wir selbst in unseren Coachings einsetzen.

10.1 Anker-Interventionen

Eine sehr gute Möglichkeiten der Integration der Coaching-Ergebnisse sind Anker-Techniken, wie man sie aus dem NLP kennt. Man etabliert mit dem Coachee sinnesspezifische Erinnerungsmomente an das Coaching-Ergebnis. Beispielsweise kann man verabreden, Zweckform-Pünktchen an den Badezimmerspiegel oder an den Kühlschrank zu kleben, um sich an das „Aura-Training" zu erinnern. Oder man bittet im Coaching in einem besonders ressourcevollen Moment, dass Coaching-Kundin oder Coaching-Kunde mit einem der Daumen wackelt – um diesen motorischen Anker dann beispielsweise bei einem Auftritt bewusst einzusetzen. Die gesamte NLP-Literatur bietet dazu eine Fülle von wirkungsvollen Anker-Techniken.

10.2 Selbstcoaching mit der wingwave-App

Für das „Blended Learning" – also die Kombination aus persönlicher Begegnung mit unterstützenden elektronischen Lern- und Coaching-Programmen – haben wir eine spezielle App entwickelt: unsere wingwave-App. Hier können Coaching-Kunden mit der Magic Word-Methode, mit der wingwave-Musik und mit verschiedenen Selbstcoaching-Übungen die Effekte der Humanonline-Coachings aktiv weiter intensivieren. Viele Coaches bieten auch eigene „Blended Learning"-Programme an – beispielsweise auf ihren Homepages.

10.3 Magic Talk für Beliefs, Affirmationen und Coaching-Metaphern

Abschließend möchten wir noch einmal das bewährte Tool „Magic Talk" auf der wingwave-App erwähnen, das sich in alle Coaching-Methoden sehr gut integrieren lässt. Hier können passend zu den jeweils angewandten Coaching-Verfahren Coaching-Ergebnisse mit einer Sprach-Memo festgehalten und dann mit der gut beforschten, leistungsintensivierenden wingwave-Musik verknüpft werden. Das gilt für Ich-stärkende Beliefs, konstruktiv formulierte Affirmationen und für die in diesem Buch vorgestellten individuell entwickelten Coaching-Metaphern.

Anhang

Anhang

11. Literatur

Aalberse, M. (2020). *Seminar-Skript: Die Polyvagal-Theorie und ihre Implikationen für die therapeutische Praxis.* Berlin: Akademie für integrative Traumatherapie.

AALBERSE, M. & GESSNER-VAN KERSBERGEN, S. (Hrsg.) (2012). *Die Lösung liegt in deiner Hand.* Tübingen: dgvt Verlag.

ACKERMANN, J. (2010). Incidential haptic sensations influence social judgements and decisions. *Science* 328 (5986), S. 1712–1715.

BANDLER, R. (1985). *Using your Brain for a Change.* Lafayette, Kalifornien: Real People Press.

BANDLER, R. (2010). *Metasprache und Psychotherapie – Struktur der Magie Band I und II.* Paderborn: Junfermann-Verlag.

BANDLER, R. (1977). *Frogs into Princes.* Utah: Real People Press.

BANDLER, R. (2013). *Neue Wege der Kurzzeittherapie – Frogs into Princes.* Paderborn: Junfermann-Verlag.

BANDURA, A. (1977). Self-efficacy: Toward a unifying theory of behavioral change. *Psychological Review,* S. 195–215.

BASSO, M. A. & MAY, P. (2017). Circuits for Action and Cognition: A View from the Superior Colliculus. *Annual Review of Vision Science,* S. 197–226.

BAUER, J. (2005). *Warum ich fühle, was du fühlst – Intuitive Kommunikation und das Geheimnis der Spiegelneurone.* Hamburg: Hoffmann und Campe.

BAUER, J. (2015). *One Computer Scientist's (Deep) Superior Colliculus.* Hamburg: Universität Hamburg, Fakultät für Mathematik und Informatik.

BEAULIEU, D. (2003). *Eye Movement Integration Therapy: The Comprehensive Clinical Guide.* Carmathen, UK: Crown House.

BESSER-SIEGMUND, C. (1990). *Sanfte Schmerztherapie mit mentalen Methoden.* Düsseldorf: Econ-Verlag.

BESSER-SIEGMUND, C. (2001). *Magic Words – der minutenschnelle Abbau von Blockaden.* Paderborn: Junfermann-Verlag.

BESSER-SIEGMUND, C. (2007). *Sicheres Auftreten mit wingwave-Coaching: Punktgenaues Emotionsmanagement bei Auftrittsangst und Lampenfieber.* Paderborn: Junfermann-Verlag.

BESSER-SIEGMUND, C. (2009). *Erfolge zum Wundern – 50 und eine Coaching-Geschichten.* Paderborn: Junfermann.

BESSER-SIEGMUND, C. (2010). *Mentales Selbstcoaching.* Paderborn: Junfermann-Velag.

BESSER-SIEGMUND, C. (2013a). *Das Rauchen aufgeben – ein wingwave-Buch (E-Book).* München: dotbooks.

BESSER-SIEGMUND, C. (2013b). *Studienbrief „Einzelcoaching".* Hamburg : Euro-FH Europäische Fernhochschule Hamburg.

BESSER-SIEGMUND, C. (2015). *Schnelle Hilfe bei Angst: Lähmende Gefühle besiegen mit der wingwave-Methode. Ich coache mich selbst!* Hannover: Humboldt-Verlag.

BESSER-SIEGMUND, C. & RATHSCHLAG, M. (2013). *Mit Freude läuft's besser – durch wingwave positive Emotionen fördern und Leistung steigern.* Paderborn: Junfermann.

BESSER-SIEGMUND, C. & SIEGMUND, H. (2003, Erst-Veröffentlichung 1991). *Coach Yourself – Persönlichkeitskultur für Führungskräfte.* Paderborn: Junfermann-Verlag.

BESSER-SIEGMUND, C. & SIEGMUND, H. (2004). *Imaginative Familienaufstellung mit der wingwave-Methode.* Paderborn: Junfermann-Verlag.

Besser-Siegmund, C. & Siegmund, H. (2010, neu überarbeitet 2015). *wingwave – wie der Flügelschlag eines Schmetterlings (ehemals EMDR im Coaching)*. Paderborn: Junfermann-Verlag.
Besser-Siegmund, C. & Siegmund, H. (2016). *Denk Dich nach vorn.* ↗ http://www.wingwave-shop.com.
Besser-Siegmund, C. & Siegmund, L. (2015). *Neurolinguistisches Coaching – NLC – Sprache wirkt Wunder!* Paderborn: Junfermann-Verlag.
Besser-Siegmund, C. & Siegmund, L. (2016). *Work-Health-Balance – aktiver Stressabbau mit der wingwave-Methode.* Hannover: Humboldt-Verlag.
Besser-Siegmund, C. & Siegmund, L. (2019). *wingwave-Coaching für Kinder und Jugendliche.* Paderborn: Junfermann-Verlag.
Besser-Siegmund, C., Siegmund, L. & Siegmund, H. (2018). *Systemdynamisches Coaching: Die faszinierende Welt der Emotions-Netzwerke.* Paderborn: Junfermann-Verlag.
Biermann-Ratjen, E. (2003, 9. Auflage). *Gesprächspsychotherapie – Verändern durch Verstehen.* Stuttgart: Kohlhammer.
Bingel, U., Schedlowski, M. & Kessler, H. (2019). *Placebo 2.0: Die Macht positiver Erwartung.* Zürich: rüffer & rub.
Boerner, M. (1999). *Byron Katies The Work: Der einfache Weg zum befreiten Leben.* Leipzig: Goldmann-Verlag.
Bohne, M. (2019). *Bitte klopfen – Anleitung zur emotionalen Selbsthilfe.* Carl-Auer-Verlag.
Bohne, M., & Grümmer-Hohensee, C. (2017). *Klopfen gegen den Stress.* Frankfurt am Main: Mabuse-Verlag.
Carnegie, D. (2011, zuerst 1948). *Sorge dich nicht – lebe!* Frankfurt am Main: Fischer-Verlag.
Church, D. et al. (2012). The Effect of Emotional Freedom Techniques on Stress Biochemistry: A Randomized Controlled Trial. *The Journal of Nervous and Mental Disease,* S. 891–896.
Cohen, J. D. & Castro-Almanacos, M. (2010). Behavioral State Dependency of Neural Activity and Sensory (Whisker) Responses in Superior Colliculus. *JNP – Journal of Neurophysiology,* Vol. 104, No. 3, S. 1661–1672.
Conel, J. L. (1939). The postnatal development of the human cerebral cortex. Vol. 1. *The cortex of the newborn.* Oxford, England: Havard University Press.
Costa, A. M. & Strijkers, K. (2013). The temporal dynamics of first versus second language production. *Brain and Language.* ICREA 107 (1), S. 6–11.
Costa, A. M. (2016). On words and brains: Linking psycholinguistics with neural dynamics in speech production. *Language, Cognition and Neuroscience,* S. 524–535.
Cowen, A. S. & Keltner, D. (2017). Self-report captures 27 distinct categories of emotion bridged by continuous gradients. *PNAS – Physical Science,* Vol. 114, No. 38, E7900–E7909.
Crum, A. J. & Langer, E. J. (2007). Mind-Set Matters: exercise and the placebo effect. *Psychological Science,* Vol. 18, S. 165–171.
Csikszentmihalyi, M. (17. Aufl. 2014). *Flow: Das Geheimnis des Glücks.* Stuttgart: Klett-Cotta.
Damasio, A. (2011). *Selbst ist der Mensch – Körper, Geist und die Entstehung des menschlichen Bewusstseins.* München: Siedler-Verlag.
Dana, D. (2019). *Die Polyvagal-Theorie in der Therapie.* Lichtenau / Westfalen: Probst-Verlag.
Dash, S. et al. (2014). Cerebellum-Dependent Motor Learning: Lessons from Adaptation of Eye Movements in Primates. *Progress in Brain Research,* S. 121–155.
Derks, L. (2014). *Das Spiel sozialer Beziehungen – NLP und die Struktur zwischenmenschlicher Erfahrungen.* Stuttgart: Klett-Cotta.

DIERKS, M.-L. (2015). *wingwave auf dem Prüfstand der Forschung.* In: Besser-Siegmund, C. & Siegmund, H. (2010, 2. Aufl. 2015). Paderborn: Junfermann-Verlag.

DILTS, R. (2019). *Next Generation Leadership: mach Dich fit für die Zukunft mit Innovation und Resilienz.* Erlangen: Castle Mount Media.

DORAN, G. T. (1981). There's a S. M. A. R. T. way to write management's goals and objectives. *Management Review,* Vol. 70, Issue 11 (AMA FORUM), S. 35–36.

ECKER, B., TICIC, R. & HULLEY, L. (2012). *Unlocking The Emotional Brain.* USA: Routledge.

EDEN, K. (2016). *Hypnose und Imagination bei Erwerb und Repräsentation motorischer Handlungen – eine fMRT Studie (Dissertation).* Abgerufen am 06.102020 von: ↗ https://docserv. uni-duesseldorf.de/servlets/DocumentServlet?id=37978.

EKMANN, P. (2010). *Wie Sie Emotionen erkennen und richtig interpretieren.* München: Elsevier-Verlag.

ELLIS, A. (2004). *Coach Dich! Rationales Effektivitäts-Training zur Überwindung emotionaler Blockaden.* Würzburg: Hemmer / Wüst.

ERICKSON, M. H. (2013). *Hypnose – Induktion – Therapeutische Beispiele.* Stuttgart: Klett-Cotta.

FRITSCHE, N. (2007). *Stressbewältigung mit wingwave – Empirische Überprüfung der Methode an Studierenden mit Prüfungsangst und Schauspieler/innen mit Lampenfieber.* Hamburg: Universität Hamburg, Fachbereich Psychologie.

GERSHON, M. (2001). *Der kluge Bauch.* München: Goldmann-Verlag.

GLENBERG, A. & KASCHAK, M. (2002). Grounding language in action. *Psychonomic Bulletin and Review,* S. 558–565.

GRABHER, B. (2019). *wingwave-Coaching bei Redeangst: Eine Studie über die Auswirkungen von Stressabbau auf die nonverbale Kommunikation.* Masterthesis im „Universitätslehrgang für Interpersonelle Kommunikation" zur Erlangung des akademischen Grades „Master of Science in Interpersonal Communication" (MSc) an der Kultur-und Gesellschaftswissenschaftlichen Fakultät der Universität Salzburg.

GRAWE, K. (2004). *Neuropsychotherapie.* Göttingen: Hogrefe-Verlag.

GRIMBERG, M. (2013). *Der Einsatz der wingwave-Methode zur Steigerung der objektiven Leistung und Verbesserung des subjektiven Wohlbefindens beim 5000m-Lauf.* Köln: Bachelorarbeit – Deutsche Sporthochschule Köln.

GRINDER, J. & BANDLER, R. (2010). *Kommunikaktion und Veränderung – Struktur der Magie II.* Paderborn: Junfermann-Verlag.

GROSSO, A. (2015). Auditory cortex involvement in emotional learning and memory. *Neuroscience Epub,* Vol. 299, S. 45–55.

GRUNWALD, M. & MAECK, S. (2020). Berührungen regulieren Beziehungen, sie sind biochemischer Klebstoff. *Der Spiegel,* Mai 2020.

GRUNWALD, M. (2017). *Homo hapticus: warum wir ohne Tastsinn nicht leben können.* München: Droemer Knaur-Verlag.

HABIB, N. (2019). *Aktivieren Sie Ihren Vagus-Nerv.* Kirchzarten bei Freiburg: VAK-Verlag.

HAUK, O. (2004). *Somatotopic representation of action words in human motor and premotor cortex.* PubMed, US National Library of Medicine, National Institutes of Health.

HEGER, S.-A. (2017). *Stressfaktoren der EMDR-Behandlung, Stimulation, EEG und periphere Physiologie.* Dissertation. Germany: Media TUM – Universitätsbibliothek Technische Universität München, Fakultät der Medizin.

HELLER, J. (2015). *Das wirft mich nicht um. Mit Resilienz stark durchs Leben gehen.* München: Kösel-Verlag.

HENDERSEN, J. M. (2005). Eye movements are functional. *Memory and Cognition* 33 (1), S. 98–106.

HERGERSBERG, P. (2019). *Auge in Auge mit dem Rechner.* Berlin: MaxPlanckForschung – Wissenschaftsmagazin der Max Planck Gesellschaft, No. 4.

HOFMANN, A. & GALLEY, N. (2014). *Theorien zur Wirksamkeit von EMDR – ebook.* Stuttgart / New York: www.thieme-connect.de.

HUPPERTZ, M. (2015). *Achtsamkeitsübungen – Experimente mit einem anderen Lebensgefühl. 99 Anleitungen für die Praxis.* Paderborn: Junfermann-Verlag.

HUTH, A. G. (2016). Natural speech reveals the semantic maps that tile human cerebral cortex. *Nature* 532, S. 453–458.

HÜTHER, G. (2008). *Gehirnforschung und Soziologie – Die Strukturierung des Gehirns durch soziale Erfahrungen* (Paper zum 33. Kongress der Deutschen Gesellschaft für Soziologie in 2006). Frankfurt am Main: Campus-Verlag.

HÜTHER, G. (13. Auflage 2016). *Biologie der Angst – wie aus Stress Gefühle werden.* Göttingen: Vandenhoeck & Ruprecht.

IWAMOTO, Y. & KAKU, Y. (2010). Saccade adaptation as a model of learning in voluntary movements. *Springer Link – experimental brain research* 204, S. 145–162.

KALISCH, R. (2014). Making a mountain out of a molehill: on the role of the rostral dorsal anterior cingulate and dorsemedial prefontal cortex in conscious threat appraisal, catastrophizing and worrying. *Neuroscience and biobehavioral reviews* 42, S. 1–8.

KEMPERMANN, G. (2012). *Körperliche Aktivität und Hirnfunktion. Der Internist – Springer Nature,* S. 698–704.

KEMPERMANN, G. & SCHWARZ, C. (2018). *Bewegung und Hirnleistung: Gehen hilft uns geistig auf die Sprünge.* Abgerufen am 31. August 2020 von: ↗ https://www.wiwo.de/lifestyle/bewegung-und-hirnleistung-gehen-hilft-uns-geistig-auf-die-spruenge/23120110.html

KISSLER, J. (2007). Buzzwords – early cortical responses to emotional words during reading. *Psychological Science,* Vol. 18, No. 06, S. 475–480.

KLATT, S. & WEILAND, F. (2019). *Forschungsergebnisse „Schüler-Coaching mit wingwave".* In: Besser-Siegmund, C. & Siegmund, L. (2019). Paderborn: Junfermann-Verlag.

KLEIN, H. (2020). *Experimentelle Untersuchung zu den Auswirkungen eines Selbstcoachings per wingwave-App auf die Performance beim Mountainbiken.* Universität Freiburg, Masterarbeit Fakultät Sportwissenschaft.

KLIMMER, M. (2012). *So coachen sich die Besten – persönliche Höchstleistung erzielen.* München: Redline-Verlag.

KOBA, C. et al. (2021). Spontaneous eye-movements during eyes-open rest reduce resting-state-network modularity by increasing visual-sensorimotor connectivity. *Network Neuroscience,* Vol. 5, S. 451–476.

KOLK, B. V. (2019). *Verkörperter Schrecken.* Lichtenau: G. P. Probst.

KONEBERG, L. & GRAMER-ROTTLER, S. (2004). *7 Körperübungen für clevere Kinder.* München: Kösel-Verlag.

KÖNIK-LINEK, C. (1995). *„Aphasie bei Mehrsprachigkeit: Eine Fallstudie".* Dissertation zur Erlangung des Grades des Doktors der Philosophie beim Fachbereich Sprachwissenschaften der Universität Hamburg.

KRAUZLIS, R. (2009). A priority map for movement and perception in the primate superior colliculus. *Journal of Vision,* Vol. 9, No. 14.

KRAUZLIS, R. et al. (2014). Attention as an effect not a cause. *Trends in cognitive sciences,* Vol. 18, S. 457–464.

KRENN, C. (2013). *Myokine, die Skelettmuskulatur als größtes und wichtigstes Stoffwechselorgan des Menschen.* Universität Wien / Universitätsbibliothek, ↗ https://othes.univie.ac.at/31679.

KREUZ, G. (2012). Psychoneuroendocrine research on music and health: an overview. *Music, Health and Wellbeing*, S. 457–557.
KULKE, L. et al. (2018). Differential effects of learned associations with words and pseudowords on event-related brain potentials. *Neuropsychologia*, Vol. 124, S. 182–191.
KUTSCHA, D. (2012). *Der Einsatz der wingwave-Methode nach Sportverletzungen: eine Nachfolgeuntersuchung*. Saarbrücken: Akademiker Verlag.
LAUSBERG, H. (2019). *The Neuroges® Analysis System for nonverbal Behavior and Gesture*. Bern, Schweiz: Peter Lang Verlag.
LEER, A., ENGELHARD, I. M. & VAN DEN HOUT, M. A. (4 2014). How eye movements in EMDR work: Changes in memory vividness and emotionality. *Journal of Behavior Therapy and Experimental Psychiatry*, Vol. 45, S. 396–401.
LEHMANN, A. & KOPIEZ, R. (2017). *Handbuch Musikpsychologie*. Göttingen: Hogrefe-Verlag.
LEVINE, P. A. & HART, S. (2011). DVD: *Das Somatic Experiencing-Modell*. Mühlheim: Auditorium Netzwerk.
LIEBERMANN, M. (2014). *Social – why our brains are wired to connect*. Victoria, Kanada: Abebooks.
LIEBERMANN, M. et al. (2007). Putting feelings into words – affect labeling disrupts amygdala activity in response to affective stimuli. *Psychological Science*, Vol. 18, S. 421–428.
LIEBERMANN, M. (2013). *The social brain and its superpowers*. TED-Talk: ↗ https://youtu.be/NNhk3owF7RQ.
MECHSNER, F. (2004). Lernen – wie das Wissen in den Kopf kommt. *GEO-Magazin*, Ausgabe 10: „Wie wir klüger werden".
MEERT, K., PANDELAERE, M. & PATRICK, V. M. (2014). Taking a shine to it: How the preference for glossy stems from an innate need for water. *Journal of consumer psychology*, Vol. 24, S. 195–206.
MELZACK, R. (1999). From the gate to the neuromatrix. *PAIN*, Vol. 82, S. 121–126.
MERHABIAN, A. (2007, erste Auflage 1972). *Nonverbal Communication*. New Brunswick USA: Aldine Transaction Publisher.
MEYER, R. et al. (2021). *Ressourcenorientiertes Einzelcoaching nach ZRM: Theoretische Grundlagen für die Arbeit mit dem Zürcher Ressourcen Modell ZRM®*. Göttingen: Hogrefe-Verlag.
MICHALAK, J. (2014). *Unsere Art zu gehen beeinflusst, was wir uns merken*. Witten: Universität Witten/Herdecke.
MICHALAK, J. et al. (2017). *Achtsamkeit üben: Hilfe bei Stress, Depression, Ängsten und häufigem Grübeln* (Ratgeber zur Reihe Fortschritte der Psychotherapie). Göttingen: Hogrefe-Verlag.
MIKOTEIT, T. & HATZINGER, M. (2017). Schlaf und psychische Resilienz. *Psychiatrie und Neurologie*, Vol. 5, S. 9–12.
MILBY, A. H. & CASEY H. (2008). Vagus nerve stimulation for epilepsy and depression. *Neurotherapeutics*, Vol. 5, S. 75–85.
MÖBIUS, K. (2019). *Das Gehirn wird vom Lernen glücklich. mdr Wissen – die großen Fragen unserer Zeit*. ↗ https://www.mdr.de/wissen/themenwoche/glueck-freude-lernen-gehirn-100.html
MÖLLER, H., GREIF, S. & SCHOLL, W. (Hrsg.) (2018). *Handbuch Schlüsselkonzepte im Coaching*. Berlin: Springer-Verlag.
MÜLLER, M. & SCHWARZ, J. (2019). The Impact of the Animated Children's Program of Baby TV on the Handled Government-Language Development of the Child. *World Journal of Education*, Vol. 9, S. 118–130.
MÜLLER, N. (2016). Effekte eines Tanz- und eines Gesundheitssporttrainings auf die graue Hirnsubstanz gesunder Senioren. *Sportwissenschaft*, Vol. 46, S. 213–222.

Müller, T. (2007). *Baby-TV statt Gute-Nacht-Geschichten? Hirnforscher sind davon nicht begeistert.* ↗ https://www.aerztezeitung.de/Medizin/Baby-TV-statt-Gute-Nacht-Geschichten-Hirnforscher-sind-davon-nicht-begeistert-400311.html

Nasse, A. (2013). *Der Einsatz der wingwave-Musik bei körperlicher Aktivität hinsichtlich objektiver sowie subjektiver Belastungsparameter.* Köln: Bachelor-Arbeit, Deutsche Sporthochschule.

Niles, A. N. et al. (2014). Randomized controlled Trial of expressive writing for psychological and physical health: The moderating role of emotional expressivity. *Anxiety, Stress, & Coping,* Vol. 27, S. 1–17.

Oehler, R. (2006): *Vom Schall zum Sinn – die Neurobiologie des Hörens.* hr2 Funkkolleg, 02.12.2006. ↗ http://arbeitsgruppe.ch/pub/Music/MusicMat/HR2_FK-09_Erlebnis-Zuhoeren.pdf

Olivé, I. et al. (2018). Superior Colliculus Resting State Networks in Post-Traumatic Stress Disorder and Its Dissociative Subtype. *Hum Brain Mapp,* Vol. 39, S. 563–574.

Park, M. et al. (2019). Global music streaming data reveal diurnal and seasonal patterns of affective preference. *Nature Human Behavior,* Vol. 3, S. 230–236.

Patzlaff, R. (2000). *Der gefrorene Blick. Physiologische Wirkungen des Fernsehens und die Entwicklung des Kindes.* Stuttgart: Freies Geistesleben & Urachhaus.

Pitti, A. et al. (2014). Development of the multimodal Integration in the Superior Colliculus and is Link to Neonates facial preference. *Advances in cognitive neurodynamics IV,* S. 543–546.

Plichta, M. M. (2011). Auditory cortex activation is modulated by emotion: a functional near-infrared spectroscopy (fNIRS) study. *Neuroimage,* Vol. 1, S. 1200–1207.

Pontes, U. (2016). *Vom Schall zur Deutung.* ↗ https://www.dasgehirn.info/wahrnehmen/hoeren/vom-schall-zur-deutung.

Porges, S. (2017). *Die Polyvagal-Theorie und die Suche nach Sicherheit: Traumabehandlung, soziales Engagement und Bindung.* Lichtenau: G. P. Probst-Verlag.

Proyer, R. T. et al. (2020). Can Playfulness be stimulated? A Randomised Placebo-Controlled Online Playfulness Intervention Study on Effects on Trait Playfulness, Well-Being, and Depression. *Applied Psychology Health Well-Being,* Vol. 15, S. 129–151.

Rathschlag, M. (2013). *Self-generated emotions and their influence on physical performance.* Köln: Promotions-Arbeit an der Deutschen Sporthochschule Köln.

Rathschlag, M. & Besser-Siegmund, C. (2013). *Mit Freude läuft's besser – durch wingwave positive Emotionen fördern und Leistung steigern.* Paderborn: Junfermann-Verlag.

Reiter, H. H. (2017). *Hirnforschung und Weiterbildung – wie Trainer, Coaches und Berater von den Neurowissenschaften profitieren können.* Weinheim: Beltz-Verlag.

Richter, M. et al. (2010). Do words hurt? Brain activation during the processing of pain-related words. *PAIN,* Vol. 148, S. 198–205.

Rizzato, M. & Donelli, D. (2014). *I am Your Mirror: Mirror Neurons & Empathy.* Torino, Italy: Blossoming Books.

Rogers, C. (1983). *Die klientenzentrierte Gesprächspsychotherapie – Client centered Therapy.* Frankfurt: Fischer-Verlag.

Rosenberg, S. & Oechsler, R. (2018). *Der Selbstheilungsnerv: So bringt der Vagus-Nerv Psyche und Körper ins Gleichgewicht – Mit 8 einfachen Übungen.* Freiburg: VAK.

Roth, G. & Ryba, A. (2017). *Coaching, Beratung und Gehirn.* Stuttgart: Klett-Cotta.

Roth, G. (2019). Integratives Coaching auf neurowissenschaftlicher Grundlage. *Organisationsberatung, Supervision, Coaching,* Vol. 26, S. 297–312.

Rousseau, P.-F. et al. (2020). Cracking the EMDR code: Recruitment of sensory, memory and emotional networks during bilateral alternating auditory stimulation. *Australian & New Zealand Journal of Psychiatry*, Vol. 54, S. 818–831.

Satir, V. (2013). *Selbstwert und Kommunikation. Familientherapie für Berater und zur Selbsthilfe.* Stuttgart: Klett-Cotta.

Schaeffel, F. (2019). Prävention der Myopie (Kurzsichtigkeit). *Der Ophtalmologe*, Vol. 116, S. 509–517.

Scheich, G. (2001). *Positives Denken macht krank.* Frankfurt am Main: Eichborn-Verlag.

Schellewald, V. (2010). *Der Einsatz der wingwave-Methode zur psychischen Rehabilitation nach Sportverletzungen.* Köln: Bachelorarbeit an der Deutschen Sporthochschule Köln.

Schirdewahn, P. (2013). *Herz aus dem Takt.* Gelnhausen: Wagner-Verlag.

Schneider, D. (2014). Der Trick mit dem Buchstabensalat. ↗ https://www.fehler-haft.de/wissen/buchstabensalat.html.

Schöllmann, E., & Schöllmann, S. (2014). *Respektvoll miteinander sprechen – Konflikten vorbeugen: 10 Trainingsmodule zur gewaltfreien Kommunikation in der Grundschule – von der Wolfssprache zur Giraffensprache.* Mühlheim an der Ruhr: Verlag an der Ruhr.

Schramm, S. (2012). Die Macht der Worte. *Die Zeit Wissen* Nr. 6.

Schröder, R. et al. (2020). Functional connectivity during smooth pursuit eye movements. *Journal of Neurophysiology*, Vol. 124, S. 1839–1856.

Schulz, J. (2020). *Autogenes Training Das Original-Übungsbuch: Die Anleitung vom Begründer der Selbstentspannung.* Stuttgart: Trias-Verlag.

Schwanitz, C. & Selbmann, M. (2016). *Es ist doch nur Kugelstoßen.* Oberhausen: Noel-Verlag.

Seifert, J. (2005). *Ereignisorientierte EEG-Aktivität.* Lengerich: Pabst Science Publishers.

Shapiro, F. (2013). *Freiwerden von der Vergangenheit: Trauma-Selbsthilfe nach der EMDR-Methode.* München: Kösel-Verlag.

Siegmund, L. (2013). *Impulsmanagement für Führungskräfte mit der wingwave-Methode – Empirische Studie über die Wirksamkeit der Coaching-Methode und theoretische Rückschlüsse auf die mögliche Steigerung der emotionalen Balance im Leistungskontext.* Erding: Bachelorarbeit im Bereich Wirtschaftspsychologie an der Fachhochschule für angewandtes Management.

Singer, T. & Lamm, C. (2009). The social neuroscience of empathy. *The Year in Cognitive Neuroscience, Annals of the New York Academy of Sciences*, S. 81–96.

Small, G. & Voran, G. (2009). *IBrain – wie die neue Medienwelt das Gehirn und die Seele unserer Kinder verändert.* Stuttgart: Kreuz-Verlag.

Sopp, M. R. et al. (2017). Remembering specific features of emotional events across time: The role of REM sleep and prefrontal theta oscillations. *Cognitive, Affective, & Behavioral Neuroscience*, Vol. 17, S. 1186–1209.

Sopp, R., & et al. (Februar 2019). REM theta activity predicts re-experiencing symptoms after exposure to a traumatic film. *Sleep Medicine*, Vol. 54, S. 142–152.

Spitzer, M. (1996). *Geist im Netz – Modelle für Denken, Lernen und Handeln.* Heidelberg: Spektrum-Verlag.

Spitzer, M. (2004). *Wie funktioniert das Gehirn? Auf dem Weg zu einer neuen Lernwissenschaft.* Stuttgart: Schattauer.

Spitzer, M. (2007). *Lernen und die Schule des Lebens.* Heidelberg: Spektrum.

Spitzer, M. (2012, Audiobook). *Wie Erwachsene denken und lernen.* Etsdorf am Kamp / Österreich: Galila-Verlag.

SPITZER, M. (2014). *Digitale Demenz – wie wir uns und unsere Kinder um den Verstand bringen.* München: Droemer Knaur.
SPITZER, M. (2018). *Einsamkeit – die unerkannte Krankheit: schmerzhaft, ansteckend, tödlich.* München: Droemer Knaur.
SPITZER, M. (2019). Psychotherapie im Mausmodell – Was bei EMDR gegen PTBS im Gehirn passiert. *Nervenheilkunde,* Vol. 38, S. 231–239.
SPITZER, M. & BERTRAM, W. (2007). *Braintertainment.* Stuttgart: Schattauer.
SPITZER, M. & BERTRAM, W. (2009). *Hirnforschung für Neu(ro)gierige.* Stuttgart: Schattauer.
SPITZER, M. & GRAF, H. (2011). Das Gehirn beim Nichts-Tun. *Nervenheilkunde,* Vol. 30, S. 1005–1007.
SPOMEDIAL. (2009). *Gesichtsfeld und peripheres Sehen.* ↗ http://vmrz0100.vm.ruhr-uni-bochum.de/spomedial/content/e866/e2442/e8554/e8574/e8610/e8656/index_ger.html.
SPOMEDIAL. (2009). *Zusammenspiel zwischen fovealer und peripherer Wahrnehmung.* ↗ http://vmrz0100.vm.ruhr-uni-bochum.de/spomedial/content/e866/e2442/e8554/e8574/e8610/e8662/index_ger.html.
STEINHÄUSER, N. (2011). *Die Rolle von Sicherheitsverhalten in der Expositionstherapie bei Panikstörung mit Agoraphobie.* Dissertation an der Philosophischen Fakultät II der Julius-Maximilians-Universität Würzburg.
STORCH, M. & KRAUSE, F. (2017a). *Selbstmanagement – ressourcenorientiert: Grundlagen und Trainingsmanual für die Arbeit mit dem Zürcher Ressourcen Modell (ZRM).* Göttingen: Hogrefe-Verlag.
STORCH, M. & KRAUSE, F. (2017b). *Ressourcen aktivieren mit dem Unbewussten: Die ZRM-Bildkartei.* Göttingen: Hogrefe-Verlag.
STORCH, M. & TSCHACHER, W. (2017). *Embodiment: Die Wechselwirkung von Körper und Psyche verstehen und nutzen.* Göttingen: Hogrefe-Verlag.
VESTER, F. (1998). *Denken, Lernen Vergessen: Was geht in unserem Kopf vor, wie lernt das Gehirn, und wann lässt es uns im Stich?* München: dtv Wissen.
WARTBERG, L. et al. (2018). Depressive symptoms in adolescents – prevalence and associated psycholosocial features in a representative sample. *Deutsches Ärzteblatt,* Vol. 115, S. 549–555.
WEGNER, D. (1995). *Die Spirale im Kopf: von der Hartnäckigkeit unerwünschter Gedanken – die Psychologie der mentalen Kontrolle.* Bergisch Gladbach: Bastei-Lübbe.
WEGNER, D. (1998). The Putt and the Pendulum: Ironic Effects of mental Control of Action. *Psychological Science,* Vol. 9, S. 196–201.
WEHLING, E. (2016). *Politisches Framing.* Köln: Herbert von Halem Verlag.
WILLIS, J. & TODOROV, A. (2006). First impressions: making up your mind after a 100-ms exposure to a face. *Psychological Science,* Vol. 17, S, 592–598.
WINDERL, E. (1986). *Die hypnotische Therapie chronischer Schmerzen – zur Wirksamkeit therapeutischer Anekdoten.* Frankfurt: Peter Lang Verlag.
WÖRZ, R. (2004). Psychiatrische Schmerzdiagnostik und Schmerztherapie. *Psychiatrie in der klinischen Medizin,* S. 173–194.
ZIMMERMANN, U. (2014). *Definition: Sakkaden.* Eye Tracking Lexikon: ↗ https://eyetracking.ch/glossar-sakkade/.

12. | Abbildungsverzeichnis

Abbildung 1:	„Wärmeaustausch"	16
Abbildung 2:	Humanonline – die Motorik mit einbeziehen	19
Abbildung 3:	Gesichtsfeld und peripheres Sehen, Spomedial	20
Abbildung 4:	„Wach" durchgeführte Augenbewegungen	21
Abbildung 5:	Periphere Blickführung beim Online-Coaching	28
Abbildung 6:	Die subjektiv angenehmen Emotionsqualitäten	29
Abbildung 7:	NeuroRessourcen sind angeboren und ohne Lernen oder Training verfügbar	31
Abbildung 8:	„Nucleus okulomotorius"	34
Abbildung 9:	Maus vor und nach der Stress-Behandlung durch EMDR	34
Abbildung 10:	Der paarig angelegte „Colliculus superior"	35
Abbildung 11:	Der SC ist bei Säugern auch im Nachtschlaf aktiv – und zwar während der REM-Phasen, nicht in den Tiefschlafphasen.	36
Abbildung 12:	Zielausrichtung und „priority Map" der Reihenfolge	38
Abbildung 13:	Der SC: Aufbereitung von Sinnesreizen zu motorischen Signalen, die zu Orientierungsbewegungen des Organismus führen	40
Abbildung 14:	„Feeling Good"	40
Abbildung 15:	Gamma-Wellen gehen u. a. mit „Verschmelzungserlebnissen" einher	41
Abbildung 16:	Skala des subjektiven Erlebens	45
Abbildung 17:	Raumeinnehmende Handbewegungen beim Rede-Halten	49
Abbildung 18:	Gesten als NeuroRessource im Online-Coaching	49
Abbildung 19:	Auch ein Kaufrausch kann in ungesunden Stress ausarten	50
Abbildung 20:	Der gut beforschte Myostatiktest	53
Abbildung 21:	Homunculus	64
Abbildung 22:	Das limbische System und seine Lage im Gehirn	65
Abbildung 23:	Intensive SC-Aktivierung: „Attention", positive Emotionen und Reaktionsvermögen im „Zusammenspiel"	70
Abbildung 24:	Erwachsene spiegeln intuitiv kleine Kinder – umgekehrt auch...	79
Abbildung 25:	Die „Mimikri-Kompetenz" ist uns angeboren – der SC macht es möglich	79
Abbildung 26:	Entwicklung der multimodalen Integration im SC und seine Rolle für die „Gesichtspräferenzen" von Neugeborenen	80
Abbildung 27:	Coaching-Ergebnis: richtige Antworten im Zeitverlauf	83
Abbildung 28:	Die Prüfungsangst nimmt nach dem Coaching ab	84
Abbildung 29:	Verzweifelter User	93

Abbildung 30: Verbindungsgeschwindigkeit 97
Abbildung 31: Online-Kongress Emotions for a Change 100
Abbildung 32: Datenschutzeinstellungen Windows 10 107
Abbildung 33: Foto-Coaching 116
Abbildung 34: Erklär-Video 121
Abbildung 35: Erweiterung des Zahlenraums auf eine Million 133
Abbildung 36: Die subjektiv unangenehmen Emotionsqualitäten 134
Abbildung 37: Der „weiche", defokussierte Blick, „Träumer-Blick" 138
Abbildung 38: Desensibilisierung der emotionalen Response
 auf den Schiedsrichter mit visuellen Submodalitäten 143
Abbildung 39: Magic Words: die „lähmende" und die agil machende
 Wirtschaftskrise 150
Abbildung 40: Gerät zur Durchführung des Myostatiktests
 mit der Fingerkraft 151
Abbildung 41: Magic Words für Kinder: die „lustige Angst" 152
Abbildung 42: Constellation Board mit selbstklebenden Figuren,
 die auch beschriftet werden können 154
Abbildung 43: Systemisches Spotting: die Augen wandern
 zwischen den Punkten hin und her 157
Abbildung 44: Sabina und ihr Problem: vor (links) und nach
 Augenbewegungs-Set (rechts) 158
Abbildung 45: Aura-Coaching mit „Zoom" 163
Abbildung 46: Die Bandura-Lernkurve 173

13. Alle Informationen über die wingwave-Coaching-Methode – präsent und online

Zurzeit arbeiten weltweit mehrere Tausend Coaches mit der wingwave-Methode in über 40 Ländern. Besonders effektiv wird wingwave im Präsenz-Coaching zusammen mit dem wissenschaftlich gut überprüften Myostatiktest eingesetzt.

Seit 2020 arbeiten auch viele wingwave-Coaches weltweit mit „wingwave-Online", viele davon sind auch in „Humanonline mit NeuroRessourcen" nach den Inhalten dieses Buchs ausgebildet.

wingwave-Homepage und Coach-Finder „Präsenz-Coaching"

Unter ↗ https://www.wingwave.com finden Sie neben einer ausführlicher Methodendarstellung nationale und internationale Adressen von ausgebildeten wingwave-Coaches in Ihrer geografischen Nähe. Sie können gezielt nach Postleitzahlengebieten, freien Suchbegriffen oder nach Schwerpunktthemen suchen wie z. B. „Work-Life-Coaching", „Auftritts-Coaching", „Stressmanagement", „Karriere-Coaching", „Sport-Coaching", „Überwindung von Zahnbehandlungsangst" usw. Geben Sie bei den Coach-Adressen im Suchfeld einfach die entsprechenden Begriffe ein. So finden Sie den Coach oder Therapeuten mit dem gewünschten Schwerpunkt in Ihrer Nähe.

↗ https://wingwave.com/coach-finder.html

wingwave-Coaching „online" und mit dem Coaching-Konzept „Humanonline mit NeuroRessourcen"

wingwave-Coaching „online" ist eine eigene Coaching-Welt mit speziellen Online-Konzepten wie „Humanonline mit NeuroRessourcen", wie sie in diesem Buch vorgestellt werden. „Humanonline" und „NeuroRessourcen" sind urheberrechtlich geschützte Begriffe, wingwave-Coaches haben hier eine spezielle Online-Ausbildung absolviert. Coaching mit NeuroRessourcen fließt aber auch in das Präsenz-Coaching mit wingwave ein.

Die Interventionen orientieren sich in vielen Bereichen an dem bewährten Ansatz „EMDR im Coaching", wie er im wingwave-Basis-Buch von 2001 beschrieben ist. EMDR gehört mit zu den am besten beforschten Psychologie-Methoden der Welt. Beim Online-Coaching setzen die wingwave-Coaches – anders als beim Präsenz-Coaching – hauptsächlich auf die „bilateral alternierende Stimulation" mit visuellem, auditivem und haptischem Emotionsmanagement. Auch hier gibt es dann noch thematische Highlights wie „Gesundheitsmanagement", „Präsentationssicherheit", „Selbstbild-Coaching" und die „Arbeit mit dem inneren Kind" – um nur einige Beispiele zu nennen.

Hier geht es zur wingwave online Welt:
↗ https://wingwave.com/online-coaching/wingwave-world-online

Die Zielgruppe von wingwave-Coaching und weitere Coaching-Angebote

Sie haben im Buch schon gelesen, dass es sich bei wingwave um eine Coaching-Methode handelt, dass die wingwave-Interventionen keine Psychotherapie sind und eine solche auch nicht ersetzen können. wingwave ist – präsent und online – ein Kurzzeit-Coaching-Konzept für alle Menschen in anspruchsvollen Berufen und Leistungssituationen, wie z. B. Führungskräfte, Manager, Künstler und Sportler. Auch Schüler, Studenten und Prüfungskandidaten profitieren von der Methode.

Präsent und online: Was ist das wingwave-Training?

Das wingwave-Training richtet sich an zwei Zielgruppen: Zum einen können sich bereits zertifizierte wingwave-Coaches zum wingwave-Trainer ausbilden lassen, zum anderen können Sie als Anwender der Methode – neben dem wingwave-Coaching auf individueller Basis – wingwave auch als Selbstcoaching-Tool in der Gruppe lernen.

Mit dem wingwave-Training lernen Sie Methoden kennen, die Ihre Gesundheit und Lebensqualität durch Stressmanagement, Entspannung und kreatives Leistungsverhalten stärken. Das Training bietet moderne Selbstcoaching-Methoden für eine täglich tragende Aktivitäts-Erholungs-Balance.

Beschreibung des wingwave-Trainings

Sie wollen Stress reduzieren, sich innerlich ruhig und stabil fühlen, regelmäßig auf wirkungsvolle Weise energievoll sein? Und Sie würden sich freuen, wenn Sie für diesen Effekt – nach der Teilnahme an einem Training – keine zusätzlichen Zeiten im Tagesgeschehen investieren müssen? Mit dem wingwave-Training lassen Sie Entspannung und Stressreduktion einfach in jeden Tag hineinfließen – ohne zusätzlichen Zeitaufwand. Das ist für jeden wertvoll, der Arbeit und Freizeit täglich mit einem guten Lebensgefühl verknüpfen möchte – und den Einsatz moderner Medien wie Apps, Tablets und Musik-Playern mag. Die Teilnehmer sind:

- alle Berufstätigen
- alle „Familienmanager" wie zum Beispiel Eltern
- Firmenteams
- Schüler, Studenten, Auszubildende

wingwave auch im Social Web

	Facebook ↗ http://www.facebook.com/WingWaveCoaching
	XING ↗ http://www.xing.com/net/wingwave
	YouTube ↗ http://www.youtube.com/wingwave
	linkedin ↗ http://www.linkedin.com/company/wingwavedasoriginal
	Instagram ↗ http://www.instagram.com/wingwave_official

wingwave-Bücher von Cora Besser-Siegmund, Harry Siegmund und Lola Siegmund

Praxisbücher

BESSER-SIEGMUND, CORA & SIEGMUND, LOLA, Co-Autoren Klatt, Stefanie und Weiland, Frank (2019): „wingwave Coaching für Kinder und Jugendliche". Junfermann Verlag, Paderborn.
wingwave hat sich schon seit Jahren auch als eine effektive psychologische Kurzzeit-Methode für Kinder und Jugendliche bewährt. Besonders spannend sind die positiven Forschungsergebnisse zu diesem Thema, die von dem Forscherteam Stefanie Klatt (Junior-Professorin) und Frank Weiland (Psychologe (M.Sc.) und Sportpsychologe (M.Sc.), Doktorand) vorgestellt werden Die Studien wurden an der Deutschen Sporthochschule Köln durchgeführt.

BESSER-SIEGMUND, CORA & SIEGMUND, LOLA (2015): NLC – Neurolinguistisches Coaching – Sprache wirkt Wunder! Junfermann Verlag, Paderborn.
In diesem Buch beschreiben die Autorinnen detailliert das punktegenaus Vorgehen beim Arbeiten mit der „Vita-Sprache" des Menschen und mit dem Myostatiktest als effektivem Coaching-Kompass.

BESSER-SIEGMUND, CORA & SIEGMUND, HARRY (2015, neu überarbeitete Auflage): wingwave – wie der Flügelschlag des Schmetterlings (ehemals EMDR im Coaching). Junfermann Verlag, Paderborn.
Dieses Buch ist das Basis-Werk, nach dem alle wingwave-Coaches arbeiten. Hier ist die ganze Methode, der wissenschaftliche Hintergrund und die Entstehung von wingwave beschrieben.

BESSER-SIEGMUND, CORA & RATHSCHLAG, MARCO (2013): Mit Freude läuft's besser. Durch wingwave positive Emotionen fördern und Leistung steigern. Junfermann Verlag, Paderborn.
Dieses Buch stellt neueste Forschungsergebnisse zur Erforschung der wingwave-Coaching-Methode und zum Myostatik-Test vor.

wingwave-Selbstcoaching-Bücher

Die folgenden Veröffentlichungen von Cora Besser-Siegmund und Lola Siegmund enthalten viele wingwave-Selbstcoaching-Übungen zu verschiedenen Themen. In diesen gut verständlich geschriebenen Büchern zeigt die Autorin, wie sich mit gezieltem Emotions-Management viele Ängste bewältigen oder unangenehme Angewohnheiten im Alltagsleben verändern lassen. Den Alltag stressfreier zu gestalten, das Rauchen aufzugeben, anders zu essen oder Beziehungen selbstbestimmter zu erleben es ist lernbar.

BESSER-SIEGMUND, CORA & SIEGMUND, LOLA (2016): Work Health Balance -aktiver Stress-Abbau mit der wingwave-Methode, Humboldt-Verlag, Hannover.
BESSER-SIEGMUND, CORA (2013): Schnelle Hilfe bei Angst und Stress, Weltbild Verlag, Augsburg.
BESSER-SIEGMUND, CORA (2013): Nie wieder Heißhunger (e-Book bei dotbooks).
BESSER-SIEGMUND, CORA (2013): Frei von Eifersucht (e-Book bei dotbooks).
BESSER-SIEGMUND, CORA (2013): Das Rauchen aufgeben (e-Book bei dotbooks).

Vertiefungsthemen:

BESSER-SIEGMUND, CORA / SIEGMUND, HARRY (2004): Imaginative Familienaufstellung mit der wingwave-Methode, jetzt erhältlich im e-Pub-Format auf ↗ https://www.wingwave-shop.com
Das Buch zur Imaginativen Familienaufstellung mit der wingwave-Methode, die von den beiden Autoren erfolgreich entwickelt wurde.

wingwave-Musik

Die wingwave-Musik wirkt neben ihren ausgleichenden, positiven Melodien vor allem durch einen Links-rechts-Takt, der über Stereo-Kopfhörer abwechselnd die beiden Gehirnhälften auditiv „berührt" und so eine optimale Zusammenarbeit aller Hirnareale zum Schwingen bringt. Diese bilateral-auditive Gehirnstimulation hilft den Leistungsstress zu reduzieren und unterstützt kreative Prozesse. Und sie verbessert die Zusammenarbeit der beiden Gehirnhälften (Rousseau et al., 2020). Einige Übungen haben Sie schon im Buch kennengelernt. Für diesen Selbstcoaching-Effekt muss die Musik mit Kopfhörern eingesetzt werden. Die Musik wurde in ihrer Wirkung gut beforscht. Sie senkt die Pulsrate, beruhigt da allgemeine Erregungsniveau und Sportler (Mountainbiker) sind bei Rennen messbar schneller am Ziel, wenn sie vor dem Rennen fünf Minuten die Musik hören (Klein, 2020).

Es gibt wingwave-Musik-Alben zum Relaxen, Einschlafen, Tagträumen. Aber Sie können die Musik auch zur mentalen Unterstützung von Aktivitäten benutzen: beim Aufräumen oder beim Ausfüllen der Steuererklärung – um nur einige Beispiele zu nennen. Sie wickeln dann diese Aktivitäten subjektiv leichter und objektiv manchmal auch schneller ab.

Im Hintergrund laufen beruhigende Naturgeräusche, angenehme oder auch inspirierende Klänge oder Wellengeräusche (wingwave waves). Der Rhythmus ist immer „andante" – so wie der Herzschlag in Ruhe. Das alles zusammen senkt messbar die Pulsrate und das Erregungsniveau des Nervensystems, beruhigt, lässt allen Stress abfließen, steigert das Wohlgefühl und öffnet den Weitwinkel für lösungsorientiertes und positives Wahrnehmen und Denken. Schauspieler, Studenten und Schüler hören die Musik beim Auswendig-Lernen. Speziell für Kinder gibt es die Musik „wingwave children".

Wie so oft ist es eine natürlich eine Geschmacksfrage, wem welche Musik oder welche Melodie besonders gut gefällt. Ausführliche Beschreibungen gibt es zu jedem Track. Ein Musikstück dauert im Durchschnitt 20 Minuten lang ist.

Sie finden die wingwave-Musik direkt im Shop ↗ https://www.wingwave-shop.com – auch zum Probehören, denn die Geschmäcker sind verschieden. In unserem Online-Shop können Sie die CDs oder MP3 Downloads direkt über das Besser-Siegmund-Institut beziehen. Sie finden die Musik auch auf iTunes oder bei Google play.

Feelwave – Gratis-Download

Um einen ersten Eindruck von der wingwave-Musik zu erhalten, bieten wir Ihnen die Möglichkeit zu einem Gratis-Download. Das Stück heißt „Feelwave" und dauert acht Minuten. Hinweis für iPhone-Benutzer: Beim Klick auf den Link wird das Stück automatisch abgespielt. Möchten Sie es in iTunes importieren, laden Sie es bitte erst auf einen Rechner (Mac oder PC) herunter.

↗ https://wingwave-shop.com/feelwave

Die wingwave-App (Gratis-App)

Sie wollen Stress abbauen, Erfolge bewegen, das allgemeine Wohlgefühl steigern? Mit wingwave-Selbstcoaching stärken Sie spürbar Ihre innere Balance, Ihr mentales Potenzial und Ihr allgemeines Leistungsvermögen.

Funktionen:
- Nutzen Sie die wingwave-Musik für Ihre optimale innere Balance
- Verwandeln Sie mit „Magic Words" Stress in positive Ziel-Energie
- Lernen Sie wingwave-Übungen für verschiedene Selbstcoaching-Themen kennen
- Mit dem Tool „Magic Talk" könne sie überall positive Affirmationen, Glaubenssätze, Lernstoff und Traumreisen in der Verbindung mit der wingwave-Musik vertiefen und auf sich wirken lassen.

Die Gratis-App ist bei iTunes oder Google play verfügbar. Es können je nach Geschmack noch weitere wingwave-Musikstücke mit der App kombiniert werden, sodass das Selbstcoaching sehr individuell gestaltet werden kann.

wingwave-Soundcoachings

Bei diesen Audios handelt es sich um ausgearbeitete Sprecher-Produktionen, bei denen hypnotisch wirksame Sprachmuster, erzählerische Trance und ausgewählte positive Suggestionen zum Einsatz kommen. Derzeit gibt es wingwave-Soundcoaching-Audios zu folgenden Themen:
- Frei von Flugangst: innere Sicherheit von der Gepäckaufgabe bis zur Landung
- Sportmotivation: die Rückkehr der Bewegungslust
- Wellness: zur Ruhe kommen und Kraft tanken
- wingwave und Progressive Muskelentspannung: im ganzen Körper die Muskeln lockern
- Easy-Weight-Mentaltraining: der mentale Weg zum natürlichen Schlanksein

wingwave-Soundcoaching-Visual

Die wingwave-Musik wird mit emotional wirksamen Bildern oder Filmen kombiniert, um ein ausgewähltes Coaching-Ziel zu erreichen – wie bei unserer Offvertising-DVD, die gezielt gegen übermäßige Essgelüste wirkt.

Alle wingwave-Ausbildungen

Ausbildung zum wingwave-Coach

Diese Ausbildung hat vom TÜV-Nord die Zertifizierung ISO 29993 erhalten.

Siegel ISO 29993: anerkannte Bildungsdienstleistung

Das viertägige Training zum zertifizierten wingwave-Coach ist ein zusätzliches Modul zu einer abgeschlossenen Ausbildung in NLP, Kommunikationspsychologie, Psychotherapie, einer Ausbildung in zahnärztlicher Hypnose und zu vergleichbaren Abschlüssen oder Berufen wie Arzt, Heilpraktiker oder Lernpädagoge. Ausbildungsinhalt die wingwave-Methode als Präsenz-Coaching mit dem Einsatz von lang anhaltenden wachen REM-Phasen und dem gut beforschten Myostatiktest.

Ausbildung zum wingwave-Trainer

Die fünftägige Trainerausbildung richtet sich an alle professionellen wingwave-Coaches. Sie ist eine Ergänzung zum wingwave-Einzelcoaching und befähigt dazu, die Methode für Gruppen, Teams und Systeme anzubieten. Weiterhin trainieren die Teilnehmer, wingwave mit seinem Potenzial als Einzel-Coaching-Tool einem interessierten Publikum professionell vorzustellen. Die Teilnehmer erlernen
- die Präsentation der Methode für Gruppen
- Vorträge zu den Themen Stressverarbeitung und Burnout-Prophylaxe
- Anleitung zu Selbstcoaching-Übungen
- Aufstellungsarbeit für Gruppen mit wingwave
- Training für Kommunikations-Fitness
- Stärkung der Teamkompetenz
- Steigerung von Gruppenleistungen

Unter ↗ https://www.wingwave.com finden Sie unter der Rubrik „Anti-Stress-Training" alle ausgebildeten wingwave-Trainer.

wingwave Coach young

Unter dieser Überschrift finden Sie auf der Homepage ↗ https://www.wingwave.com wingwave-Coaches, die eine spezielle Ausbildung für das Coaching von Kindern und Jugendlichen mit wingwave absolviert haben.

Die Ausbildung zu „wingwave Coach young" dauert fünf Tage.

wingwave-Lehrtrainer

Unter ↗ https://www.wingwave.com finden Sie die Adressen aller ausgebildeten wingwave-Lehrtrainer, die die Ausbildung zum wingwave-Coach anbieten. Die Ausbildungen werden international in verschiedenen Sprachen angeboten.

Informationen über das Besser-Siegmund-Institut – Zertifizierungen und Ausbildungen

Mönckebergstr. 11
20095 Hamburg
Tel. +49 (0)40-3252 849-0
Fax: +49 (0)40-3252 849-17
info@besser-siegmund.de
www.besser-siegmund.de
www.wingwave.com

BESSER SIEGMUND INSTITUT

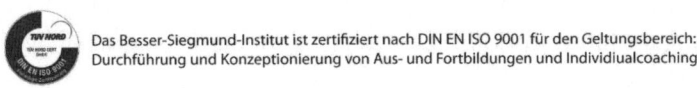

Das Besser-Siegmund-Institut ist zertifiziert nach DIN EN ISO 9001 für den Geltungsbereich: Durchführung und Konzeptionierung von Aus- und Fortbildungen und Individualcoachings

Kontakt:

Dipl.-Psych. Cora Besser-Siegmund, Dipl.-Psych. Harry Siegmund und Lola A. Siegmund (Wirtschaftspsychologin B.A. mit dem Schwerpunkt Training und Coaching) freuen sich über Ihr weiteres Interesse an der Arbeit ihres Instituts. Hier erhalten Sie nähere Informationen:

BESSER-SIEGMUND-INSTITUT
Mönckebergstraße 11, 20095 Hamburg
FON: +49 (0)40-3252 849-0 | FAX: +49 (0)40-3252 849-17
info@besser-siegmund.de, www.besser-siegmund.de

Das Besser-Siegmund-Institut ist zentral in der Hamburger Innenstadt gelegen. Hier finden Coachings und Trainings statt:

NLP-Abschlüsse nach den Kriterien des DVNLP (Deutscher Verband für Neurolinguistisches Programmieren) und nach den Kriterien der Gesellschaft für Neurolinguistisches Coaching – NLC:
- NLP / NLC-Practitioner, NLP / NLC-Master, NLP / NLC-Coach, NLP / NLC-Trainer
- NLP / NLC-Practitioner, Magic-Words- und wingwave-Coach als integrierte einjährige Ausbildung mit dem Abschluss „Mental-Coach für systemische Kurzzeit-Konzepte"

Kurzzeit-Coaching-Methoden – für Online- und Präsenz-Coaching:
- Magic-Words-Trainer
- wingwave-Coach
- wingwave-Trainer

Weitere Coach-Abschlüsse:
- Mental-Coach für systemische Kurzzeit-Konzepte
- Work-Health-Balance-Coach für systemische Kurzzeit-Konzepte
- Business-Coach für systemische Kurzzeit-Konzepte
- Gesundheitspädagoge
- Business-Trainer

Seit 2008 trägt das Besser-Siegmund-Institut folgenden Qualitäts-Hinweis

Zertifiziert nach ISO 9001 für den Geltungsbereich:

Durchführung und Konzeptionierung von Aus- und Fortbildungen

Dieser Hinweis erscheint auch auf allen Ausbildungs-Zertifikaten des Besser-Siegmund-Instituts Die Zertifizierung durch die TÜV Nord Cert GmbH findet durch internationale Akkreditierungsabkommen weltweite Anerkennung.

Alle Ausbildungsbroschüren gibt es im Download-Bereich der Homepage ↗ https://www.besser-siegmund.de.

Der Methoden-Verband „Gesellschaft für Neurolinguistisches Coaching" e. V. (ehemals „Bahnungsmomente" e. V.)

Dieser Methoden-Verein fördert und zertifiziert die Ausbildung von professionellen Coaches im Neurolinguistischen Coaching – NLC. Weiterhin fördert der Verband die Erforschung der Wirksamkeit von Kurzzeit-Coaching-Methoden  im Zusammenhang mit dem Myostatik-Test im Einsatz bei Prüfungsstress, Auftrittsängsten und Sport-Stress-Erlebnissen wie z. B. bei Sportverletzungen und ihren psychischen Auswirkungen auf das Leistungsvermögen.

Alle Infos gibt es auf der Homepage ↗ https://www.nlc-info.org.

Vom „Stopp" zum „Go"!

Cora Besser-Siegmund & Lola A. Siegmund
Neurolinguistisches Coaching – NLC

Im Neurolinguistischen Coaching (NLC) arbeitet der Coach mit »Stopp-Wörtern« seines Coachees, die mit einer emotional schwächenden Hemmung einhergehen; und mit »Go-Wörtern«, die für ein ressourcevolles Ausleben des inneren Vermögens stehen. Aus der wingwave-Methode ist der gut beforschte Myostatik-Test bekannt, der auch im NLC zum Einsatz kommt. Das Coaching-Ziel ist immer eine Wandlung aller zum Coaching-Thema gehörenden Referenzwörter in Go-Wörter. Sogar ein Wort wie »Problem« kann so beim Coachee automatisch Zuversicht, Entschlossenheit und Ideenreichtum auslösen.

240 Seiten, kart. • € (D) 26,00 • ISBN 978-3-95571-446-8

Cora Besser-Siegmund ist Psychotherapeutin, Lehrtrainerin und Supervisorin. Seit über 20 Jahren erarbeitet sie in ihrem Institut maßgeschneiderte Interventionen für ihre Klienten.

Lola A. Siegmund, Business-Coach, NLP- und wingwave-Lehrtrainerin.

PRAXIS KOMMUNIKATION
Das Magazin für Profis. Und solche, die es werden wollen.

- Für Coaches, Trainer, Berater und alle, die in der Weiterbildung tätig sind.
- Für Studenten und Auszubildende, die wissen möchten, was in Training und Beratung geschieht.
- Für alle, die aus der Praxis für die Praxis lernen möchten Veränderungsarbeit pur!

PK gibt's im Abo unter www.junfermann.de und im Bahnhofsbuchhandel!